제3판

항공서비스시리즈 ❸

서비스맨의 이미지메이킹

Image Making for Serviceman

박혜정

백산출판사

항공서비스시리즈를 출간하며

글로벌시대 관광산업의 발전과 더불어 항공서비스 및 객실승무원에 대한 관심이 증가됨에 따라 전문직업인을 양성하는 대학을 비롯하여 여러 교육기관에서 관련 교육이 확대되고 있다.

저자도 객실승무원을 희망하는 전공학생을 대상으로 강의를 하면서 교과에 따른 교재들을 개발 · 활용해 왔으며, 이제 그 교재들을 학습의 흐름에 따라 직업이해, 직업기초, 직업실무, 면접준비 등의 네 분야로 구분 · 정리하여 항공서비스시리즈로 출간하였다.

분야	번호	교재	내용
직업이해	1	멋진 커리어우먼 스튜어디스	직업에 대한 이해
직업기초	2	고객서비스 입문	서비스에 대한 이론지식 및 서비스맨의 기본자질 습득
	3	서비스맨의 이미지메이킹	서비스맨의 이미지메이킹 훈련
	3-1	항공체육 50선	필라테스 운동을 통한 승무원 취업을 위한 체력준비
직업실무	4	항공경영의 이해	항공운송업무 전반에 관한 실무지식
	5	항공객실업무	항공객실서비스 실무지식
	6	항공기내식음료서비스	서양식음료 및 항공기내식음료 실무지식
	7	항공객실 안전과 보안	항공객실 안전 및 보안에 관한 실무지식
	8	기내방송 1 · 2 · 3	기내방송 훈련
면접준비	9	항공사 객실승무원 면접	승무원 면접준비를 위한 자가학습 훈련
	9-1	면접워크북	승무원 면접준비를 위한 실전 점검 워크북
	10	English Interview for Stewardesses	승무원 면접준비를 위한 영어인터뷰 훈련

모쪼록 객실승무원을 희망하는 지원자 및 전공학생들에게 본 시리즈 도서들이 단계적으로 직업을 이해하고 취업을 준비하는 데 올바른 길잡이가 되기를 바란다. 또한 이론 및 실무지식의 습득을 통해 향후 산업체에서 현장적응력을 높이는 데도 도움이 되기를 바란다.

아울러 항공운송산업의 환경은 지속적으로 변화 · 발전할 것이므로, 향후 현장에서 변화하는 내용은 즉시 개정 · 보완해 나갈 것을 약속드리는 바이다.

본 항공서비스시리즈 출간에 의의를 두고, 흔쾌히 맡아주신 백산출판사 진욱상 회장님과 편집부 여러분께 깊은 감사의 말씀을 전한다.

저자 씀

PREFACE

오늘날 우리는 이미지의 시대에 살고 있다. 우리가 눈을 뜨는 순간부터 텔레비전, 영화, 길거리의 현란한 광고물 속의 온갖 이미지들이 우리의 눈을 현혹하고, 자극한다. 이 흐름 속에서 우리는 타인의 눈에 비치는 이미지에 의해 '나'라는 사람이 평가되는 시대에 살고 있으며, 타인의 눈에 비치는 나의 모습(이미지)은 성공적인 사회생활을 위한 중요한 요소가 되고 있다.

21세기의 모든 상황은 철저히 개인 중심으로 변하고 있다. 바로 '나' 스스로가 세상의 중심이 되는 시대가 되었다. 사람은 누구나 타고난 개성으로 자신만의 매력을 가꾸고 자신만의 좋은 이미지를 구축하게 되며 이는 곧 자신의 경쟁력이 된다. 나만의 이미지, 나만의 색깔, 보다 매력 있는 '나'를 만드는 일은 이제 이 시대를 사는 사람들에게는 필수적인 일이 되었다. 무한경쟁사회에서 당당하게 살아남기 위해서는 자신이 일하는 분야에서 자신만의 특성과 진가를 최고의 가치로 표현해야 한다. 그러기 위해서는 자신의 독특한 능력을 유감없이 발휘할 수 있는 차별화 전략인 이미지메이킹이 필요하다.

기업체에서 요구하는 인재상은 이 시대의 모든 직업인이라고 할 수 있는 서비스맨의 기본인 예의 바른 인성과 행동을 갖춘 사람일 것이다. 취업전쟁이라는 요즘 기업에서는 면접이라는 확대경을 통해 원하는 인재상을 뽑으려고 하는 실정이다. 그만큼 면접의 관문은 훨씬 더 중요하고 까다로워지고 있으며, 이에 대한 취업준비생들의 준비 역시 간단치만은 않게 되었다. 정해진 면접시간 안에 자신의 장점을 최대한 부각시킬 수 있는 철저한 면접준비가 절대적으로 필요하다.

본서는 향후 고객을 응대하며 그 역량을 펼쳐갈 서비스맨의 마인드와 바람직한 태도를 갖추도록 하는 데 목표를 두었다. 무엇보다 서비스맨 자신이 스스로의 이미지에 만족하면 완벽한 고객만족 서비스를 할 수 있다는 인식에서 시작하였다. 자신의 성공적인 이미지메이킹을 통해 직장인으로서 기본적인 예절과 매너를 함양시킴은 물론 기업의 바람직한 이미지가 동시에 완성되고 나아가 고객 감동, 고객 행복을 창출할 수 있게 되리라고 본다.

본서의 특징은 다음과 같다.

첫째, 서비스맨과 이미지메이킹의 개념을 소개하고 자신에게 이미지 연출이 왜 필요한지에서 출발하여 자신의 인생목표에 맞추어 주관적이면서 객관적인 자신에 대한 진단 및 그 개선점들을 자각하도록 하였다.

둘째, 자기분석 후 개선하거나 발전할 수 있는 자신의 이미지 연출방법을 좀 더 실제적인 측면에서 표정, 인사, 동작, 용모와 복장, 커뮤니케이션, 고객응대 요령 등 외적인 이미지메이킹 훈련방법을 소개하였으며, Exercise를 통해 자가학습의 기회를 제공하였다.

셋째, 내적인 자기관리를 위해 서비스맨의 프로의식, 직장매너와 인간관계, 시간관리, 스트레스 관리 등을 다루었다.

넷째, 부록에서는 취업면접대비 이미지메이킹의 중요한 사항들을 정리하였다.

본서에서는 이미지메이킹의 개념을 매너와 에티켓은 물론, 업무능력, 조직 내 인간관계, 건강한 자기 경영까지 모두를 포함한 자기의 표현이라고 총괄해서 정의한다. 한 가지 아쉬운 점은 서비스 현장에서 고객을 응대하는 서비스맨의 기본매너 및 자기관리 방법에 초점을 맞추어 구성함으로 인해 테이블 매너, 비즈니스 매너, 경조사 매너, 파티 매너, 프로토콜 등은 다음 기회로 미루게 되었다.

이미지메이킹은 단시간 내에 이루어지지 않으며 비싸고 화려한 상품으로 예쁘게 외모만 치장한다고 해서 이루어지는 것도 아니다. 그 이미지는 비단 외향뿐만 아니라 바르고 세련된 매너, 진실된 서비스마인드 등 내적인 요소와의 조합이 이루어졌을 때 진정 자신이 원하는 성공적인 모습과 이미지가 완성되는 것임을 강조하고 싶다.

모쪼록 본서를 통해 바람직한 자신만의 성공적인 이미지를 구축하여 서비스맨으로서 그 역량을 한껏 발휘하길 바라는 바이다.

저자 씀

CONTENTS

Image Making for Serviceman

1

현대사회와 서비스맨

제1절 모든 직업인이 서비스맨
제2절 서비스맨의 역할
제3절 서비스맨의 중요성
제4절 아름다운 사회를 만드는 서비스맨

현대사회와 서비스맨 01

제1절 모든 직업인이 서비스맨[1)]

지금 어떤 직업을 가지고 있는가? 또는 앞으로 어떤 직업을 선택하려고 하는가? 어떤 직업을 가지고 있든지, 또 선택하든지 이 세상에 존재하는 모든 직업인은 바로 서비스맨이다. 이 세상 사람 누구나 할 것 없이 누군가에게서 서비스를 받고, 또한 자신은 누군가에게 서비스를 제공하며 살아간다. 그러므로 최고의 서비스맨이야말로 최고의 생활인이다.

서비스라면 대부분의 사람들은 호텔, 레스토랑 등을 연상하게 된다. 예전엔 이와 같이 레스토랑이나 호텔 종업원, 항공사 직원, 유람선 승무원 등의 직업에 국한되어 그 방면에 종사하는 직업인을 서비스맨이라고 칭해 왔다. 그러나 오늘날 '모든 직업이 서비스업'이라고 하는 데 부정할 사람은 없을 것이다.

모든 기업, 병원, 관공서, 기관, 개인 등 예외 없이 현대의 직업인은 고객을 대면하는 서비스맨이다. 의사의 고객은 환자이다. 공무원의 고객은 지역에 살고 있는 주민이다. 교사의 고객은 학생이며, 한 국가의 대통령 또한 국민을 위해 봉사하는 서비스맨이다. 이들 모두가 '고객'을 상대로 고객만족을 위해 서비스하는 '서비스맨'인 것이다.

---

1) 본서에서는 서비스맨(Serviceman)을 고객에게 서비스를 제공하는 역할을 하는 사람(Service Provider, Service Giver)으로서 서비스 제공자, 서비스 종사원, 서비스 종업원 등과 같은 의미의 통용화된 직업적 개념으로 사용한다.

제2절 서비스맨의 역할

1. 고객과 특별한 관계를 형성한다

서비스맨은 고객과 많은 시간을 갖고 고객이 감지하는 일정한 서비스를 형성하게 되며, 그 태도와 행동 여하에 따라 고객의 만족도가 결정된다. 서비스의 수준이나 고객만족도가 서비스맨의 손에 달려 있음은 여러 번 강조해도 지나치지 않을 것이다.

서비스 형성에 있어서 일선 접점 직원과 고객은 심리적으로 밀착관계에 있다. 서비스의 수준 면에서 서비스맨이 생각하는 것과 고객이 생각하는 것에는 차이가 있는데 이러한 차이를 고객과 서비스맨 사이의 강력한 유대관계로 좁히거나 해소할 수 있다.

고객과 서비스맨은 서로 대화를 나눌 수 있을 정도로 어느 누구보다도 가까운 관계이며 고객의 의견, 생각 그리고 감정 등은 서비스맨을 통하여 전달된다. 고객이 서비스맨에게 제공하는 각종 정보의 양은 더 나은 서비스를 위한 유용한 자료가 되기도 한다.

2. 고객편익(Customer Benefit)을 제공한다

고객편익은 고객들이 제품 및 서비스를 구입해서 얻고자 하는 궁극적인 것이다. 마케팅 믹스에서 '제품'은 기업관점에서 본 것이고, 이를 고객관점에서 보면 '편익(Benefit)'이 된다. 예를 들어 화장품을 사는 사람은 '아름다움'을 사는 것이고 프로젝션 TV나 벽걸이용 대형 TV를 사는 사람들은 영화관에서 느끼는 '즐거움'을 사는 것이다. 따라서 기업은 단순히 화장품, TV 같은 제품을 팔아서는 안되며 아름다움, 즐거움, 신뢰 같은 편익을 고객에게 제공해야만 한다.

즉 새로운 서비스맨의 역할은 고객에게 '상품'이 아닌 '서비스'를 제공하는 일이다. 평범한 서비스, 상품만이 전달되는 서비스는 더 이상 고객의 발길을 붙들지 못하기 때문이다.

만일 내가 고객이라면 무엇을 원할 것인지를 생각해 보라. 그 다음에 고객서비스를 제공하는 것을 잊지 마라.

3. 서비스의 주체가 된다

서비스는 인적 서비스와 물적 서비스의 두 가지로 나눌 수 있다. 인적 서비스는 서비스맨의 언행, 인사, 응답, 미소, 신속성 등을 나타내고, 물적 서비스는 상품, 근무규정이나 방법, 제공되는 음식, 정보, 기술 등 눈에 보이는 일련의 가격, 양, 질, 시간 등으로 구성되어 있다.

과거 기업들은 대부분 서비스 정책에 있어서 물적인 면을 강조하고 중요시하는 경향이었으나, 최근 들어 서비스맨의 서비스마인드, 태도 등 인적 서비스의 중요성을 강조하고 있다. 물론 좋은 물적 서비스 없이 고객만족을 기대하기 힘든 것이 사실이다. 그러나 어느 국내항공사의 고객의견서 내용을 살펴보면 불만과 칭송이 대부분 승무원의 인적 서비스와 관련되어 있음을 알 수 있다. 고객들은 불만을 표출하기 위해 물적 서비스의 결점을 찾게 되지만 대체로 인적 서비스가 충분히 좋다면 불평하지 않는다. 즉 진정한 서비스는 인적 서비스가 제 가치를 발휘할 때 그 진가가 나타나는 것이다. 그러므로 서비스에 대한 고객만족의 여부는 물적인 서비스와 인적인 서비스의 조화 속에서 가치 있는 인적 서비스를 수행하는 서비스맨에게 달려 있다고 할 수 있다.

Exercise 서비스 경험 사례

최근 이용한 서비스 장소에서의 경험을 바탕으로 생각해 보라.

- 전체적으로 서비스에 특별히 만족(또는 불만족)했는가?

- 구체적으로 어떤 이유로 만족(불만족)했는가?

- 그렇게 인식하게 된 요인은 무엇이라고 생각하는가?

- (불만족한 경우) 서비스를 개선하기 위해 어떤 방안을 제시할 수 있나?

제3절 서비스맨의 중요성

서비스 조직에 대해 흔히 인용되는 말이 있다. “서비스 조직에서는 직접 고객을 접대하고 있지 않더라도 어떤 누군가에게 서비스하고 있다”는 것이다.

접점 직원과 이들을 뒤에서 지원하는 직원 모두 서비스 조직의 성공에 결정적으로 중요하다. 서비스기업의 직원은 물론이거니와 고객과 현장에 있는 다른 고객까지도 서비스의 제공 활동에 참여하게 된다.

1. 서비스맨은 바로 서비스 자체이다

서비스 제공에 있어서 접점 종업원이 곧 서비스 그 자체가 될 수 있다. 고객과의 접점 직원이 단독으로 전체 서비스를 제공하므로 서비스 제공자인 서비스맨이 바로 상품이 된다. 그러므로 서비스를 향상시키기 위해 서비스맨에 투자하는 것은 제조업체가 제품을 개선하기 위해 투자하는 것과 같은 것이다.

제품을 만드는 것은 기업이지만 제품을 사는 것은 고객이다. 고객은 제품 구매 시 본인과 주변사람의 사용경험, 기업과 제품의 이미지, 각종 광고 등을 참고하여 제품을 결정하게 된다. 서비스맨이 업무 중 만나는 모든 사람들은 회사의 고객이거나 고객에게 영향을 미치는 사람들이다. 서비스맨 한 사람 한 사람의 언어, 행동, 예의범절은 향후 고객이 제품을 구매할 때 회사의 총체적 이미지가 되어 중요한 결정요인으로 반영된다.

2. 고객의 눈에는 서비스맨이 서비스기업 그 자체로 보인다

많은 직원이 실수하는 일 중 하나가 고객을 대할 때 회사의 대표 역할을 하지 못하고 자신과 회사를 분리하는 것이다.

"저는 해드리고 싶은데 회사 방침이…", "회사 측에서는…"라며 변명하는 것은 옳지 않다. 무엇인가 잘못되었다면 자신의 행동이나 말에 책임을 지고 즉각 문제를 해결하도록 한다. "불편하게 해드려 죄송합니다. 이 문제를 위해 제가 해드릴 수 있는 일은…" 하고 응대하는 것이 바람직하다. 고객들은 회사 내부의 시스템이나 과정에는 관심이 없다. 그저 자신의 요구가 충족되길 바랄 뿐이다.

서비스맨은 회사를 대표하고 고객은 서비스맨을 통해 반응한다. 설령 접점 직원이 혼자 서비스를 수행하지 않을지라도 고객의 눈에는 서비스맨 한 사람이 바로 서비스기업으로 보인다. 예를 들어 호텔의 모든 직원이——서비스를 직접 제공하는 직원에서 사무직원에 이르기까지——고객에게는 호텔을 대표하는 것으로 보이며, 이들이 행동하고 말하는 모든 것이 조직에 대한 고객의 지각에 영향을 미칠 수 있다.

휴식시간의 항공기 승무원, 비번인 음식점 종사원들조차도 고객의 시야에서는 그들이 몸담고 있는 조직을 대표하게 된다. 만약 이들이 자기 회사의 상품을 잘 모르거나 무례한 언행을 한다면, 그 직원이 비록 근무 중이 아닐지라도 그 조직에 대한 고객의 지각은 손상을 입게 된다. 이러한 이유로 디즈니사는 직원들로 하여금 고객이 보는 곳에서는 언제나 '무대 위(On Stage)'의 태도와 행동을 유지하도록 하고 비번일지라도 고객이 이들을 볼 수 없는 '무대 뒤(Back Stage)'에서만 긴장을 풀도록 하고 있다. 그들은 기업의 이미지를 형성하는 데 매우 중요한 역할을 하며, 고객 대면서비스의 최일선에서 회사를 대표하게 되기 때문이다. 서비스맨 개개인의 이미지가 회사 전체를 대표하는 이미지를 형성하고 나타낸다는 사실을 인식해야 한다.

3. 서비스맨은 마케터이다

서비스맨은 그 조직을 대표하고 고객의 만족에 직접적으로 영향을 미칠 수 있기 때문에 스스로가 마케터(Marketer)의 역할을 수행하고 있다. 이들은 서비스를 물리적으로 구체화시켜 걸어다니는 광고게시판 구실을 하며, 또한 어떤 직원은 직접 판매를 하기도 한다. 그 대표적인 예로 텔레커뮤니케이션(Tele-communication)을 들 수 있는데, 고객서비스 요원들이 컴퓨터를 통하여 고객의 구매와 서비스 기록에 바로 접근하여 마케팅과 판매활동을 지원한다.

고객은 회사의 입장에서 볼 때 오랜 세월을 통해 이익을 내는 가장 중요한 요인이 된다. 그리고 서비스 제공자로서의 서비스맨은 고객을 직접 대하기 때문에 회사의 결정적인 성공에 중요한 구성원이라고 할 수 있다.

조직 속에서 다른 일을 하는 그룹들, 즉 내부고객들도 결국은 고객을 대면하는 서비스맨의 노력을 지원하기 위해 일하는 것이다. 서비스맨의 지식, 기술, 특성, 고객응대 태도가 서비스맨 자신의 미래는 물론 고객과 함께하는 회사의 성공에 궁극적으로 이바지하는 것이 된다. 외부고객을 대하는 서비스 주체자로서 친절하고 상냥한 서비스 종사자의 이미지 구축을 위해 각자 노력해야 한다.

4. 서비스맨의 매너는 기업의 경쟁력이다

서비스맨에게 있어 중요한 것은 서비스 패러다임의 변화를 제대로 이해하고, 그것을 기반으로 새로운 서비스 테크닉을 훈련해 나가는 것이다. 고객욕구 충족의 범위가 제품력에 집중되는 것보다 훨씬 다양화되고 있는데 그 경쟁력이 친절이미지에 있다고 한다. 친절은 이 시대의 진정한 경쟁력이다.

우리 주위의 많은 기업들 중에는 직원들의 헌신적 친절서비스 덕분에 어려운 상황에서 회생한 사례가 많이 있다. 친절 하나로 매출의 상승은 물론 전 종사원의 자부심까지 높이고 있다.

친절은 마음으로 하기보다 '좋은 표현하기'의 행동적 훈련이다. 착한 일, 선한 일도 훈련된 사람이 잘한다고 하니 친절에서의 훈련은 당연하고 아마도 필수적인 과정이 될 것이다. 인간의 마음은 행동을 조정함으로써 자연히 조정된다. 결국 기분이 내키지 않을 때도 자세를 바르게 하고 밝은 목소리를 내며 웃는 얼굴을 함으로써 자신의 몸과 마음을 바꿀 수 있는 것이다.

서비스맨이 어떤 마음가짐을 갖고 일에 임하는가는 외면적인 매너로 나타나게 된다. 밝은 표정, 정감 있는 인사, 단정한 용모, 공손한 말씨, 아름다운 자세와 동작을 체득한 서비스맨은 고객과 따뜻한 마음의 상호교류를 하는 메신저(Messenger)이다.

제4절 아름다운 사회를 만드는 서비스맨

일상 생활에서 누구나 고객의 입장이 되어 수많은 서비스맨들을 접하며 살아가고 있다. 고객과 보다 좋은 인간관계를 만들기 위해 노력하는 서비스맨의 모습을 둘러보라. 그들은 지금 아름다운 사회를 만들어가고 있다. 세상의 모든 직업인이 서비스맨이고 보면 그러한 서비스맨들이 이 사회를 이루고 있다고 해도 과언이 아닐 것이다.

밝은 미소, 친절한 자세, 호감 가는 말씨, 단정한 용모와 복장, 언제 보아도 정감 있는 인사로 이 사회를 아름답게 수놓고 있는 사람은 바로 서비스맨이다. 서비스맨의 업적은 그야말로 그들의 모습이 모든 사람에게 전이되어 이 사회를 아름답게 만들고 있는 것이라고 할 수 있다.

주위 곳곳에서 그들의 작은 미소는 고객들에게 전이되어 밝은 사회를 만들고 있다.

누구보다도 먼저 고객들에게 상냥한 인사를 건네 삭막한 이 사회에 필요한 인간애를 불어넣고 있다.

인간만이 표현할 수 있는 아름다운 자세와 절제된 동작으로 이 사회를 아름답게 가꿔주고 있다.

서비스맨의 바른 말씨는 이 사회를 풍요롭게 채워주고 있다.

서비스맨의 단정한 용모와 복장은 도시를 꾸미고 있는 나무, 집, 빌딩들처럼 이 사회를 다채롭게 치장해 주고 있는 자연 그대로의 모습이다.

그러나 무엇보다도 상대방의 마음을 헤아리고 배려해 주는 서비스맨의 따뜻한 마음이야말로 이 사회를 더 살 만하고 즐거운 곳으로 만들어준다.

21세기는 문화의 경쟁시대라고 한다. 부드러움이 딱딱함을 이기는 시대이다. 사람들의 육체적 힘과 논리보다 감성과 상상력 그리고 부드러움이 세상을 지배하는 시대가 온 것이다. 세계는 지금 감성화, 상상력, 그리고 부드러움을 향해 치열한 경쟁을 벌이고 있다.

이 모든 것이 사람을 응대하는 직업인, 바로 서비스맨이 이끌어 나가야 할 것들이다. 이제는 서비스맨의 힘이 제대로 발휘되지 않는 한 어느 나라든 진정한 국제경쟁력을 가질 수 없다. 세계 어떠한 과학기술과 문명의 발달도 우리 인간사회의 발전을 위한 서비스맨으로서의 사랑과 배려의 마음이 바탕이 되어야 한다.

서비스맨은 어떤 이미지를 가져야 할까?

고객을 대하는 서비스맨의 바람직한 이미지메이킹 방법은 무엇인가?

무엇보다 겉모양새의 꾸밈이 아닌 고객과의 친근하고 올바른 커뮤니케이션을 위한 이미지메이킹이 필요하다.

어떠한 서비스맨이 되고 싶은가?

자신의 고객을 생각해 보라.

그리고 그 고객의 만족을 위해 자신이 할 수 있는 서비스맨의 이미지메이킹 훈련을 성실히 실천해 보라.

2

21세기 성공전략, 이미지메이킹

21세기 성공전략, 이미지메이킹

02

제1절 이미지메이킹이란 무엇인가

1. 이미지메이킹은 어떻게 시작되었나

우리나라에서 '이미지'란 용어가 처음 등장한 것은 광고분야에서 '제품이 소비자 마음에 새겨지는 것'이란 의미로서 이미지 제고에 관한 연구가 이루어지면서부터라고 알려져 있다. 그 후 상품이 아닌 사람의 이미지가 이슈가 된 것은 미국의 레이건 대통령이 이미지 전문가의 자문을 통해 이미지 관리를 하고 있다는 사실이 알려지면서부터 우리나라에서도 이미지메이킹이란 용어가 등장하게 되었고, 선거에서도 많이 활용되게 되었다고 할 수 있다.

이미지메이킹에 있어서 '제품'과 '인물'의 차이는 무엇인가. 제품은 실제로 소비자가 사용해 본 경험이 이미지 형성에 중요한 요인이 될 수 있으나, 인물의 경우는 실제 제품처럼 사용할 수가 없고 분위기, 대인관계 등을 통한 느낌과 평가를 중심으로 이미지가 형성되는 것이다.

정치인의 예를 들어보자. 정치인은 대중 앞에서 신뢰할 수 있고 믿음이 가는 이미지를 갖는 것이 중요하다. 대체적으로 이미지메이킹이라고 하면 사진에 나타난 얼굴 모습과 같은 피상적인 것으로만 인식하는 경향이 있으나, 바로 그 얼굴모습은 그 사람의 성품, 능력, 개성, 지도력과 같은 다양하고 복잡한 요인으로 형성되어 드러나게 되어 있다. 정치인의 정치적 역량, 그리고 '강한 사람', '부드러운 사람' 등 개성과 관련된 이미지, 지도력 등이 잘 조화되고 결합되어 그 사람의 좋은 이미지를 형성하게 되는 것이다.

최근엔 이같이 정치인, 경영자들만이 아니라 일반인들에게도 이미지를 업그레이드시켜 주는 이미지 컨설팅 회사들이 성업 중이다. 이런 곳에서는 이미지 진단, 성격 분석, 컬러 진단, 얼굴형 분석, 헤어스타일, 패션스타일 연출, 스피치 진단, 자세 교정 등의 프로그램이 진행된다고 한다.

즉 이미지메이킹 과정은 개개인의 이미지를 분석, 진단하여 호감도를 높이고, 직업과 개성에 맞는 가장 바람직한 이미지를 만들어내어 비즈니스 경쟁력을 향상시키며, 상황에 따른 대인관계 능력 및 신분과 역할에 어울리는 자기표현 기법을 체득하여 성공적인 자기실현과 삶의 질을 높이기 위한 자기변화 과정이라고 할 수 있다. 이미지메이킹은 화장과 옷차림으로 전혀 다른 사람을 만드는 '꾸밈'이 아니라 진정한 나의 개성과 특성을 파악해 무한한 잠재력과 매력, 장점을 개발하고 향상시켜 최상의 이미지로 만드는 작업인 것이다.

2. 이미지 커뮤니케이션

주위에 내가 알고 있는 어느 한 사람의 모습을 떠올려보자. 가족, 친구, 좋아하는 유명인 누구라도 관계 없다. 그 사람의 이름과 함께 마음속에 선명하게 떠오르는 것들이 있을 것이다. 얼굴 생김새, 표정, 음성, 말씨, 옷차림, 걸음걸이, 느낌, 성격 등 수많은 생각들이 머릿속에서 점차 하나의 형체를 만들어 나간다. 이렇게 그저 우리 나름의 사고와 취향에 따라 편집되어 만들어진 그 사람에 대한 생각의 모음들, 감정, 느낌이 바로 '이미지'이다. 우리는 대인관계에서 싫든 좋든, 정확하든 부정확하든, 유리하든 불리하든 이미지를 전달하며 살고 있으며, 그만큼 현실 생활에 있어서 이미지는 한 개인과는 불가분의 관계에 있다.

주위 사람들에게 종이 한 장씩을 나눠주고 나의 이미지를 적으라고 해보라. 아마 나에 대해 거의 비슷한 내용들이 모아질 것이다.

'나'의 이미지는 나의 의견과 무관하게 전적으로 타인이 보고 느낀 '나'의 모습이다. 역으로 말하면 내가 타인에게 공개한 나의 부분들의 총체이다. 이는 실제와 다르게 긍정적일 수도 있고 부정적일 수도 있으며, 과장된 모습일 수도 있고 축소된 모습일 수도 있다. 이처럼 '지극히 주관적인 개개인의 생각 속에 존재하는 나의 이미지'가 내가 속한 현실 사회에서 엄청난 힘을 발휘하고 있다면 그저 남의 주관적인 생각일 뿐이라고 간과할 수는 없을 것이다.

전 인류역사를 통해 사람들은 항상 타인의 눈에 비치는 자신의 모습을 알아내고 그것을 향상시키는 일에 관심을 가져왔다. '나는 다른 사람에게 어떻게 보일까?' 하는 것은 사람들의 가장 큰 관심거리임에 틀림없다.

한 사람의 이미지는 그 사람을 표현하고 규정하며 그 사람의 가치로 인식된다. 우리 사회는 점점 이미지 커뮤니케이션화되고 있다. 누구나 상대방에게 좋은 인상을 줌으로써 호감을 느끼게 하고, 보다 매력적인 자신의 모습을 찾고자 할 것이다. 이미지메이킹이란 나 혼자만의 개성을 표현하는 것이 아니라 누구든 '대상'이 있는 작업이다.

'미인은 타고나지만 인상은 만들어진다'는 말이 있다. 사람은 누구나 타고난 모습이 있지만 상대방에게 친근감 있고 신뢰할 수 있는 좋은 인상, 좋은 인격이란 부단한 노력에 의해 만들어지는 것이라는 말이다. '저 사람과 알고 지내고 싶다', '저 사람에게만은 이 일을 맡길 수 있다', '저 사람과 거래를 맺고 싶다', '저 사람 같으면 자격이 있다' 등의 평가를 받으면 그 사람은 일단 이미지 관리에서 성공한 것이다.

지금 이 순간에도 누구나 자신의 이미지를 투사하고 있고 또 각자 만들어낼 수 있는 이미지는 무한히 많다. 그러나 그때 그 상황에 딱 들어맞는 이미지는 하나밖에 없다. 그 최상의 이미지를 끌어내는 기술이 바로 이미지메이킹이다.

21세기는 이미지 커뮤니케이션 시대다. 자신의 부가가치를 최고로 높이고 싶다면 자기만의 고유한 이미지를 구축해야만 한다. 제아무리 업무실력이 뛰어나다 할지라도 사회가 요구하는 전략적 이미지, 즉 자신의 직위에 걸맞은 이미지를 연출하지 못하면 자신도 모르는 사이에 도태되고 만다. 어떤 상품을 구입할 때 기왕이면 디자인이 좋은 것을 고르듯이, 인간관계에서도 좋은 이미지를 구축한 사람이 호감도를 높이게 마련이다. 상대에게 호감을 주는 이미지로 대인관계가 원만해지고, 나아가 삶의 질은 점차 높아지게 될 것이다.

우리가 살고 있는 이미지 시대에는 좋은 이미지를 많이 구축하는 사람이 성공한다. 그리고 이는 타고나는 것이라기보다는 후천적으로 개발하는 것이다. 자신만의 이미지를 표현하고 향상시켜야 한다.

3. 이미지로 승부하는 시대

우리의 삶에서 이미지란 무엇인가? 왜 우리는 이미지에 대하여 관심을 가지며, 이미지는 어떤 의미를 가지는가? '이미지'가 눈에 보이지 않는 허상으로 '어떤 것을 머릿속에 재현하는 일'이라면 '이미지메이킹'은 어떤 목표나 상황을 이미지화하여 실제로 실현시킬 수 있게 도와주는 메커니즘이다.

이미지메이킹은 아주 광범위한 의미를 가지고 있고 그 파워 또한 광범위하다. 내가 일을 하는 동안, 말을 하는 동안 뿜어내는 나의 이미지는 상대방에게 실시간으로 전달된다. 나의 옷차림, 말투, 제스처, 하는 일, 자주 사용하는 말 등 내가 가지고 있는 모든 것이 상대방에게 전달되는 것이 나의 이미지이다. 예를 들어 어릴 적 친구들에게 붙여주었던 별명, 같이 일하는 동료나 상사를 악의나 호의적으로 칭하는 얘기들 모두가 그 사람의 '이미지'인 것이다.

이미지메이킹의 기본 원리는 외적 이미지를 강화하여, 긍정적인 내적 이미지를 끌어내는 시너지 효과(Synergy Effect : 상승효과)를 얻는 것이다. 표정, 용모, 복장, 자세, 동작, 스피치 등 외적 이미지의 개선이 이루어지면서 긍정적인 내적 이미지가 구축되어 자신감이 생기고 곧 개인능력의 극대화로 이어진다.

이미지메이킹은 우리가 원하는 이미지를 스스로 조절함으로써 행복한 마음을 가지게 한다. 누구나 갖고 있는 이미지, 그 이미지를 자신의 내부에 잠재한 여러 가지 자질들과 아름답게 조화시켜 외적으로 훌륭하게 연출하는 것은 현실적으로 중요한 삶의 과제이다. '나'라는 사람은 하나이지만 '나'에 대한 이미지는 수없이 많을 수 있다는 것을 생각하면 더욱 그렇다.

현대 사회를 '이미지메이킹의 시대'라고 하나 간혹 이미지메이킹이란 나와는 별개의 분야로 일정 직업군의 이야기이거나 외모 지상주의인 시대에 외모만을 따지는 것으로 잘못 알려져 있기도 하다. 그러나 이미지메이킹은 개성이 존중되는 개인 중심 시대에 삶의 질을 추구하는 현대인 모두에게 필요한 도구인 것이다.

다른 사람들의 얼굴과 옷차림을 한번 보라. 다른 사람들이 어떤 이미지로 다가오는지 그 사람들의 얼굴을 보면서 이미지를 판단해 보면 순간 자신의 모습은 다른 사람들에게 어떻게 비치는지 긴장하게 될 것이다.

이미지 시대는 보이고 보여주는 것으로 승부하는 시대다. 아무리 알찬 선물이라도 초라한 포장지에 담겨 있으면 풀어보고 싶지 않다. 수십 년 동안 인품과 교양을 갈고 닦았다고 해도 타인에게 첫인상이 판단되는 데 걸리는 시간은 그 사람의 얼굴에 드러나는 '찰나에 보이는 이미지'뿐이다.

어색한 옷차림이나 더듬거리는 말투, 세련되지 못한 자세 등으로 면접시험은 물론 중요한 상담과 거래에서 손해를 본 이들이 또 얼마나 많은가?

4. 이미지 형성에 참여하는 오감

이미지를 연구한다는 것은 감각적인 것과 지적인 것 사이의 인간의 모든 표현을 연구한다는 것으로 시각·청각·후각·미각·촉각 등이 이미지의 형성에 참여한다.

전문가들에 따르면 우리가 알고 있는 지식과 정보는 실제로 눈과 귀를 통해서, 즉 시각과 청각을 통해 주로 들어오게 된다고 한다. 시각을 통해서 83%의 정보가 감각되며 청각을 통해서는 11%, 후각은 3.4%, 촉각이 1.5% 그리고 미각을 통해서는 1.0%의 정보가 감각될 뿐이다. 우리가 한 사람에 대해 알고 있거나 기억하고 있는 것은 거의 전적으로 그 사람에 대해 본 것에 근거하고 있다고 해도 과언이 아니다. 그러므로 한 사람이 내적으로 자신감 있고 책임감이 강하다 할지라도 밖으로 드러나는 이미지가 그와 상반된다면 그는 다른 사람들에게 그렇게 인식될 수밖에 없다.

즉 사람을 만났을 때 한 사람에 대해 종합적으로 판단하기까지는 몇 단계를 거치게 된다. 첫인상을 가장 먼저 좌우하는 것은 당연히 시각적 이미지이다. 표정, 머리 스타일, 화장, 자세, 걸음걸이, 제스처, 복장 등이 시야에 들어와 그 사람이 인식된다. 그 다음은 상대방과의 거리가 좁혀지고 인사를 나누면서 귀로 인식되는 말투, 억양, 음색 등을 통해 전해지는 청각적 이미지이다. 그 다음 체취, 향수, 화장품 냄새 등에서 느껴지는 후각적 이미지가 전달된다. 그리고 악수 등 신체 일부의 접촉을 통해 느끼게 되는 촉각적 이미지가 있다. 이 모든 것들은 사실 구분해 놓은 것뿐이지 첫 만남의 아주 짧은 순간에 머릿속에서 인지되고 종합되어 그 사람에 대한 하나의 총체적 이미지가 결정되는 것이다.

5. 매너, 에티켓, 이미지메이킹

에티켓과 매너는 '예의'라는 의미로 우리 일상생활 속에서 서로 구분 없이 쓰이고 있다. 세상을 살아가면서 상대를 존중하고 불편을 끼치지 않고 관심을 표현하고 편하게 해준다는 기본개념은 모두 동일하다.

에티켓의 기본개념은 타인에게 호감을 주고 존중하며 상대에게 폐를 끼쳐서는 안된다는 것이며, 매너는 에티켓을 외적으로 표현하는 것으로 역시 상대를 존중하고 불편을 끼치지 않고 편하게 해주는 것이다.

굳이 구분하자면 에티켓은 형식이며 매너는 방식이다. 즉 에티켓은 사람들 사이의 합리적인 행동기준을 가리키며 이러한 에티켓을 바탕으로 행동하는 것을 매너라고 할 수 있다. 인사를 하는 것은 에티켓이며 그 인사를 어떻게 하느냐는 매너의 문제이다.

이러한 에티켓과 매너는 이제 그 사람의 교양을 증명하는 척도가 될 뿐만 아니라 그 사람이 속한 국가의 이미지까지 결정짓는 중대한 사안이 되었다.

모든 상황에 적절한 에티켓을 갖춘다는 것, 매너를 갖춘다는 것은 의외로 힘든 일이다. 대부분의 사람들은 '살다 보면 저절로 알게 되는 것'이라고 생각할지 모르나 이는 반드시 '배우고 연습하고 실행에 옮겨야 하는 것'이다. 올바른 에티켓을 알고 있는 사람은 어떤 상황에 처해도 당황하지 않으며 자신감을 잃지 않는다.

이제 인간관계에서도, 비즈니스 세계에서도 매너는 그저 에티켓의 하나로 읽혀지는 정도가 아니라 경쟁력을 가진 또 하나의 능력이 되었다. 권위와 위엄, 카리스마로 무장한 리더보다 조직의 목소리를 귀담아 듣고, 상대를 배려할 줄 아는 매너 있는 리더들이 더 각광받는 이유는 무엇일까?

특별히 신경 써서 꾸미지 않아도 사람을 돋보이게 하는 것이 있다면, 그것은 바로 언제, 어디서나 예의범절을 바르게 지키는 '매너'일 것이다.

호감을 얻기 위해서는 상대방의 마음을 열기 위한 노력이 필요하고 이런 노력에는 자기 관리가 밑바탕에 깔려야 한다. 철저한 자기 관리만이 호감을 얻을 수 있는 비결이다. 그리고 이렇게 얻은 호감은 반드시 부메랑처럼 자신에게 돌아온다.

'사람은 자기를 기다리게 하는 자의 결점을 계산한다'는 프랑스 속담이 있다. 시간 약속에 늦는 상대를 기다리는 동안 무심코 지나갔던 상대방에 대한 단점 하나하나까지 새삼 떠올리며 되새긴다는 의미일 것이다.

요즘은 매너와 에티켓이 인생과 가정, 그리고 사업을 바꿔 놓을 수 있는 강력한 무기가 되고 있다. 진정한 매너는 상대에 대한 끝없는 존중과 배려의 마음을 담고 있을 때 몸으로 체화되는 것이다.

본서에서는 이미지메이킹의 개념을 매너와 에티켓, 업무능력, 인간관계, 건강하고 성실한 자기 경영까지 모두를 포함한 자기의 표현이라고 총괄해서 정의함을 밝혀둔다.

제2절 개인 브랜딩(PIB : Personal Identity Branding) 시대

1. Personal Identity는 Personal Image로 표현된다

하나의 제품은 소비자로부터 선택받기 위해서 많은 노력을 기울인다. 상표명, 포장, 디자인, 타 제품과의 차이, 소비자의 선호도 조사, 가격결정, 제품 포지셔닝, 광고 등이 다 그러한 노력의 일환이라 할 것이다. 현대는 이미지에 의해 판가름 나는 시대이다. '자신'이라는 상품을 잘 개발해서 최대한 아름다운 포장으로 최고의 값어치로 팔 수 있어야 한다. 아무리 견고하고 성능이 좋아도 겉모습에서 호감이 느껴지지 않으면 소비자들이 선뜻 사고 싶은 마음을 일으키지 못하듯이, 사람이라는 상품도 아무리 실력 있고 성실한 사람이라도 항상 축 늘어져 다니면 누구든 그 사람을 신뢰하지 않게 된다.

'성공하는 사람은 옷도 잘 입는다', '옷 잘 입는 사람은 성공한다'란 말이 있다. 여기서 '옷 잘 입는다'라는 의미는 '값비싼 고급 명품만을 입는다'라는 이야기가 아니라 자신만의 이미지를 잘 표현한다는 뜻이다. 즉 이미지메이킹은 그 사람의 의상이나 외모만을 이야기하는 것은 아니다. 물론 한 사람의 이미지에는 패션이미지도 상당 부분을 차지하지만, 매너, 표정, 에티켓, 스피치, 습관, 행동분석, 오감, 캐릭터, 커뮤니케이션, 헤어, 메이크업 등이 총체적으로 포함된 아이덴티티(Identity)가 이미지로 표현됨을 의미한다. 즉 이미지의 구조는 인지적 요소, 정서적 요소, 행위적 요소로 구성되어 있으며, 인지적 요소의 구조에 정서적 요소의 구조가 더해져서 행위적 요소로 나타나는 것이다.

현대는 나만의 브랜드 시대이다. 자신의 스타일은 자기 마음을 표현하는 무언의 메시지이며, 보여지는 디자인(Design)이다. 그러므로 자신만의 아이덴티티를 갖는다는 것은 무척이나 중요하고 필수적인 것이다. '그 사람의 스타일이 그 사람의 이미지를 형성하게 된다. 그 시각적 이미지가 뭐 그리 중요할까' 하고 생각하는 사람도 있을 것이다. 그러나 현대 사회의 성공전략 중 하나는 이러한 이미지와 밀접한 관계가 있고 상당히 중요한 부분을 차지하고 있다. 물론 내적 이미지 또한 매우 중요하며 함께 진행되어야 한다.

사람들은 나의 첫 이미지로 내가 어떤 부류의 사람인지, 무슨 직업을 가졌는지 구분할 뿐 아니라 나에게서 풍기는 무언의 메시지로도 나의 느낌을 받아들인다. 이러한 추세에 발맞추어서 직장인들 사이에 PI(Personal Identity)가 화두로 떠올랐다. 사원들의 이미지메이킹으로 '퍼스널 브랜드 파워'를 높이면 개인의 역량은 물론 가장 저렴하면서도 효과적인 회사 홍보도 할 수 있음이 입증되었기 때문이다.

성공하려면 자신을 디자인해야 한다. 이미지는 곧 나의 자산이고 비즈니스이며, 성공전략이고, 개인 브랜딩(PIB : Personal Identity Branding)이다. 나만의 아이덴티티, 나만의 이미지야말로, 곧 나만의 강력한 성공전략이 된다. 이것은 나의 외면과 내면의 표현 비즈니스이기 때문이다.

이미지메이킹이란 자기 자신을 끊임없이 가꾸고 내면의 프로의식을 외적으로 표출하는 것이다.

2. 나 자신을 위한 이미지메이킹

지금 내 자신을 돌아보라.

- 지금 나의 이미지는 어디로 향하고 있는가?
- 지금 나의 이미지는 어디에 포지셔닝되어 있는가?
- 앞으로 나의 이미지는 어떻게 변화시키고 연출할 것인가?

국내 기업들은 제각기 고객만족, 고객감동이라는 목표를 두고 친절교육에 투자를 아끼지 않는다. 그러나 친절서비스 교육의 효과는 한 달이 채 가지 못한다. 그것은 고객만족 이전에 앞서 가장 중요한 직원 자신의 만족이 결여되어 있기 때문이다. 이미지메이킹은 고객을 위해 웃어야 하고, 고객을 위해 친절을 베풀어야 하는 것이 아니라 나 자신을 위해 미소를 띠고 나 자신을 위해 몸가짐을 다시 익히는 훈련이다. 직원 스스로 자기 만족을 이루어야만 살아 있는 고객만족이 실현될 수 있다. 자신을 만족시키지 못하면 절대 상대를 만족시킬 수 없기 때문이다. 자신의 부가가치를 최고로 높이고 싶다면 자기만의 고유한 이미지를 구축해야만 한다. 이미지가 경쟁력이다. 자기 자신을 브랜드화하라.

제3절 성공적인 첫인상과 이미지 형성

1. 커뮤니케이션과 이미지 형성

커뮤니케이션은 인간관계의 기본이라고 할 수 있으며, 서비스는 고객에 대한 설득적인 커뮤니케이션이다. 서비스의 의미 자체도 지식이나 이론보다는 이미지나 태도의 표현이 더욱 중요하다고 볼 수 있으며, 양방향의 의사소통은 효율적인 고객 서비스의 기반이 된다. 즉 고객서비스는 외적 표현에 의해서 전달되고 고객을 움직이는 커뮤니케이션 기술로서 그 성공의 열쇠는 긍정적이고 효율적인 예절로 의사소통을 할 수 있는 서비스맨의 능력에 달려 있다.

사람들은 자신을 존중하는 표현에 감사해 하며, 좋은 태도와 예절로 대하는 사람과의 관계를 좋아한다. 고객의 인식에 영향을 미치는 행동은 상호작용과 서비스를 제공하는 능력에도 영향을 미친다. 이 기술은 언어, 행동, 용모와 복장, 대화 등 모두가 고객에게 제공되는 유·무형의 서비스들이다. 고객은 제공되는 서비스를 통해 가치를 느끼게 되고 그 가치를 고객 만족 여부의 기준으로 삼게 된다. 고객의 말을 경청하고 긍정적인 단어를 선택하며, 주의 깊고 예의 바른 비언어적 행동 하나가 다른 회사의 서비스 수준을 능가할 수 있는 한 가지 방법이 될 수도 있다.

2. 감정과 속마음이 담긴 보디랭귀지

커뮤니케이션의 방법 중 언어의 주된 역할은 정보를 전달하는 것인 반면 비언어적인 커뮤니케이션은 상대에 대한 생각과 느낌을 전달하며 언어적 메시지 이상의 효과를 낳는다. 몸동작, 자세, 얼굴 표정, 움직임 등 우리 몸의 각 부분을 이용하여 커뮤니케이션 메시지를 전달하는 보디랭귀지 또한 서비스 메시지를 구성하는 중요한 언어이다. 인간의 감정상태가 드러나는 것이 보디랭귀지이다. 확실치 않은 상황이라면 사람들은 오히려 비언어적인 메시지를 신뢰하는 경향이 있다.

찰리 채플린 같은 무성영화시대 배우들은 오로지 몸동작만으로 의사소통을 해야 했던 보디랭귀지의 선구자라고 할 수 있다. 또 외국 영화를 보고 있노라면 그 언어는 알아들을 수 없어도 연기자들의 모습을 통해 어느 정도 내용의 흐름을 이해할 수 있는 경우가 있다. 보디랭귀지를 보고 상대방의 의도를 파악하는 일은 문화마다, 사람마다 기준이 조금씩 다르나 어느 정도 보편성은 있다.

보디랭귀지는 의미를 명확하고 활기 있게 하고 다른 사람이 더 깊은 관심을 보이도록 내용을 강조시키는 효과를 내도록 쓰여야 한다. 말의 내용과 상반되는 보디랭귀지와 몸의 움직임은 오해를 불러일으킬 수 있다. 서비스맨의 입장에서도 고객을 보다 더 깊이 이해하고 인간관계를 즐겁게 이끌어 나가기 위해 보디랭귀지를 연구할 필요가 있다.

3. 시각적 이미지를 활용하라

미국 캘리포니아대 심리학과 교수인 앨버트 메라비언(Albert Mehrabian)은 커뮤니케이션을 할 때 시각적인 것, 음성, 언어 세 개의 채널을 통해 메시지가 전달된다고 하며, 비언어적 신호가 언어적 메시지를 반박하거나 압도할 수 있다고 하였다.

즉 사람들이 커뮤니케이션을 할 때 시각 55%, 청각 38%, 기타 7%의 정보에 의지한다는 연구 결과를 발표한 바 있다. 이것은 감정이 격앙되었을 때 특히 사실로 나타나게 되는데 그의 연구에 따르면 두 사람의 대화에서 의도하는 메시지의 55%가 얼굴 표정, 옷차림, 눈맞춤, 자세, 제스처 등 다른 신체의 암시에서 나타나며, 38%가 목소리, 어조, 음색, 볼륨 등 음성신호에서 나오고, 7%가 실제 사용한 언어에서 나타난다는 사실을 밝혔다.

인류학자인 레이 버드위스텔(Ray Birdwhistell) 역시 얼굴을 맞대고 직접적으로 이루어지는 대화에서 언어적 수단이 차지하는 비율은 35%이고 65% 이상이 비언어적 수단으로 이루어진다는 사실을 밝혔다. 또한 실험을 통해 전화로 협상할 때는 자신의 주장을 강하게 내세우는 사람이 이기는 경우가 많지만 얼굴을 맞대고 직접

협상할 때는 귀로 듣는 말보다 눈에 보이는 것을 통해 최종 결정을 내리기 때문에 전화협상 때와는 다른 결과가 나올 수도 있다는 사실을 알게 되었다.

이는 커뮤니케이션에 있어서 언어적인 면이 중요하지 않다는 것이 아니라 언어는 일반적으로 얼굴과 음성의 암시 등에 의해 압도된다는 것이다. 이처럼 짧은 순간의 인상 포착에는 말보다 이미지가 더욱 결정적인 역할을 한다는 것을 알 수 있다.

감정의 의사소통

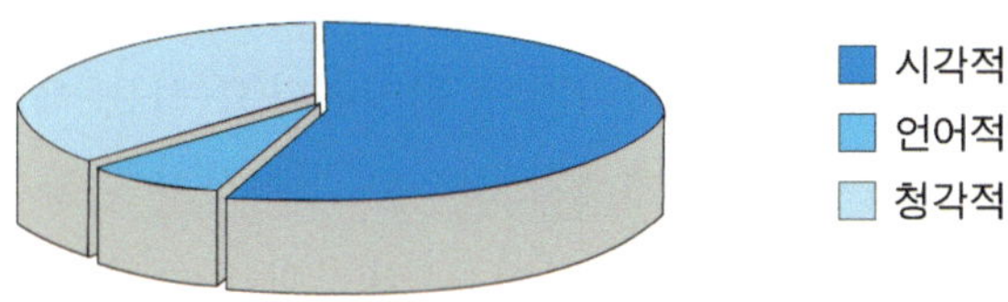

그러나 비언어적 신호가 강력한 메시지를 전달할 수 있다고 해도 인간의 행동은 예측하기 힘들고 비언어적인 신호의 이해는 인간의 배경, 문화적 차이 등에 따라 주관적인 경향이 있으므로 상당부분 오해의 소지도 있다. 오히려 서비스맨이 너무 비언어적인 신호를 중요시할 경우 의사소통을 잘못하게 되거나 의도하지 않은 서비스의 실패를 가져올 수도 있다.

물론 사람과 사람이 상호작용을 함에 있어, 특히 서비스맨의 고객과의 커뮤니케이션에 있어서는 언어적인 것과 비언어적인 것이 혼합되어 활용되기 마련이다. 즉 언어라는 메시지에 비언어적인 것들을 계속해서 제공하게 되며 고객들은 동시에 언어적인 것과 비언어적인 것의 메시지들을 공히 받아들이고 판단하게 된다. 이때 비언어적인 것과 언어적인 것은 일치해야 한다. 예를 들면 얼굴은 무표정한 채로 "어서오세요, 무엇을 도와드릴까요?" 한다면 어느 고객도 자신이 환영받고 있다고 느끼지 않을 것이다. 상대가 거짓말하는 느낌이 든다면 그것은 상대의 말과 보디랭귀지가 서로 조화를 이루지 못한다는 것을 의미한다.

4. 이미지메이킹의 첫걸음은 좋은 첫인상

상대방에게 좋은 이미지를 심어주기 위해서는 무엇보다 첫인상이 중요하다. 대부분의 사람들은 첫 만남을 통해 상대방의 이미지를 기억하고 그 이미지에 의해 그 사람을 판단한다. 사람을 처음 만나 몇 초간 아무 말이 오가지 않더라도 눈으로 몸으로 태도로 커뮤니케이션이 이루어진다. 즉 말하지 않아도 보는 순간부터 상대에 대한 정보를 얻게 된다.

흔히 진실의 순간은 15초라고 한다. 사람의 첫인상은 처음 7초 이내에 결정된다고 하며, 심지어 최근 3초 안에 이미지가 결정된다고 하는 책도 출간된 바 있다. 즉 첫 만남이 이루어지는 대인관계에서 미치는 첫인상의 영향력은 엄청나다고 할 수 있으며, 외견으로 보이는 전체적인 인상, 차림새로 그 사람 이미지의 대부분이 결정된다.

경영학의 권위자 메긴슨(L. C. Megginson)은 첫 만남, 즉 첫인상에서 호감을 주면 심리적 계약이 발전하여 신뢰가 형성되고 영향력이 커지지만 거부감을 주면 계약 발전에 실패하여 관계가 정지된다고 했다.

미국 IBM사에서 "성공하는 데 가장 중요하는 요소는 무엇인가?"라는 질문에 38%에 달하는 사람들이 그 사람의 '이미지'라고 대답했다. 그만큼 자신이 상대방에게 어떤 이미지로 비치느냐 하는 것은 비즈니스 세계에서 무엇보다 중요하다. 그럼에도 불구하고 많은 사람들이 자신의 이미지를 가꾸는 데 소홀한 것이 현실이다. 과학의 시대를 살아가고 있지만 직장 생활의 기본을 형성하는 것이 인간관계라는 사실은 변함이 없고, 인간관계의 기본은 상대에게 좋은 이미지를 주는 것이라는 사실은 의심의 여지가 없다. 개인의 능력을 향상시키는 데 투자하는 것 이상으로 이미지 경영에 투자해야 하는 이유가 여기에 있다. 『이미지 경영』의 저자 매리 미첼(Mary Mitchell)은 "첫 이미지를 만들 수 있는 두 번의 기회란 없다", "옷차림, 자세 등 상대방에게 전달되는 나에 대한 정보를 바꿀 수 있는 방법과 기술을 익히면 좋은 이미지를 전달할 수 있다"고 말한다.

자신이 경험한 인상적인 만남을 한 번 생각해 보라. 어떤 느낌을 받았으며 그 느낌은 언제부터였는가? 처음의 만남 몇 분 동안 그 사람에 대해 어떤 이미지를 굳혔을 것이다. 어쩌면 순간이었는지도 모른다. 첫인상이 중요한 것은 그것이 진위와 상관없이 오랫동안 영향을 미치기 때문이다. 거울을 보고 생각해 보라. 내가 만나는 다른 사람에게 어떤 첫인상을 준다고 생각하는가? 눈, 표정, 몸짓, 음성은 어떤 이미지를 전달하고 있는가?

혹자는 사람의 내면이 중요하지 외면이 뭐 그리 대수냐 하는 사람들도 있을 것이다. 물론 틀린 이야기는 아니다. 그러나 한 사람의 속내는 결국 겉으로 드러나기 마련이므로 굳이 내면과 외면을 따로 구분할 필요가 없다.

시대가 급박해지고 경쟁이 치열해질수록, 경쟁력을 좌우하는 무기들은 점점 더 평준화된다. 그리고 '작은 차이'가 그 평준화된 틈을 비집고 성패를 결정하는 변수가 되기도 한다. 변화무쌍한 이 시대에 이미지의 차이 하나가 성패를 좌우할 수도 있음을 기억하라.

첫인상의 형성과 회복에 관한 효과

- 초두효과(Primacy Effect) 란 흔히 첫인상이 중요하다는 의미로, 대부분의 경우 먼저 제시된 정보가 나중에 들어온 정보보다 전반적인 인상 현상에 더욱 강력한 영향을 미치는 것을 말한다.
- 빈발효과(Frequency Effect)란 첫인상이 좋지 않게 형성되었다고 할지라도, 반복해서 제시되는 행동이나 태도가 첫인상과는 달리 진지하고 솔직하게 되면 점차 좋은 인상으로 바뀌지는 현상을 말한다.

5. 첫인상, 무엇이 결정하나

사람을 처음 만났을 때 인식되는 첫인상은 웬만해서 바꾸기가 어렵다. 마치 콘크리트처럼 단단하게 굳어져 그 사람을 규정짓기 때문이다. 처음 만났을 때 좋은 인상을 심어줬다면 자신이 가지고 있는 능력 몇 배의 평가를 받을 수도 있겠지만 만약 나쁜 인상을 심어줬다면 그것을 바꾸기 위해서 몇 배의 노력을 기울여야 한다. 첫인상이 중요한 것은 첫인상은 두 번 줄 수도 고칠 수도 없기 때문이다. 그러나 한 번 첫인상이 좋았다고 해서 성공이 저절로 모두 따라오는 것은 아니다.

나의 일거수일투족은 항상 어디서나 나의 이미지를 만들고 그 조각조각의 모음들이 나의 삶을 형성해 나가기 때문이다.

다음 자신의 이미지를 생각해 보라.

각각의 상황에 따른 이미지들이 타인에게는 나의 첫인상이 될 수 있다.

- 아침 출근길에 버스나 지하철 속 이미지
- 엘리베이터에서 같이 탄 사람에게 주는 이미지
- 출근하자마자 자리에 앉아 있는 이미지
- 사무실에서 바쁘게 움직일 때 이미지
- 고객을 응대하는 이미지
- 나른한 오후 일의 피로가 누적되었을 때 이미지
- 버스정류장이나 지하철역에 서 있는 이미지

그렇다면 무엇이 첫인상을 결정하는 것일까?

사회적 만남은 인격과 인격의 만남이 아니라 이미지와 이미지의 만남이다. 한 개인의 이미지는 표정, 헤어스타일, 패션, 자세, 스피치, 매너와 에티켓, 보디랭귀지(제스처) 등에 의해 결정된다.

그중에서도 첫인상을 결정짓는 가장 큰 요소는 얼굴에 나타난 표정이다. 얼굴은 모든 대인관계의 첫 관문이다. 아무리 멋진 패션과 자태를 뽐내는 사람이라도 얼굴이 굳어 있으면 상대에게 결코 좋은 느낌을 전달할 수 없다. "웃지 않으려면 가게 문을 열지 마라"는 중국 속담이 있다. 서비스직에 종사하는 사람의 얼굴이 굳어 있다면 고객은 불쾌감을 느끼게 된다. 월급을 받기 때문에 웃어야 한다는 발상을 버려라. 자신을 위해 미소 짓는다고 생각하라. 웃는 얼굴은 삶의 질을 높이려는 현대인 모두에게 필수적인 요소가 된다.

6. 좋은 첫인상은 자신감이 기본

이미지메이킹은 겉모습 꾸미기에 그치지 않는다. 진정한 이미지는 시각적인 것에 앞선 정서적이고 감성적인 어떤 것이다. 사람의 진가는 많은 대화를 통해 여러 가지를 복합적으로 판단하며 알아가게 되겠지만, 그 사람이 보여준 첫인상의 느낌은 오래갈 뿐만 아니라 일종의 선입견이 되어 그 다음 행동의 평가기준이 된다. 게다가 가장 억울한 경우는 자신이 가지고 있는 '내면의 장점'을 제대로 표현하지 못해서, 오해를 사거나 대인관계에서 손해를 보는 것이며, 그런 일이 반복될수록 자신감을 잃고 위축될 수밖에 없다. 자신에게 자신감이 없는데, 남이 나를 존중해 줄 리가 있는가?

진정한 이미지메이킹을 위해선 자신감을 갖는 것이 무엇보다 중요하다. 즉 어떤 사람이 자기 자신의 이미지에 자신이 있으면 그 자신감 자체가 주위 사람에게 영향을 주어 자신의 말과 행동 몇 배 이상의 효과와 설득력을 가지게 된다. 역으로 자신의 이미지에 자신이 없으면 그 무기력이 나의 결점을 몇 배 더 확대시켜 상대에게 부정적인 이미지를 더욱 강하게 줄 것이다.

사실 아침에 바쁘게 서두르다가 옷차림, 헤어, 메이크업 등이 잘못된 것이 무척이나 신경 쓰여 하루 종일 일이 제대로 안된 경우가 있을 것이다. 남들은 별로 신경을 쓰지 않는데도, 혼자 신경이 쓰여서 주춤거리고, 머뭇거려 상대에게 자신감 없는 태도를 보인 적도 있을 것이다.

자기 자신의 이미지를 잘 표한다는 것은 무엇보다도 자신을 사랑하는 것이고, 스스로에 대한 존중의 의미가 있다. 또한 이것은 자신의 이미지인 아이덴티티를 강화시켜 준다. 자신의 이미지디자인을 중요시해야 하는 가장 큰 이유 중 하나인 것이다. 자기 자신을 사랑하고 스스로를 존중하고 귀하게 여겨야만 자신의 이미지가 성공적인 이미지로 각인될 것이다.

자기 자신이 자신에 대해 만족해야 타인에게 좋은 이미지를 나타낼 수 있다.

제4절 성공하는 사람들의 이미지파워

1. 이미지가 나의 미래를 결정한다

이미지 시대에 걸맞은 새로운 성공전략인 이미지메이킹의 5단계는 다음과 같다.

- Know Yourself. (자신을 알라.)
- Develop Yourself. (자신을 계발하라.)
- Package Yourself. (자신을 포장하라.)
- Market Yourself. (자신을 팔아라.)
- Be Yourself. (자신에게 진실하라.)

성공을 위해서는 뛰어난 실력만 중요한 것이 아니라 그에 걸맞게 요구되는 이미지를 만들고 연출하는 이미지 전략 또한 중요하다. 바꾸어 말하면 이미지 연출 또한 '실력'이다. 그러나 그 이미지 또한 내재적인 아름다움의 표출이다. 예뻐진다는 것은 결코 외모의 변화뿐 아니라 마음과 자세의 변화를 의미한다. 얼굴만 변화한다고 되는 것이 아니라 항상 남을 배려하는 마음으로 생활할 때 자신의 얼굴이 변하고 있음을 느끼게 될 것이다.

'외모는 선천적인 요소이므로 좋은 이미지는 빼어난 외모를 가진 자만의 특권이다'라고 생각한다면 옳지 않다. 이미지는 잘생겼는가 못생겼는가의 문제라기보다 표정이 굳어 있는가 미소를 띠고 있는가의 문제에 더 가깝다. 성공을 위한 이미지 전략은 예쁜 사람, 잘생긴 사람이 아니라 호감을 주는 사람, 신뢰할 수 있는 사람으로 포지셔닝하는 것이다.

자동차왕 헨리 포드(Henry Ford)는 "성공하고 싶은가? 그러면 성공한 사람처럼 행동하고 성공한 사람처럼 보여라"고 했다. 좋은 인상, 좋은 느낌이 있는 사람은 어딘가 모르게 매력이 느껴지고 기억에 남는다. 겉으론 외모가 준수하나 내면으로부터 나타나는 말이나 행동이 이상하거나, 매너가 아주 좋은데 외모가 호감이 가지 않는다면 상대방에게 좋은 이미지를 전달하기 힘들다.

미국 최고의 PR 전문가 헨리 로저스(Henry Rogers)는 “무의식적이건 의식적이건 자신에 대해 가지고 있는 이미지가 있고 나에 대해 남들이 갖는 이미지가 있다”고 말한다. 그리고 이 두 이미지 사이에는 한 이미지가 상승하면 다른 이미지가 동반 상승하는 상관관계가 있으므로, 남들이 자신의 나아진 모습에 갖는 좋은 이미지는 스스로의 이미지에 긍정적인 영향을 미친다. 즉 남들이 좋게 봐주면 그 평가에 의지해 자신의 이미지를 더욱 상승시킬 수 있는 것이다. 이미지 전략의 시대를 살아가며 개성 표현과 자기 PR에 지대한 관심으로 자신의 내재적 강점을 한껏 드러내는 자신만의 방법을 전략적으로 활용하는 것도 좋은 방법이다.

이미지메이킹에서 외모라 함은 생김새가 아니라 그 사람이 외적으로 풍기는 분위기이다. 표정, 헤어스타일, 패션, 자세, 매너, 화술, 억양 등등 많은 요소들이 복합적으로 조화되어 뿜어내는 그 사람만의 분위기를 말하는 것이다. 물론 단시일 내에 이미지를 형성할 순 없다. 이미지는 삶의 행적이고, 외모는 단지 내면이 만들어놓은 것을 표현하는 도구일 뿐이므로 역시 내면을 어떻게 채우느냐가 키워드인 셈이다. 나이가 들면서 내적으로 성숙함이 외적으로 훌륭하게 표출될 수 있도록 끊임없이 노력해야 한다.

2. 개인 이미지메이킹 프로그램

우리는 살아가는 동안 자신도 모르는 사이에 어떤 것을 선택하기도 하고, 또 선택받기도 한다. 어떤 제품을 고를 때나 물건을 구입할 때, 또는 신입사원이 기업을 선택하거나 기업에서 신입사원을 채용 선정할 때, 유권자가 정치인을 선택할 때, 심지어는 입학시험을 치르거나 배우자를 결정하는 일까지, 이때 중요한 판단 근거가 되는 것이 바로 이미지다.

우리가 무엇인가를 팔거나 상대를 설득하고 싶다면 먼저 나 자신의 이미지로써 긍정적인 관심을 끌어내야 한다. 우리 자신이 상대방에게 아무런 느낌도 줄 수 없다면, 사람들은 내가 무엇을 가지고 있는지에 대해 조금도 관심을 갖지 않을 것이다. 또한 상대방이 나에게 호감을 느끼지 않으면 자연스럽게 다가가는 것이 쉽지 않을뿐더러, 필요할 때 도움을 주고받을 수도 없게 된다.

상대로부터 자연스럽게 긍정적인 태도를 이끌어낼 수 있는 힘의 근원, 그것이 바로 좋은 이미지다. 좋은 이미지가 천 마디 말보다도, 때로는 높은 지위보다도 더 큰 위력을 발휘하는 경우는 생활 중에서 얼마든지 찾을 수 있다.

이미지를 잘 살리면 한 개인이 스타가 되기도 하고, 폐업 직전의 가게를 회생시키기도 한다. 지난 2002년 월드컵 경기 때 무엇보다도 시선을 끌었던 붉은 물결로 세계 곳곳에 '대한민국'이란 국가 이미지를 확실하게 심지 않았는가? 나에게 필요한 이미지 콘셉트를 세우고, 내가 가지고 있는 장단점을 진단한 후, 내가 원하는 이미지를 위해 노력해 나가는 개인 이미지메이킹은 요즘 성공한 인물들에게서 많이 듣게 되는 이야기이다.

성공한 사람들을 만나보면 확실한 공통점이 있는데, 그것은 자신의 이미지를 긍정적이고 효과적으로 나타낼 줄 안다는 것이다. 그러므로 자신의 분야에서 인정받고 싶다면, 어떻게 자신의 이미지를 만들어갈 것인가를 전략적으로 구상해 보아야 한다.

이미지메이킹이란 단순히 예쁘게 차려 입거나 멋있게 보이게 하려는 것이 아니다. 자신의 성격과 직업, 개성이 잘 드러날 수 있도록 자신을 연출하는 것이다.

이미지란 것이 어느 한 가지 면만 가지고 형성되는 것은 아니다. 그리고 일부러 꾸며서 만들어지거나 하루아침에 달라지는 것도 아니다. 하지만 평소에 표정이나 자세, 용모, 복장, 화술 등 자신을 어떻게 갈고 닦느냐에 따라 점차적으로 달라질 수 있는 것이다.

정장을 입으면 청바지를 입고 있을 때와는 달리 자신도 모르게 긴장되어 걸음걸이와 자세가 달라지고 몸가짐이 반듯해진다.

또 평소에 주위 사람들을 상대로 항상 바른말을 쓰려고 노력하는 것도 중요하다.

"이것 좀 주세요" 대신에 "죄송합니다만, 이것 좀 주시겠어요?"라고 말하고, 마주치는 사람마다 환한 미소를 지으며 "안녕하십니까?" 하고 인사를 하고, 무언가를 부탁할 때는 "죄송합니다만…"으로 시작해 보라. 또 "감사합니다"는 늘 입에 담고 사는 생활태도가 몸에 배도록 해보라. 이런 행동을 통해 성격도 좋아지고 남을 배려하는 마음도 깊어질 수 있다.

아무리 예쁘게 화장을 한다 해도 화를 많이 내면 인상이 망가진다. 누군가와 언쟁을 하고 난 후 거울을 보라. 자신의 표정이 어둡고 일그러져 있을 것이다. 일부러 얼굴을 예쁘게 가꾸려고 노력하는 것보다 얼굴 찌푸릴 만한 생각은 하지 않고 자주 웃으려고 노력하는 것이 실제로 좋은 인상을 갖는 방법이다.

또한 타인과 자주 상호작용을 하는 것도 나만의 이미지 개발에 도움이 된다. 늘 고객을 대하며 근무하는 사람과, 타인과 접촉하지 않고 자기 혼자 일하는 직종의 사람은 분명 이미지 연출에 차이가 있을 것이다.

진정한 프로가 되길 원한다면, 거울을 통해 자신의 겉모습을 들여다보라. 또한 자신의 내면의 모습을 내면의 거울에 비춰보라. 바로 그러한 '내면의 거울'이 되기를 바라면서 품격 높은 이미지를 창출하여 '성공'과 악수하길 바란다.

3. 직업별 이미지의 중요성

셰익스피어는 "인생은 연극무대"라고 했다. 연극에서 배우들이 그들이 맡은 배역에 충실하기 위해서는 그 배역에 맞는 성격, 옷차림, 외모, 태도 등을 지녀야 할 것이다. 또한 그 분야의 전문가는 말 그대로 축적된 노하우를 바탕으로 짧은 시간 안에 자신의 이미지를 표현할 수 있어야 하며, 자신의 직업에 어울리는 프로 이미지를 갖추어야 한다. 자신이 원하는 이미지도 중요하지만 '직업'도 매우 중요하다.

기업가는 기업가의 이미지에 어울리게, 영업사원은 영업사원의 이미지로, 교사는 교사 이미지로 보일 때 그 연극은 성공할 수 있지 않겠는가. 하지만 여기에 덧붙여 나만이 어울리는 기업가 이미지, 나만이 어울리는 영업사원 이미지, 나만이 어울리는 교사 이미지가 필요하고 요구되는 것이다.

대중 앞에서 이미지를 잘 표출할 수 있는 능력은 기업의 리더가 가져야 할 가장 중요한 능력 중 하나가 되었다. CEO는 기업의 이미지를 대표하는 얼굴이며, CEO의 이미지에 따라 기업의 이미지가 형성되기도 한다. 무엇보다 같이 공감할 수 있고 리더십 있고 신뢰할 수 있는 이미지로 만들어가는 것이 중요하다. 컬럼비아대학교 MBA과정에 참석한 최고경영자의 93%가 자신의 성공 비결을 매너로 꼽았다고 할 만큼 기업인의 이미지는 능력의 표현형태라고 할 수 있다.

이미지도 일종의 자산으로 이를 전략적으로 활용해 최대의 효과를 거둬야 하며, 이를 위한 CEO의 이미지 관리와 홍보, 매스컴 관리가 필요하다. 그러므로 전문가를 동원한 비즈니스 코칭, 적절한 매스컴 활용과 대응, CEO의 성격 유형에 따른 이미지 전략 등도 필요하다. 색채 이미지와 액세서리 등을 활용한 의상전략과 스트레스 관리 등도 이미지 경영의 한 요소다. 또한 인간관계 구축과 관리기법, 깊고 친밀한 관계를 만들기 위한 대화전략 등도 잘 활용해야 한다.

비즈니스맨에게 외적인 이미지는 매우 중요하다. 상대에게 '나는 이런 사람이다'라는 전략적인 이미지를 보여줌으로써 우호적인 분위기를 이끌어낼 수도 있고, 자신이 가진 능력을 최대한 이끌어낼 수도 있다. 전략적인 이미지테크는 자신의 부가가치를 최고로 높이는 필수조건으로 사회적 경쟁력을 강화시켜 줄 것이다.

상황에 따른 대화법이나 비즈니스맨의 복장, 헤어, 좋은 인상, 바른 예절, 걸음걸이, 보디랭귀지 등은 전문가로서의 상품가치를 결정짓는다. 즉 무엇을 입고, 어떻게 움직이고, 어떻게 보이는가는 자신에게 이득이 되기도 하고 손실이 되기도 하면서 언제나 함께 작용하게 된다.

대중적 이미지를 생명으로 하는 현대의 정치인들은 정치가 이미지에 좌우된다는 것을 누구보다도 잘 알고 있기 때문에 전문가의 도움을 받기도 한다.

미국 정치 마케팅의 권위자인 댄 니모(Dan Nimmo) 교수는 정치가의 이미지를 만들려면 후보자가 갖고 있는 가장 훌륭한 자질과 가장 믿을 만한 자질을 최대한 활용해야 한다고 했다. 즉 후보자가 창출할 수 있는 무한한 이미지 가운데 '신뢰할 수 있다'와 '개인적으로 호감이 간다'라는 두 가지 요소는 시공을 초월하여 많은 선거에서 당락을 결정하는 중요한 자질로 입증되었다는 말이다.

기업의 경우 기업의 생존을 위한 이미지메이킹인 CI(Corporate Identity)의 개념이 그 대표적 방법이다. 즉 기업의 특성에 맞도록 하나의 이미지를 설정, 회사의 로고와 심벌 컬러, 직원의 전체적인 이미지(표정, 자세, 매너, 직장인의 에티켓 등)를 총체적인 시각으로 관리함으로써 하나의 일관된 기업 이미지를 구축하게 된다.

기업들 스스로 기업의 이미지가 매우 중요하다는 사실을 인식했기 때문에 기업의 심벌마크나 로고, 심벌 컬러를 참신한 이미지로 바꾸는 것 외에 기업의 사회공헌활동에도 결코 노력을 아끼지 않는다. 특히 고객과 직접 만나는 직원들의 친절서비스는 기업의 이미지를 결정짓는 데 비중 있는 역할을 해왔다. 그러므로 국내 기업들은 제각기 고객만족이니, 고객감동이니, 고객행복이라는 캐치프레이즈를 내걸고 직원의 친절서비스 교육에도 지속적으로 노력을 기울이고 있다.

3

이미지분석과 역할모델

이미지분석과 역할모델(Role Model)

03

제1절 이미지분석

자신의 내면에 아무리 아름다움을 지니고 있다 해도 그것이 드러나야만 타인에게 인식될 수 있다. 자신에게 이미지 연출이 필요하다면 '무엇'이 '왜' 필요한지에서 출발하여 주관적이면서 객관적인 판단을 통해 개선점을 파악하고 자신의 인생의 목표에 맞추어 발전할 수 있는 연출방법을 좀 더 실제적인 측면에서 알아보는 것이 중요하다.

개인 이미지를 향상시키고자 하는 사람의 출발점은 '나 자신을 정확히 아는 일'이다. 먼저 퍼스널 브랜드인 자신에 대한 철저한 분석을 통해 자신의 강점을 발견해야 한다. 그래야만 자신이 바라는 이미지와 비교하여 '어느 부문을 어떻게 향상시킬까' 하는 방법을 찾고 나의 이미지를 성공적으로 만들 수 있다.

'내 자신의 이미지는 과연 어떠한가'라는 인식은 나를 성공적으로 이미지메이킹 하는 데 필수적인 출발점이다.

'나는 사교적이고 적극적이며 원만한 대인관계를 갖고 있다'라고 자신을 평한다면 이를 다 믿기는 어렵다. 그러나 '사람들은 나를 보고 사교적이고 적극적이며 원만한 대인관계를 갖고 있다고 한다'면 설령 본인 자신은 그렇게 생각하지 않는다고 해도 그것은 사실일 것이다.

누군가가 나를 우유부단한 사람이라고 한다면 어떤 식으로든지 그런 면을 보여 주었거나 아니면 그렇게 보이는 것을 묵인한 채 넘어갔기 때문일 것이다.

즉 내가 나의 모습을 판단하는 것도 중요하지만 상대에게 내가 어떻게 비칠까 하는 것이 더 중요한 사항이다. 그러므로 자신의 이미지메이킹을 성공적으로 실현하기 위해서는 무엇보다도 정확한 자기 인식과 자기 이미지의 객관화가 필요하다.

멋진 모습을 연출한 다음 단계는 자신의 이미지 특성을 찾아내는 것이다. 그 다음에 그에 어울리는 스타일을 연출하면, 가장 자연스러운 자신만의 모습을 표현할 수 있다. 이미지메이킹이란 자신만의 독특하고 창의적인 모습을 찾아가는 하나의 과정이기 때문이다.

이미지메이킹은 기존의 자신의 모습에서 장점과 잠재력을 끌어내는 것에 중점을 두는 것이다. 갖고 있지 않은 점을 만들어내는 메이킹 작업은 극히 적은 부분을 차지한다. 내 스스로가 내 이미지에 만족할 때 다른 사람에게도 그렇게 보일 것이며 그에 맞게 행동할 것이다. 자신에게 스스로 관심이 있고 자신을 사랑하는 사람만이 이미지메이킹을 잘 할 수 있다. 성공적인 이미지 창출을 위해서 무엇보다 중요한 것은 자신의 재능과 능력에 대한 정확한 인식과 그것에 대한 자부심이다. "내가 너무 부족해서", "난 안될 것 같아", "난 만날 왜 이러지?" 이렇게 자신을 평가하면 상대방도 나 자신을 모두 그렇게 평가한다는 사실을 명심해야 한다. 나의 모든 것을 부정적인 눈으로만 바라보지 말고 새롭게 긍정적으로 바라볼 수 있어야 한다. 스스로를 사랑하며 자신감 있게 모든 일에 최선을 다하면서 긍정적으로 이미지를 전달하는 이미지메이킹을 위해 노력해야 한다.

- 먼저, 마음을 열어라.
- 자신의 매력을 과소평가하지 마라. 매력은 타고나는 것이 아니라 만들어가는 것이다.
- 진정한 자기를 발견하라.
- 이미지 모델을 설정하고 행동하라.
- 끊임없이 목표에 맞게 자신을 이미지화하라.
- 자신의 시간을 이미지 경영에 투자하라.

고객과의 만남에서 고객에게 표현되는 다섯 가지 Point(표정, 인사, 말씨, 자세와 동작, 용모와 복장)를 중심으로 다음에 나오는 이미지 분석과정에 따라 자신의 이미지 분석을 천천히 그리고 성실히 해보라.

이미지분석 1-1 : 현재 내가 생각하는 나의 이미지는?

이미지분석 1-2 : 내가 생각하기에 다른 사람이 내게 느끼는 이미지는?

이미지분석 1-3 : 실제 다른 사람이 보는 나의 이미지는?

이미지분석 2-1 : 나의 외적 이미지분석

이미지분석 2-2 : 나의 내적 이미지분석

이미지분석 2-3 : 나의 이미지 지수는

이미지분석 3-1 : 객관화시켜 본 나의 모습

이미지분석 3-2 : 보이고 싶은 나의 전략적 이미지

이미지분석 1-1　현재 내가 생각하는 나의 이미지는

표정	• 평상시 나의 표정은 어떠한가? (무표정하지 않은가?) • 처음 만나는 사람에게 주로 어떤 표정을 하는가? • 나는 웃는 편인가? • 상대와 눈맞춤, 시선처리를 자연스럽게 하는가?	
인사	• 인사는 어떻게 하는가? • 인사는 먼저 하는가? • 처음 만나는 사람에게 주로 쓰는 인사말은 무엇인가?	
자세	• 나의 선 자세는 어떠한가? • 나의 앉은 자세는 어떠한가? • 나의 걸음걸이는 어떠한가? • 나의 손동작은 어떠한가?	
용모	• 외출할 때 나의 옷차림은? • 나의 화장법은? • 머리는 단정한가?	
대화	• 상대방의 이야기를 잘 듣는 편인가? • 내가 특히 습관적으로 잘 쓰는 단어나 구절들이 있는가? • 말할 때 나의 목소리, 톤, 어조, 음량, 발음은 어떠한가? • 대화를 나눌 때 주로 상대방의 어디를 보는가? • 경어를 항상 바르게 사용하는가?	

이미지분석 1-2 내가 생각하기에 다른 사람이 내게 느끼는 이미지는

표정	• 평상시 나의 표정은 어떠한가? (무표정하지 않은가?) • 처음 만나는 사람에게 주로 어떤 표정을 하는가? • 나는 웃는 편인가? • 상대와 눈맞춤, 시선처리를 자연스럽게 하는가?	
인사	• 인사는 어떻게 하는가? • 인사는 먼저 하는가? • 처음 만나는 사람에게 주로 쓰는 인사말은 무엇인가?	
자세	• 나의 선 자세는 어떠한가? • 나의 앉은 자세는 어떠한가? • 나의 걸음걸이는 어떠한가? • 나의 손동작은 어떠한가?	
용모	• 외출할 때 나의 옷차림은? • 나의 화장법은? • 머리는 단정한가?	
대화	• 상대방의 이야기를 잘 듣는 편인가? • 내가 특히 습관적으로 잘 쓰는 단어나 구절들이 있는가? • 말할 때 나의 목소리, 톤, 어조, 음량, 발음은 어떠한가? • 대화를 나눌 때 주로 상대방의 어디를 보는가? • 경어를 항상 바르게 사용하는가?	

이미지분석 1-3　실제 다른 사람이 보는 나의 이미지는

나의 이미지는 타인에게 어떻게 비춰질까? 가까운 사람에게 본인을 묘사해 보도록 하여 그 내용을 자신의 생각과 비교해 보라.

표정	• 평상시 나의 표정은 어떠한가? (무표정하지 않은가?) • 처음 만나는 사람에게 주로 어떤 표정을 하는가? • 나는 웃는 편인가? • 상대와 눈맞춤, 시선처리를 자연스럽게 하는가?	
인사	• 인사는 어떻게 하는가? • 인사는 먼저 하는가? • 처음 만나는 사람에게 주로 쓰는 인사말은 무엇인가?	
자세	• 나의 선 자세는 어떠한가? • 나의 앉은 자세는 어떠한가? • 나의 걸음걸이는 어떠한가? • 나의 손동작은 어떠한가?	
용모	• 외출할 때 나의 옷차림은? • 나의 화장법은? • 머리는 단정한가?	
대화	• 상대방의 이야기를 잘 듣는 편인가? • 내가 특히 습관적으로 잘 쓰는 단어나 구절들이 있는가? • 말할 때 나의 목소리, 톤, 어조, 음량, 발음은 어떠한가? • 대화를 나눌 때 주로 상대방의 어디를 보는가? • 경어를 항상 바르게 사용하는가?	

이미지분석 2-1 나의 외적 이미지분석

- '현재 나의 신체적 이미지는 어떠한가'라는 질문에 '나는 어떤 사람인가' 짧은 문장 10가지를 적어보라. 가능한 생각나는 대로 빠른 속도로 하라. (표정, 제스처, 스타일, 의상, 자세, 동작 등을 포함시킨다.)

1. ______________________________
2. ______________________________
3. ______________________________
4. ______________________________
5. ______________________________
6. ______________________________
7. ______________________________
8. ______________________________
9. ______________________________
10. ______________________________

- 자신의 강점(사소한 부분 모두)에 대해 적어본다.

- 외모에 대해서 특히 신경 쓰고 있는 부분을 적어본다.

- 자신의 이미지에 문제가 있다면 그것은 무엇인가? 부족한 부분을 적어본다.

- 부족한 부분이 있다면 그 부분을 개선해 나가기 위해 노력하고 있는(노력해야 할) 부분을 적어본다.

- 그 과정에서 어려운 점은 무엇이라고 생각하는가?

- 위에 적은 모든 내용을 종합하여 객관적으로 이미지를 형상화시켜 나의 이미지를 그림으로 그려보시오.

이미지분석 2-2 **나의 내적 이미지분석**

- '나는 누구인가'라는 질문에 '나는 어떤 사람인가'를 설명하는 짧은 문장 10가지를 적어 보라. 가능한 생각나는 대로 빠른 속도로 하라. (성격이나 감정, 성향, 신념, 가치관, 희망, 관심사, 재능, 소질 등을 포함시킨다.)

1. ____________________
2. ____________________
3. ____________________
4. ____________________
5. ____________________
6. ____________________
7. ____________________
8. ____________________
9. ____________________
10. ____________________

- 자신의 약점(단점)을 적어본다.

- 나는 어떤 사람이기를 원하는가?

나의 사회적 이미지는

- ☐ 나의 대인관계는 원만하다.
- ☐ 나의 인간관계는 의미있고 보람된 것이다.
- ☐ 나는 리더십이 있다.
- ☐ 나는 친구를 쉽게 사귄다.
- ☐ 나와 인연을 맺은 사람은 나를 신뢰해도 좋다.
- ☐ 다른 사람들은 나와의 만남을 즐긴다.
- ☐ 다른 사람들로부터 인정받는 일이 내겐 중요하다.
- ☐ 나는 모든 사람을 평등하게 대하려고 노력한다.
- ☐ 나는 어떤 사람을 만나든지 그의 장점을 보고 그것을 배우려고 노력한다.

나의 감정적 이미지는

- ☐ 나는 차분하고 쉽게 흥분하지 않는다.
- ☐ 나는 다른 사람들에게 나의 감정을 잘 표현할 수 있다.
- ☐ 나는 앞날에 대한 걱정을 많이 한다.
- ☐ 나는 아침에 기분 좋게 하루를 시작하려고 노력한다.
- ☐ 나는 나 자신을 좋아한다.
- ☐ 나는 지금까지 성취한 것들을 자랑스럽게 생각한다.
- ☐ 나는 스트레스를 받는 상황 속에서도 유머감각을 발휘할 수 있다.
- ☐ 나는 내 자신과 일에 대해 승리자처럼 생각한다.
- ☐ 나는 건강하다.
- ☐ 나는 늘 에너지로 가득 차 있다.

나의 지적 이미지는

- ☐ 나는 합리적으로 사고할 수 있다.
- ☐ 나는 아이디어가 많다.
- ☐ 나는 아이디어가 생기면 곧 실행할 방법을 찾는다.
- ☐ 나는 문제를 해결해 나가는 추진력이 있다.
- ☐ 나는 내가 생각하는 것을 말로 잘 표현할 수 있다.
- ☐ 나는 내 장래에 필요한 전문지식과 능력을 계발하기 위해 노력한다.
- ☐ 다른 사람들은 내 능력을 인정하고 믿는다.
- ☐ 나는 주어진 일을 할 때 기본 방법보다 더 좋은 방법이 없을까 연구한다.
- ☐ 나는 항상 '어떻게'보다 '왜'라는 질문을 한다.

이미지분석 2-3 나의 이미지 지수는

나의 이미지는

상대의 마음을 열게 하는 온화한 이미지인가?
지적이면서도 기품 있는 세련된 이미지인가?
모든 것을 포용해 주는 편안한 이미지인가?
카리스마를 지닌 강한 이미지인가?
재치 있고 민첩한 센스 있는 이미지인가?
기타(   )

나와 어울리는 계절은

봄 : 밝고 경쾌하며 발랄한 이미지로 주위의 분위기를 살려주는가?
여름 : 열정적이며 환희에 찬 이미지로 상대에게 호감을 주는가?
가을 : 단아하고, 지적이며 타인에게 편안함을 주는 성숙한 이미지인가?
겨울 : 깔끔하고 단정한 인상으로 주위 사람들로부터 주목받는 커리어우먼 스타일인가?

나의 감각적 이미지는

나는 어떤 색깔의 사람인가?
- 밝은 색인가, 어두운 색인가.

나의 온도는?
- 나는 따뜻한 느낌의 사람인가, 차가운 느낌의 사람인가.

나의 무게는?
- 나는 가벼운 느낌의 사람인가, 무게감이 느껴지는 사람인가.

나의 향기는?
- 나에게서 어떤 향기가 날까.

나의 소리는?
- 나로부터 어떤 소리가 날까. (둔탁함, 가벼움, 명랑함… 등 소리의 느낌을 적어보라.)

이미지분석 3-1 객관화시켜 본 나의 모습 - 나의 이미지를 내가 컨설팅한다

이미지 컨설팅은 철저히 객관적인 자가진단으로 시작한다.

평소의 모습을 촬영하여 꼼꼼히 분석하며, 본인도 모르고 있던 습관을 찾아내는 것이 중요하다. 연예인이나 주변 사람을 역할모델 삼아 따라한다 해도 정작 본인에게 어울리지 않는 스타일이라면 좋은 이미지라고 할 수 없기 때문이다.

나의 장단점을 파악한 후에는 내가 염두에 두고 희망하는 이미지를 만드는 것이 좋다. 상황에 따라 옷과 말투, 자세 등을 바꿔나가는 것이 올바른 이미지메이킹이라 할 수 있다. 그저 '멋쟁이'가 아니라 어떤 자리에 가서도 인간적인 매력을 풍기는 사람을 만드는 것이 이미지 컨설팅의 목표이다.

- **VTR 촬영을 통한 나의 이미지 진단으로** Self Image Check**와** Feed Back**을 해보자.**

항 목	나의 플러스 & 마이너스 이미지 진단
표정과 시선	
피부색, 얼굴형, 메이크업 및 헤어	
Color 진단, 체형 및 얼굴형에 맞는 패션 스타일, 각종 소품류의 적절한 사용	
인사, 자세, 동작	
스피치 전달능력	

- **호감 가는** Image**를 위한 개선점을 적어보라.**

이미지분석 3-2 보이고 싶은 나의 전략적 이미지

나의 목표는 무엇인가? 목표를 분명히 세우는 일이야말로 원하는 것을 얻을 수 있는 유일한 방법이다.

지금 당장 인생이나 직업에 관해 구체적인 목표를 세워본 일이 없거나 이미 세워놓았다 해도 적어도 5년 후에 어떤 자리에서 어떤 일을 하고 있기를 원하는지 구체적인 목표를 세워보자.

구체적인 목표를 세워 그것을 바람직한 상(역할모델)으로 인식하고 있을 때라야 비로소 그에 걸맞은 성공적인 이미지를 창출할 수 있다.

5년 후 나의 모습은?

- 신체적인 면

- 감정적인 면

- 사회적인 면

- 경제적인 면

자신의 목표가 설정되었다면 이제 나의 비언어적 · 언어적 모습들을 다시 생각해 보고 서비스맨으로서 바람직한 긍정적인 이미지가 무엇인지, 내가 투사하고 싶은 이미지를 묘사해 보라. 그리고 나의 이미지를 평소 어떤 훈련과 연습으로 더욱 향상시킬 수 있을지 그 방안을 적어보라.

항목	내가 바라는 나의 이미지	구체적인 나의 이미지 향상방안
표정		
인사		
자세		
용모		
대화		

제2절 역할모델(Role Model)

이제 자신에 대한 건전하고 어울리는 이미지를 가질 수 있게 되었다면 그것을 내가 원하는 커리어에 투사해 보라.

1. 나의 역할모델 찾기

어느 특정 직업을 들어 자신이 그 직업과 맞는 이미지를 묻는 경우가 있다. 물론 직업마다 요구되는 특정 이미지가 있을 것이다. 그러나 그러한 이미지는 결코 외모적인 것과 반드시 동일시되지는 않는다.

누구나 전달하고픈 이미지를 선택하고 그것을 적절히 연출하는 법을 알아야 한다. 스스로가 선택한, 자신에게 가장 적합한 배역을 훌륭하게 연기하는 배우가 되어야 한다. 결국 어떤 이미지를 나타낼까 하는 것은 자신이 결정할 일이다.

이미지메이킹이란 궁극적으로 자신이 원하는 바람직한 상(역할모델)을 정해놓고 그 이미지를 현실화하기 위해 자신의 잠재능력을 최대한 발휘하여 자신이 원하는 가장 훌륭한 모습으로 만들어가는 의도적인 변화과정이다. 그러므로 이미지메이킹은 자기 성장과 자기 혁신을 목표로 하는 이들의 평생 과업이라고 할 수 있다.

결국은 외적 이미지가 아니라 내적 이미지가 역할모델을 주도한다. 성공적인 삶을 위해 생의 목표를 분명히 하고 그 목표를 달성하는 데 필요한 이미지를 만들다보면 누구든지 원하는 목표를 달성할 수 있을 것이라고 생각한다.

내가 벤치마킹하고 있는 대상이 있는가? 어떤 사람이라도 좋고 어떤 직업이라도 좋다.

어떤 일이든 모방에서 시작해서 자기 것을 만들어가는 것이므로, 그 벤치마킹 대상에 맞추고자 노력하고 있는 부분을 하나씩 적어보고 실천할 방향을 잡도록 한다. 그저 생각만 하지 말고 자주 메모를 하는 것도 좋은 방법이다.

중요한 것은 앞에서 세운 목표를 꼭 달성하고야 말겠다는 욕망과 열정, 그리고 흔들리지 않는 신념으로 무장하여 목표로 가는 과정에서 부딪칠 장애물을 두려움 없이 극복하겠다는 의지이다.

자신의 이미지에 대한 개인적인 비전을 갖고 그 이미지가 되어가기로 결심하면서 그 이미지를 향해 다음의 질문에 스스로 답해 보라.

- 내가 하고 싶은 일은 무엇인가?
- 그 직업을 가진 사람들의 이미지는?
- 현재 그 이미지와 나를 비교, 분석해 보라(공통점과 차이점을 확인하라).
- 내가 보완해야 할 이미지는?(어떤 이미지로의 전환을 원하는가?)
- 나에게 맞는 전략적 이미지를 찾아라.

2. Role Model 설정과 자기분석(직업의 예 : 항공사 객실승무원)

장래 항공사 객실승무원이 되고자 한다면 이제 자신의 가치를 발견하고 구체적인 인생의 목표를 설정한 것과 같다고 할 수 있다. 그렇다면 자신의 가치를 더욱 강화하고 그 목표를 의욕적으로 달성하기 위해 다음의 자기분석 프로그램을 통하여 현재 자신의 모습을 구체적으로 진단해 보고 목표달성을 위한 전략을 세워보도록 하라.

국내 항공사의 인사 담당자들은 승무원 지원자의 용모가 당락에 미치는 영향이 지대하다고 인정한다. 그러나 승무원 이미지에 들어맞는 '깨끗하고 단아하며 편안하고 누구에게나 호감을 주는 인상'을 원한다고 설명한다.

다음에 나오는 질문들은 자신이 설정한 목표를 달성하기 위해 필수적인 준비사항이다.

- 다음에 나오는 질문을 읽고 '예', '아니요'로 신속하게 답하시오.

1. 나는 항공사 객실승무원이라는 직업에 대해 명확히 소개할 수 있다.
2. 나는 서비스가 무엇인지 설명할 수 있다.
3. 나는 고객의 중요성에 대해 설명할 수 있다.
4. 나는 고객과 서비스맨의 관계에 있어서 가장 중요한 것이 무엇인지 설명할 수 있다.
5. 나는 서비스맨이 고객에게 진정한 관심을 표현할 수 있는 방법을 알고 있다.
6. 나는 평소 나의 건강을 위해 일정한 운동을 하고 있다.
7. 나는 매일 규칙적인 생활을 하고 있다.
8. 나는 특별히 체중 조절을 하지 않아도 일정 체중이 유지되고 있다.
9. 나는 몸과 마음이 모두 건강하다고 말할 수 있다.
10. 나는 나의 이미지메이킹이 취업 및 자기계발에 중요하다고 생각한다.
11. 나는 평소 인간관계를 중히 여기고 있다.
12. 나는 여러 사람들과 개인적인 친분을 갖는 것이 좋다.
13. 나는 처음 본 사람이라도 어떠한 사람인지 대충은 알 것 같다.
14. 나는 처음 만난 사람과도 쉽게 친해지고 호감을 느끼게 한다.

15. 나는 여러 사람이 같이 있을 때 침묵이 흐르면 내가 먼저 말을 건다.
16. 나는 여러 사람들과 대화를 나누는 것이 즐겁다.
17. 나는 어떠한 집단에 속해도 잘 어울릴 수 있다.
18. 나는 일상 공동생활에서 내 자신보다 타인을 배려하려고 노력한다.
19. 나는 내 자신이 타인으로부터 어떻게 보이는지 신경을 쓰는 편이다.
20. 나는 표정이야말로 전 세계의 모든 사람에게 통용되는 국제적인 언어라고 생각하며, 타인에게 옳게 표현될 수 있는 표정관리에 유의하고 있다.
21. 나는 나의 감정이 얼굴에 나타나는 것을 절제할 수 있다.
22. 나는 상대방과 이야기할 때 이야기의 내용뿐 아니라 표정이나 태도에도 신경을 쓰는 편이다.
23. 나는 항공사 객실승무원에게 품위 있고 세련된 자세와 동작이 요구된다는 점을 잘 알고 있다.
24. 나는 외국인과 어느 곳에서 만나도 바람직한 국제매너와 기본적인 회화로 응대할 수 있다.
25. 나는 서양의 식문화를 이해하고 서양식의 기본 코스 등을 알고 있다.
26. 나는 국제화시대에 부응하여 국제적인 승무원이 지녀야 할 기본 소양에 대해 알고 있다.
27. 나는 뉴스와 시사에 관심이 있으며, 즐겨 보는 특정 신문이 있다.
28. 나는 내 인생의 행복이 항상 가까이 있다고 생각하고 가까이서 찾으려고 한다.
29. 나는 내 인생의 뚜렷한 목표를 갖고 있으며, 그렇게 되도록 노력하고 있다.
30. 나는 내가 살아오는 동안 나의 능력 밖의 일이라 생각할 때도 쉽게 포기하지 않고 나의 잠재력을 믿고 도전해 보고 있다.

다음에 나오는 질문들에 답해 보시오.

- 나의 인생에 있어서 직업은 어떤 의미가 있는가?
- 왜 항공사 객실승무원이 되기로 결심했나?
- 항공사 객실승무원이라는 직업과 나의 성격이 맞는다고 생각하는가? 그 이유는 무엇인가?
- 항공사 객실승무원은 무슨 일을 하는 사람인가?
- 항공사 객실승무원의 장점은?
- 항공사 객실승무원의 단점은?
- 내가 희망하는 항공사와 그 이유는 무엇인가?
- 내가 알고 있는 항공사 객실승무원의 이미지는 무엇인가?
- 항공사 객실승무원이 되기 위한 요건 중 내가 특히 노력해야 할 것은 무엇인가?
- 현재 나와 경쟁하고 있는 사람들과 비교해 나는 어떻다고 할 수 있는가?
- 내가 잘 할 수 있는 나의 능력을 적어보시오.
- 남들이 인정해 주고 평가해 주는 나의 능력을 적어보시오.
- 10년 후 나의 모습을 상상해 적어보시오.

Image Making for Serviceman

4

비언어적 커뮤니케이션 스킬과 이미지메이킹

비언어적 커뮤니케이션 스킬과 (Non-verbal Communication Skill) 이미지메이킹

04

제1절 밝고 호감 가는 표정

1. 스마일 파워(Smile Power)

'성공하는 사람에게는 표정이 있다.'

'표정으로 운명을 바꾼다.'

'인상이 변해야 인생이 변한다.'

표정은 이미지메이킹에서 핵심적인 키워드이다. 표정은 수없이 많은 모습으로 자신을 대표하는 이력서와도 같다. 좋은 표정이란 무엇이며, 바람직한 표정을 만들기 위해선 어떻게 해야 할까?

사람의 표정이란 그 사람의 감정이 겉으로 드러나는 것을 의미하며, 얼굴은 수십 가지의 감정을 표현한다. 그 얼굴 표정만으로도 그 사람의 기분상태, 건강상태, 교양 정도를 가늠할 수 있다. 그중 미소는 친근한 관계나 무엇에 대한 긍정의 의미를 지닌 대표적인 비언어적 신호의 하나이다. 즉 미소는 말하는 것에 동의하며, 경청하고 있다는 것을 의미한다.

고객에게 미소짓는 것과 같은 단순한 비언어적 암시는 서비스맨이 고객 중심적이라는 효과적 메시지를 전달한다. 서비스맨은 고객을 응대함에 있어서 항상 미소 짓고 고객을 기꺼이 돕겠다는 열정과 의지를 표현해야 한다.

얼굴 표정은 시각적 이미지의 80% 이상을 차지한다. 사람의 신체 중에서 가장 표현력 있고 눈에 띄는 중요한 부분이며, 대인관계에 있어 특히 첫 만남에서 표정은 중요한 요소가 된다. 얼굴은 그 사람의 모든 것을 나타내준다고 해도 과언이 아닐 것이다. '얼굴은 타고난 것이기 때문에 성형수술이 아닌 이상 고칠 수 없다'는 것이 그동안의 인식이었다. 그러나 성형수술로도 고칠 수 없는 것이 그 사람의 표정이다. 특히 표정은 자신의 속마음을 감추려 해도 드러나게 되므로 누구나 상대방의 표정을 보고 그 사람의 기분을 판단하기도 한다. 고객은 얼굴 표정만으로도 서비스맨의 마음을 읽는다. 지금 자신의 표정이 굳어 있다고 생각한다면 억지로라도 좋은 표정을 한번 지어보라.

나의 표정은 어떠한가?

- 밝고 상쾌한 표정인가?
- 얼굴 전체가 웃는 편안하고 자연스러운 미소인가?
- 시선을 바꾸면서 표정이 굳어지지 않는가?
- 늘 상황과 상대에 맞는 표정을 짓고 있는가?
- 호감 가는 인상을 가지고 있는가?

1) 웃는 얼굴의 효과

표정은 이미지 형성에 가장 큰 역할을 한다. 미소는 상대방에게 호감을 줄 수 있고, 긍정적인 반응부터 이끌어낼 수 있기 때문에 최고의 인간관계 효과를 낼 수 있으며, 편안한 분위기 연출로 신뢰성을 향상시킨다. 표정이 좋지 않은 사람은 다가가기도 어렵고 부정적인 선입관을 가지기 쉽다.

"웃어보세요." 하면 대부분의 사람들은 "웃을 일이 없어요"라고 하는데, 웃는 얼굴을 내가 먼저 만들면 주변이 다 즐거워진다. 아침에 출근할 때 웃으면서 "좋은 아침입니다!" 하고 인사하는 상사에게는 적극적으로 "안녕하세요?" 하고 같이 웃으면서 인사할 수 있지만 반대로 아침부터 무표정한 얼굴이 찌푸리기까지 한 상사에게는 인사하기도 싫어질 것이다. 아침 출근길에 반갑게 인사를 받아주는 버스기사님을 만나면 하루가 즐겁게 시작되지 않는가?

주변이 다 즐거워져서 호감효과를 일으키고, 나의 이미지를 높이는 가장 기본적인 얼굴은 바로 웃는 표정이다. 웃는 얼굴을 기본으로 갖추고 있으면 다른 표정들도 효과적으로 표현해 낼 수 있다. 웃는 표정의 위력은 대단하다.

미국에서는 웃음 강좌라는 것이 있을 정도로 웃음을 통한 건강관리를 강조하는데 스탠퍼드 의과대학의 윌리엄 프라이(William Fry) 교수는 웃음을 '앉아서 하는 조깅'(Stationary Jogging)에 비유하기도 했다. 그에 의하면 하루에 백 번을 웃으면 10분 동안 보트 레이스(Boat Race) 운동을 한 것과 같은 효과가 있다는 것이다.

신경학자 헨리 루벤스타인(Henry Rubenstein)은 1분 동안 힘차게 웃는 것은 45분간 휴식을 한 효과와 맞먹는다는 사실을 알아냈다. 또한 웃음은 신체의 모든 기관에 긍정적인 영향을 미치게 된다. 혈액 속의 산소량이 늘어나 혈액순환이 개선되고 위산과다의 예방과 치료에도 한몫을 한다고 한다. 그렇다면 스마일은 자신의 직업은 물론 자신의 건강까지, 피곤한 현대를 살아가는 모든 이들에게 분명 피로회복제와 같은 역할을 하는 것이 아닌가?

2) 밝고 긍정적인 표정이 이미지를 좌우한다

어떤 서비스 장소에 들어섰을 때 서비스맨으로부터 환영받고 있다는 느낌이 들었던 경험이 있을 것이며, 그 반대의 부정적인 경험도 있을 것이다.

말의 내용과 함께 서비스맨의 얼굴 표정 연출은 긍정적이거나 부정적인 메시지가 될 수 있다. "환영합니다"라는 진부한 말 한마디보다 항상 웃는 얼굴, 거기에다 적절한 인사말까지 덧붙이는 것이 더 효과적이다. 심지어 고객과의 전화통화에서조차도 서비스맨의 미소는 전화선을 타고 전달되게 된다.

아무리 예뻐도 어색하거나 무표정한 사람에게서는 좋은 인상을 받지 못한다. 표정이 따르지 않고 입과 몸으로만 하는 예의 바른 인사도 좋은 이미지를 줄 수 없다.

3) 내면에서 우러나오는 미소

아무리 외모가 훌륭해도 남을 배려하지 않고 오히려 불편하게 하는 사람이 있다. 인간관계에 있어서 내면에서 우러나는 타인에 대한 배려의 마음을 밖으로 나타내는 것이 가장 좋은 이미지 관리이다. 그 사람만의 성격이나 개성에 따라 그 사람의 매력을 최고로 표현해 줄 수 있는 방법은 겉으로 꾸며지는 것이 아니라 내면에서 우러나와야 한다. 마음이 우울한데 억지로 웃는 표정을 짓는다고 진정한 미소로 보이지는 않기 때문이다. 표정은 심리적인 면을 가장 잘 나타내주는 방법이다. 좋은 마음에서 좋은 표정이 나온다.

오랜만에 만난 친구를 보면 몰라보게 예뻐진 얼굴이 있는가 하면 어딘가 걱정거리가 있는 듯한 어두운 그림자를 발견하게 되는 경우도 있다. 굳이 얘기하지 않아도 얼굴에 드러난 표정으로 그 사람의 생활 면면을 읽게 되기도 한다.

우선 내면을 가꿔야 외적인 이미지도 개선되므로 항상 스스로 밝고 즐거운 마음을 갖도록 노력해야 한다. 미소를 지을 때에는 눈과 입만 웃는 것이 아니라 마음속으로 즐거워하며 우러나오도록 해야 한다.

거울을 얼마나 자주 보는가? 나의 얼굴은 늘 타인에게 노출되어 있으나 정작 나 자신은 아침에 세수를 하거나 화장할 때 외에는 내 얼굴을 볼 기회가 별로 없다. 표정은 일시적인 연출이 아니라 꾸준한 습관에서 나온다. '습관'을 강조하는 외적인 표현에서 가장 중요한 요소로 손꼽는 것은 표정이다. 그러므로 자신에 대해 관심을 가지고 표정을 개발한다는 측면에서 거울을 자주 볼수록 외모가 나아진다는 것은 일리가 있는 말이다.

4) 고객을 위한 서비스맨의 얼굴 표정

서비스맨의 얼굴은 항상 타인의 시선에 노출되어 있다. 그러므로 서비스맨이라면 자신의 얼굴 표정이 고객에게 친근감을 주는지, 그렇지 않은지를 반드시 생각해 보아야 할 것이다. 고객에게 친근감을 주는 서비스맨의 얼굴 표정은 고객응대에 있어 가장 기본적인 것이라 할 수 있다. 고객이 서비스맨에게서 무엇을 보는가 하는 것은 곧 고객이 서비스맨에게서 무엇을 얼마만큼 얻을 수 있는가를 의미한다. 즉 웃는 얼굴은 고객응대의 첫 액션이 된다. 첫인상은 두 번 줄 수 없다. 그러므로 첫인상은 끝 인상이 될 수 있다.

간혹 똑같은 일을 매일 반복하는 창구업무를 하는 사람들에게서 친근감을 주는 표정은 고사하고 어떤 표정이든 표정 자체를 기대하기 힘든 경우가 있다.

고객을 처음 대면했을 때 고객의 표정을 살펴 응대하게 되는 것은 지극히 당연한 일이다. 왜냐하면 고객의 표정에서 곧 고객의 마음을 읽을 수 있기 때문이다. 그러나 서비스맨은 그 이전에 기본적으로 고객이 편안한 마음을 가질 수 있는 친근감을 주는 표정을 갖추고 있어야만 한다. 고객도 서비스맨의 표정에 따라 서비스맨의 친절함과 상냥함을 판단하게 되기 때문이다.

그러나 고객을 대하는 표정은 웃는 얼굴만이 아닌 '상황'에 어울리는 것이어야 한다. 슬픈 일을 겪은 고객의 이야기를 들었을 때 서비스맨의 표정은 어떠해야 할까?

Exercise

- 다음 얼굴 표정들을 잠시 보고 느껴지는 감정을 각각 생각해 보라.

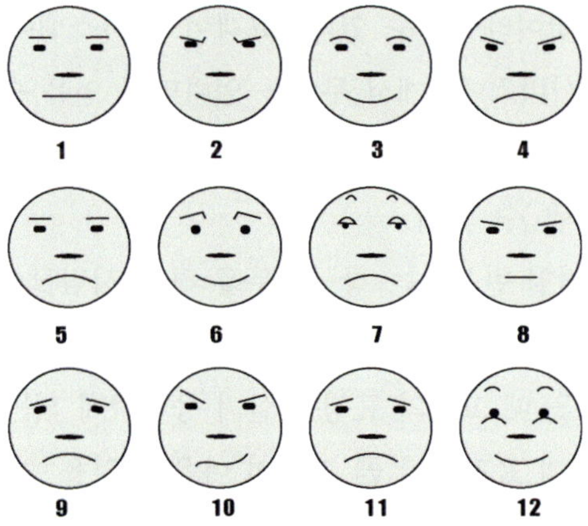

서비스맨의 얼굴은 어떤 표정이어야 할까요?

- 위의 그림을 참고로 하여 상대방에게 긍정적인 이미지를 전달하는 비언어적 요소들을 그림(얼굴 표정)으로 그려보자.

5) 표정은 훈련으로 만들 수 있다

사람들의 얼굴엔 반드시 표정이 뒤따르게 되는데, 아무리 진지한 이야기를 해도 표정이 진지하지 않다면 그 말을 신용할 사람은 없을 것이다. 예를 들어 "오래 기다리시게 해서 죄송합니다"라고 말하면서 귀찮다거나 쌀쌀한 표정을 짓는다면 고객은 과연 무슨 생각을 하게 될까? "어서오십시오, 안녕하십니까?" 비록 입에 발린 인사말이라도 표정으로 반가움이 나타나지 않는다면 고객에게 좋은 이미지를 줄 수 없을 것이다. 말이 좀 서툴더라도 진지한 표정으로 대화를 나누는 태도, 그리고 그러한 의도가 표정에 듬뿍 담긴 서비스맨이라면 일단 고객을 응대할 때 좋은 느낌을 전달할 수 있을 것이다. 그러므로 서비스맨의 풍부한 표정 연출은 고객응대를 위한 중요한 열쇠가 된다.

다양한 상황에서 고객을 대면하는 서비스맨은 풍부한 표정을 연출할 수도 있어야 하며, 고객과 대화할 때 상황에 따라 교감을 나눌 수 있는 정감 있는 풍부한 표정 연출이 필요하다.

자신의 마음은 고객을 향해 웃고 있는데도 얼굴 표정으로 나타나지 않아 오해를 사는 경우도 있다. 그리고 습관적으로 무표정하다 보면 마치 일을 하기 싫은 불성실한 사람으로까지 비치기도 하며, 때론 화난 사람처럼 보이기도 한다. 그 원인은 평소 풍부한 표정을 짓기에는 얼굴 근육들이 너무 굳어 있기 때문으로 서비스맨은 고객이 정확히 판단할 수 있는 풍부한 얼굴 표정을 짓기 위해 다른 운동과 마찬가지로 평소 안면근육운동이 필요하다.

밝은 표정, 호감 가는 표정은 타고나는 것이라기보다 훈련에 의해 만들어질 수 있다.

Exercise 얼굴 부분별 표정 연출 연습

우리 얼굴에는 무려 80여 개의 근육이 있어 7천 가지 이상의 표정을 만들 수 있다고 한다. 얼굴 근육 풀기는 코, 눈, 입을 중심으로 한다. 얼굴에는 역동적인 근육을 가진 곳이 있는데 그 부분은 눈썹부위와 입 주변이다. 두 부분을 이용해서 얼마든지 표정 연출을 할 수 있다. 거울을 보고 매일 조금씩 연습하여 자연스러우면서도 상냥한 자신만의 표정을 만들어보라.

눈썹

눈썹은 얼굴의 표정을 연출하는 데 있어서 중요한 부분이다.
눈썹 훈련은 이마 부분의 근육을 풀어주는 효과가 있다.

- 양손의 검지손가락을 수평으로 해서 눈썹에 가볍게 붙인 상태에서 눈썹만 상하로 여러 번 움직인다.
- 눈썹을 양 미간 사이로 내려 눈썹의 각도를 세모꼴로 만들어본다. 아마 거울 속에는 화난 표정이 보일 것이다.
- 눈썹을 바싹 위로 올려 눈썹의 각도를 둥근 모양을 만들어보라. 거울에 나타난 표정은 밝은 모습일 것이다.

이렇듯 눈썹의 각도를 이용한 표정만으로도 고객에게 친근감을 보낼 수 있다.

눈

눈은 피로를 가장 빨리 느끼는 부분이다. 눈을 감고 눈 주변을 손가락 세 개를 모아 꾹꾹 누르고 감은 상태에서 눈동자를 좌우로 돌려서 뒤쪽 신경계를 풀어준다. 총명하고 밝은 눈빛은 고객에게 많은 신뢰감을 줄 수 있다. 눈의 표정 연출을 하기 위해 역시 눈 주위의 안면운동을 해보자.

- 먼저 조용히 두 눈을 감는다.
- 반짝 눈을 크게 뜨고, 눈동자를 오른쪽 → 왼쪽 → 위 → 아래로 회전시킨다.
- 다음엔 눈두덩에 힘을 주어 꽉 감는다.
- 그리고 나서 반짝 눈을 크게 뜨고, 다시 한 번 눈동자를 오른쪽 → 왼쪽 → 위 → 아래로 회전시킨다.

이러한 눈의 근육운동은 하루 종일 피곤한 눈의 피로를 풀어주는 데도 아주 좋은 운동이 될 수 있다.

거울을 보고 눈으로 표현할 수 있는 표정을 연출해 보자. 거울을 눈 가까이 두고 눈만 집중해서 본다.

- 깜짝 놀랐을 때의 표정을 지어보자. 눈과 눈두덩이 올라가 있지 않은가?
- 곤란할 때의 표정은 어떠한가? 아마 양 미간에 잔뜩 힘을 주어야 할 것이다.
- 지적인 표정을 지어보자. 역시 눈동자를 긴장시켜야 할 것이다.
- 슬픈 표정, 기쁜 표정, 놀란 표정 등 다른 감정을 표현해 보자.

이렇듯 눈동자로도 많은 표정을 연출할 수 있다.

코

코로도 표정 연출이 가능할까? 먼저 코의 근육을 풀어보자. 코 근육은 일부러 손으로 코를 잡아서 주물러준다. 많이 쓰지 않기 때문에 물리적인 힘이 필요하다. 코는 눈썹 사이에서 콧망울까지 꾹꾹 눌러보라.

또한 불쾌한 냄새를 맡았을 때 대체로 코를 단번에 쑥 올려 코에 주름이 생기게 될 것이다. 이렇게 반복해서 코의 근육을 풀어준다.

그리고 나서 거울을 코에만 비춰 코로 표정을 연출해 보자.

- 찡그릴 때 코의 표정은 어떠한가? 한쪽으로 주름진 코의 모습이 보이는가?
- 그러면 이번엔 코로 웃는 표정을 만들어보자. 양 콧망울이 당겨져 코의 삼각형 모양이 바로 보일 것이다.

좀 제한되기는 하나 이처럼 코로도 표정 연출이 가능하다.

입, 뺨, 턱

입 주위는 표정을 결정짓는 가장 중요한 부위이다.

다양하고 풍부한 표정 연출을 위해 먼저 입 주위의 근육운동을 해본다.

- 입을 '아' 벌리고 턱을 오른쪽에서 왼쪽으로 움직여보자. 계속 반복해서 해본다.

다음은 뺨 주위의 안면근육을 풀어보자.

- 입을 다물고 한껏 뺨을 부풀려 공기를 머금은 채 오른쪽 → 왼쪽 → 위→ 아래로 움직여보자. 서너 차례 반복한다.

그 다음은 입술운동을 해보자.

입가를 최대한 당긴 다음 입술을 뾰쭉하게 내밀고 다시 옆으로 당기는 것을 반복한다. 그리고 나서 입을 최대한 크게 벌려 높은 톤으로 또박또박 아 → 이 → 우 → 에 → 오의 입 모양을 발성해 보자.

입꼬리 근육을 단련시키고 근육을 이완시키는 발성법으로 다음과 같은 운동을 해보자.

- 하, 히, 후, 헤, 호 / 하하, 히히, 후후, 헤헤, 호호

그러면 지금부터 거울을 입 가까이 대고 입으로 할 수 있는 표정을 연출해 보자.

토라진 표정을 지어보자. 입술을 다물고 약간 앞으로 내미는 모양이 될 것이다.

가장 화가 났을 때는 어떠한가? 입술이 세모꼴로 일그러지지 않는가?

가장 슬펐을 때를 떠올려보자. 얼굴이 어떻게 변하는가?

걱정이 있을 때, 짜증이 날 때, 재미있는 일이 있을 때를 생각하며 조심스럽게 얼굴 각 부분이 어떻게 움직이는지를 잘 보고, 어떻게 느껴지는지를 섬세하게 살펴보라. 이렇게 연습하면서 그동안 무표정하게 굳어진 얼굴 근육들을 이완시키고 마음도 부드럽게 해보자.

그러면 이제 마치 종이 한 장을 입술에 살짝 무는 상태로 입술 꼬리만 위로 올려보자. 입술이 웃고 있지 않은가?

다음은 활짝 웃는 모습을 지어보자. 치아가 반짝이며 입술이 가볍게 열릴 것이다.

입을 항상 절반쯤 벌리고 있거나 입 끝을 아래로 내려뜨려서 축 처지게 하고 있으면 그다지 밝은 느낌은 들지 않는다. 대체로 한국 사람들은 평상시 의식하지 않으면 입술 꼬리가 축 내려지기 쉽다고 하므로 의식하고 항상 입술 꼬리를 올리도록 한다. 그것만으로도 웃는 얼굴이 만들어지고 입가가 야무지게 보일 수 있다.

- 거울을 보고 다음과 같은 얼굴 표정이 어떠한지 실제로 표현해 보자.

슬픔	좌절	싫증	행복
사랑	두려움	화남	흥분
관심	지루함	회의적	안심
낙관	공감	동의	불안

6) 가장 호감 가는 표정은 스마일이다

웃는 얼굴은 리더의 조건이라고 한다. 사람들은 사진을 찍을 때나 자신을 가장 아름답게 표현해 보라고 한다면 대부분 밝게 웃는 표정을 연출하게 된다.

살다 보면 누구라도 괴로울 때, 고통스러울 때가 있으나 그래도 밝은 미소를 잃지 않고 살아가는 사람은 누구한테나 사랑과 신뢰를 받고 있다. 웃는 얼굴과 마주친 사람은 다른 누군가에게 그 미소를 반드시 전해 준다. 그만큼 웃는 모습은 자신을 가장 아름답게 만들어주기도 하지만 남에게 호감을 주는 아주 중요한 요소가 되기도 한다.

많은 고객을 대하는 서비스맨으로서 고객이 호감을 느끼는 밝은 스마일을 연출할 수 있는 능력은 필수적이다.

아름다운 미소는 하루아침에 만들어지지 않는다. 여가시간에 거울 앞에서 입꼬리를 올리고 웃는 연습을 해보라. 이때 양 입꼬리를 올리는 기분으로 '위스키~' 하고 소리 내면 입꼬리 근육을 단련시킬 수 있을 뿐만 아니라 보다 쉽게, 자연스러운 미소를 연출할 수 있다. 처음에는 의식적으로라도 웃어본다. 가족, 이웃, 동료 등 아는 사람과 마주칠 때 무조건 미소를 지어보아라. 그러면 나의 얼굴은 점점 좋은 느낌을 주는 얼굴로 변화될 것이며, 나의 생활은 더욱 윤택해질 것이다.

Exercise 스마일 연습

여러 가지 표정 중에서도 가장 아름다운 표정은 물론 웃는 얼굴이다. 모든 만남의 시작에 있어서 가장 중요한 것은 첫 느낌이며, 첫인상을 좌우하는 핵심적인 요소는 바로 스마일이다. 웃는 얼굴에 대해 상대방으로부터 칭찬을 받은 적이 있는가?

- **크게 웃을 때 웃음소리는 어떠한가?**

- **거울 앞에서 일생 중 가장 행복했을 때를 생각하며, 웃음을 띄어보라.**

- **거울을 보며 자신의 웃는 얼굴의 눈썹, 눈, 코, 입 등을 그림으로 그려보라. 어떠한 모양인가?**

활짝 웃는 미소는 '위스키~' 하고 발음한 상태에서 두 손가락으로 입꼬리를 고정시킨 뒤 마음속으로 다섯을 센 후 손만 떼어준다. 입모습은 끝까지 '~이'의 입모습을 하게 되고 더군다나 '위~' 할 때에는 뺨의 근육이 약간 위로 치켜 올라가 훌륭한 웃는 얼굴을 만들 수 있다. 한번 연습해 보자. 위스키~

7) 스마일은 서비스맨의 능력이며 의무이다

일찍이 상술이 발달했던 중국인들은 '웃는 얼굴이 아니면 가게 문을 열지 마라'고 했다. 서비스맨 최고의 매너는 바로 스마일을 잘하는 능력이라고 해도 과언이 아닐 것이다.

서비스맨이라면 즐거워서 웃는 것이 아니라 스스로를 즐겁게 하기 위해서 달관한 듯 웃을 수 있는 여유를 터득해야 한다. 즐거운 일이 있으면 누구든지 웃는다. 오히려 웃지 않는 것이 비정상일 것이다. 중요한 것은 웃을 일이 없을 때에도 웃는 것이다.

제임스-랑케 효과(James-Ranke Effect)란 "사람은 슬퍼서 우는 것이 아니라 울기 때문에 슬퍼지는 것이고, 즐거워서 웃는 것이 아니라 웃기 때문에 즐거워진다"는 심리이론을 말한다. 다시 말해 동작이란 감정에 따라 일어나는 것처럼 보이지만 실제로 동작과 감정은 병행하는 것이다. 동작은 의지로써 직접 통제할 수도 있지만 감정은 그렇게 할 수가 없다. 그러나 감정은 동작을 조정함으로써 간접적으로나마 조정이 가능하다. 따라서 쾌활함을 잃었을 때 그것을 되찾는 최선의 방법은 아주 쾌활한 것처럼 행동하고 쾌활한 것처럼 말하는 것이다.

스마일은 흥미로운 TV 코미디물을 보았을 때처럼 외부의 자극에 의해 무심코 반사적으로 터져 나오는 웃음이 아닌 본인이 의식하여 만들어내는 능동적인 웃음을 의미한다. 즉 스마일은 무의식의 상태에서 만들어지는 것이 아니라 의식의 상태에서 항상 긴장하며 만들어야 하므로 현명한 사람들의 어려운 능력 중 하나이다.

서비스맨의 스마일은 하고 싶을 때만 표현하는 것이 아니라 반드시 의무적으로 표현해야 한다. 서비스맨은 어떤 상황에서라도 본인의 감정과 무관하게 필요할 때에는 즉각 자연스럽고 자신감 있는 스마일을 표현할 수 있는 정도까지의 기술이 필요하다.

웃음은 하나의 습관이다. 일부러라도 자주 웃다 보면 이상하리만큼 웃음이 잘 나오게 된다. 언짢은 일이 있더라도 웃다 보면 즐거워지고 그래서 다시 웃게 되는 것이다. 이게 웃음의 마력이다. 속이 상할 때면 일부러라도 히죽 웃어보라.

서비스맨은 기분이 좋지 않을 때라도 늘 미소를 짓는 것이 중요하다. 서비스맨으로서 스마일을 유지한다는 것은 자신의 이미지를 좋게 만들 뿐만 아니라 응대하는 고객의 태도에 즉각적인 변화를 일으켜 고객을 안심시키고 편안한 마음이 되게 한다. 스마일은 서비스맨이 반드시 갖추어야 할 기본매너이다.

또한 스마일은 비단 직업적인 의미에서의 기본매너가 아닌 자신의 인생을 위한 기본요건이라 할 수 있다. 자신의 행복한 인생을 위해 항상 스마일을 생활화해 보자.

2. 눈맞추기(Eye Contact)

눈은 상대가 바라보는 나의 첫 번째 창이다. 사람의 얼굴에서 50% 이상의 인상을 좌우하는 부분은 눈이다. 어떤 눈매를 가지고 있느냐, 혹은 어떤 눈빛을 가지고 있느냐가 타인에게 어떤 이미지로 비칠 수 있느냐를 판가름하는 중요한 조건이 된다.

눈을 맞추는 것은 언어적·비언어적 의사소통 시 메시지를 전달하는 데 있어 공히 중요한 요소로써 작용한다. 눈맞추기 하나만으로도 가장 효율적인 의사소통 방법이 될 수 있다. 서비스맨이 고객과 눈맞추기에 실패할 경우 고객은 서비스맨의 관심과 성의가 부족하다고 생각하고 신용이 없음을 느끼게 될 것이다. 일례로 와인을 제공할 때 서비스맨이 와인을 따른 후 눈맞추기를 기다리고 있는 고객에게 와인만 따르고 그냥 돌아선다면 아무리 최고품질의 와인을 제공한다 해도 최고의 서비스는 될 수 없을 것이다.

서양문화에서는 눈맞추기를 유지하기에 편안한 일반적인 시간을 5초에서 10초로 본다. 이때 눈의 움직임, 깜빡거림, 눈맞추는 시간, 횟수 등이 상대를 대하는 자세 및 마음과 연관되어 있다.

눈을 맞추는 목적은 다음과 같다.

- 주의와 관심의 정도를 나타낸다.
- 친밀한 관계를 나타내고 유지할 수 있다.
- 태도변화와 설득에 영향을 미친다.
- 상호작용을 조절한다.
- 감정을 전달한다.

1) 눈으로 말한다

유아용 교육비디오에 나오는 율동동요를 보면 컴퓨터 기술로 사람의 동작은 다양하게 보여줄 수 있지만 유독 사람의 눈과 눈동자는 제대로 표현해 내지 못하는 것을 느낄 수 있다. 또한 어느 음식점에서는 출입구에 인사하는 마네킹을 세워 놓는 경우가 있는데 아무 눈빛이 없이 고개만 까딱하는 그 마네킹의 인사를 받고 환영받는 느낌을 가질 손님은 없을 것이다.

'눈은 마음의 창'이라고 하지 않는가? 눈의 표정을 능숙하게 활용하면 말 이상의 효과를 얻을 수 있다. 진실된 눈빛은 열 마디 말보다 더 강한 호소력을 가진다. 눈만 보고도 통하는 오래된 연인처럼 눈으로 열정과 의지를 나타내고 고객에게 신뢰와 믿음을 심어줄 수 있다.

고객을 대할 때 바람직한 눈의 표정은 어떠한 것인가?

- 시선은 고객과 같은 높이가 좋다.
- 눈으로 포용하듯 두루 살핀다.
- 부드럽고 따뜻한 눈의 표정을 연출한다.
- 또렷한 시선으로 신뢰감을 준다.

그러나 이러한 눈의 표정은 고객을 멀어지게 한다.

- 눈을 많이 움직인다. (얼굴을 움직이지 않고 눈동자만 굴려서 바라본다.)
- 갑자기 먼 산을 보거나 한눈을 판다.
- 지나치게 두리번거린다.
- 항상 시선이 아래로 향해 있다.

2) 눈동자의 크기와도 관련이 있다

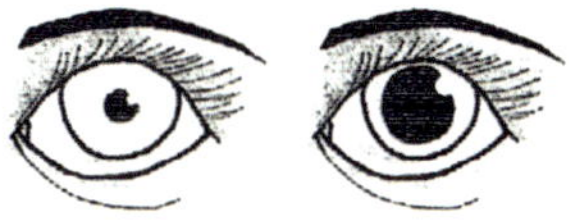

눈은 신체의 초점 부분이며 눈의 동공은 우리의 의식으로 통제할 수 없는 것이므로 눈에는 인간의 모든 의사소통 신호가 정확하게 드러난다. 눈동자의 크기가 빛의 강도에 따라 다양해지고, 어두움 속에서 확대되고 빛에 수축되는 것은 잘 알려진 사실이다. 눈동자와 관심 사이에 직접적인 연관이 있는 것도 연구에 의해 밝혀진 사실이며, 눈동자의 크기는 얼굴 표정에 결정적인 영향을 준다.

확대된 눈동자는 밝음, 높은 관심, 진실함, 솔직함, 안식과 편안함 등의 이미지를 느끼게 해주며, 수축된 눈동자는 관심이 적은, 불만족스러운, 적의가 있는, 피로한, 스트레스가 쌓인, 슬픈 이미지를 느끼게 해준다.

고객에게 좋은 이미지를 전달하기 위해서는 고객에게 많은 관심을 가진 확대된 눈동자를 통하여 많은 이야기를 할 수 있는 것이다.

또한 서비스맨의 입장에서도 고객 눈동자의 크기를 관찰하는 것은 대단히 중요한 일이다. 왜냐하면 그것은 고객이 얼마나 만족하고 있는지를 말해 주기 때문이다.

3. 편안함을 주는 시선처리

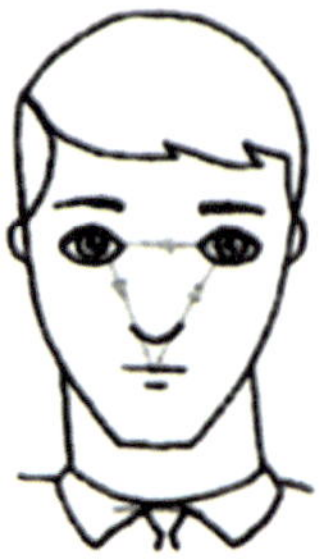

'눈은 입보다 많은 말을 한다'라는 말처럼 눈은 어떻게 하느냐에 따라 상대방에게 주는 인상의 파급효과가 크다. 아무리 말씨나 태도가 훌륭한 서비스맨이라 할지라도 얼굴 표정에 있어 시선처리를 바르게 하지 못하면 서비스의 효과는 반감되고 만다. 서비스맨의 올바른 시선처리는 곧 서비스맨의 자신감과 고객에 대한 공손함을 의미한다.

평소 시선처리의 나쁜 습관 때문에 본의 아니게 신뢰할 수 없는 인물의 이미지를 가질 수 있다. 대화를 나눌 때 주변 사람들의 반응을 살피거나 시선의 방향이 불안한 사람은 상대방에게 불신감을 갖게 만든다.

- 고객과 오래 대화를 할 경우에는 일반적으로 고객의 양 미간과 눈을 번갈아 보면서 시선을 처리하는 것이 고객 입장에서 편안함을 느낄 수 있다. 고객의 미간을 보다가 여백, 즉 고객과 대화의 중심이 되는 쪽, 앞에 놓인 서류, 제시하는 방향, 찻잔 등으로 시선처리를 한다.
- 상대방과의 대화가 지루해지면 움직이게 되는 것이 바로 눈이기 때문에 오해를 사거나 자신의 마음을 상대방이 알아채기도 한다. 눈만 움직인다면 시선이 날카로워지므로 턱도 조금씩 함께 움직여준다. 어떠한 경우라도 고객의 신체 위 아래로 시선을 돌리는 것은 좋지 않다.
- 다른 사람의 말을 들을 때 될 수 있으면 눈을 보고, 자신이 이야기할 때에는 조금 시선을 아래로 향하는 것이 좋다. 단 이야기의 핵심이나 고객의 동의를 구하고 싶을 때에는 시선을 고객의 눈에 두어 의지를 표현할 수 있다.
- 서비스맨의 시선이 고객보다 높거나, 너무 아래 있지 않도록 적당한 위치에서 상대방의 눈의 위치를 맞추도록 한다. 눈의 위치를 맞추어서 몸의 높이를 조절할 수 있다.
- 서비스맨의 시선과 얼굴의 방향, 그리고 몸과 발 끝의 방향까지 고객의 시선을 향하도록 한다.

4. 고개 끄덕이기

많은 사람들이 고개를 끄덕이는 것을 동의의 표현으로 사용하고 있으며 상대방이 나의 말을 듣고 이해하고 있는지의 여부를 알 수 있다. 그러나 고개를 끄덕이는 것이 일반적으로 동의를 뜻한다 해도 그저 막연히 끄덕이기만 할 경우 상대의 의도를 제대로 인식하는 데 실패할 수 있으며 오히려 건방져 보인다는 오해를 불러일으킬 수도 있다. 예를 들어 고객의 이야기를 들으며 가끔 "네, 그렇습니다" 같은 말로 응대해야 고객은 자신의 이야기에 응답하고 있다고 생각하게 된다.

그러나 서비스맨의 권한을 넘는 회사 규정 등에 관한 조정사항이라면 무조건적 끄덕임은 이해를 넘어 동의를 하고 있다는 의미가 되므로 특히 서비스과정 중 발생한 문제를 해결해야 하는 경우 고객이 오해하지 않도록 고개의 끄덕임 하나도 주의하는 것이 중요하다.

제2절 바른 자세와 품위 있는 동작

어떤 회사를 방문했는데 두 명의 접수담당 직원이 있었다고 하자. 한 명은 등을 구부리고 어쩐지 피곤해 보이는 느낌으로 앉아 있고, 또 다른 한 명은 단정한 자세로 웃으며 고객을 보고 있다. 고객의 발길은 어느 쪽을 향하겠는가?

첫눈에 보이는 모습으로 고객들은 대부분 서비스맨의 이미지를 판단하게 된다. 그만큼 평소에 갖는 서비스맨의 바른 자세는 중요하다. 자세를 잘 가다듬는 일부터 시작함으로써 업무에 임하는 자기 자신의 기분도 긴장될 것이며, 일상생활 속에서 아름다운 몸가짐을 완전히 익혀 자연스럽게 나타나게 한다면 자신의 인생에도 귀중한 재산이 될 것이다.

모든 동작은 당당한 자신을 표현하는 몸짓과 행동이며 상대에게 좋은 느낌을 전달하는 하나의 방법과 기회가 될 수 있다. 머리, 손, 팔, 어깨 등을 사용하는 몸짓은 언어적 메시지를 강조하기 위해 의사소통에 부가적인 의미를 가지게 한다. 공손한 자세는 고객의 신뢰를 형성한다. 고객의 입장에서 고객이 편한 쪽으로 고객의 편의를 고려하여 예의 바르고 정확한 동작들로 바꾸어 섬세하게 표현한다.

- 허리와 가슴은 펴고, 턱과 고개는 고객을 정면으로 향한다.
- 눈은 자연스럽게 상대를 본다.
- 상체를 10도 정도 숙이며 응대하면 정중한 인상을 줄 수 있다.
- 서 있을 때에는 손가락을 모으고 올바른 손모음을 유지한다.

  (남성은 왼손이 위로, 여성은 오른손이 위로 오도록 모은다. 단 흉사 시엔 반대로 한다.)
- 몸의 무게 중심을 한쪽 다리에 두지 않는다.

◉ 부적절한 고객응대 자세

고객응대 시 나타나는 서비스맨의 다양한 자세로 고객은 서비스에 반응하게 된다. 바른 자세로 앉아 있거나 서 있는 것, 자신 있게 걷거나 적극적인 자세를 취하는 것 등은 진정으로 고객을 돕겠다는 준비의 표현이 된다. 반면 구부정하게 앉아 있거나 어깨를 늘어뜨리고 서 있거나 신발을 질질 끌며 걷는 자세는 고객서비스 태도가 좋지 않은 것으로 보일 수 있다.

자세가 바르지 못한 사람은 왠지 신뢰감이 생기지 않는다. 신체의 자세는 마음의 자세에서 비롯되므로 자세는 곧 마음으로 해석될 수 있다. 바른 자세는 타인에게 호감을 주기도 하지만 스스로 자신감도 생기고 자세 교정으로 인해 신체도 건강하게 유지할 수 있다.

1. 아름답게 서기

모든 동작의 기본은 서 있는 자세에서 비롯된다. 새 옷을 입어볼 때 거울 앞에서 자기도 모르게 등을 쭉 펴고 배를 살짝 넣어본 경험이 있는가? 평상시에 주의하지 않으면 결국 등은 굽어지고 턱과 배는 쑥 나와버리기 쉽다.

거울 앞에서 자신이 서 있는 정면과 옆모습을 모두 점검해 보자.

Exercise 아름답게 서는 연습

- 발 뒤꿈치를 붙이고 발끝은 V자형으로 한다.
- 몸 전체의 무게 중심을 엄지발가락 부근에 두어 몸이 위로 올라간 듯한 느낌으로 선다.
- 머리, 어깨, 등이 일직선이 되도록 허리는 곧게 펴고 가슴을 자연스럽게 내민 후, 등이나 어깨의 힘은 뺀다.
- 아랫배에 힘을 주어 당기고, 엉덩이를 약간 들어올린다.
- 여성의 경우 오른손을 위로 가게 하여 가지런히 모아 자연스럽게 내려 배꼽 아래 5cm 정도에 놓고, 겨드랑이에 팔을 가볍게 붙여준다. 발은 시계바늘 모양으로 11시 5분 모양으로 만들어준다.
- 남성의 경우 손을 가볍게 쥐어 바지 재봉선에 붙인다. 이때 양손을 약간 둥글게 하면 보다 정중한 인상을 준다. 발은 10시 10분 모양으로 벌려준다.
- 시선은 정면을 향하고 턱은 약간 당겨 바닥과 수평이 되도록 하며 입가에 미소 또한 잊지 않는다. 그리고 머리와 어깨는 좌우로 치우치지 않도록 유의한다.
- 오래 서 있어야 할 때에는 여성의 경우 한 발을 끌어당겨 뒤꿈치가 다른 발의 중앙에 닿게 하여 균형을 잡고 서면 훨씬 편안하게 느껴진다.
  남성의 경우라면 양발을 허리 넓이만큼 벌리고 서 있는 것이 좋다.
- 대기자세에서 고객을 응대할 때에는 즉각 대기자세를 풀고 고객에게 다가가는 제스처가 필요하다. 이때 고객을 정면으로 하여 45도 정도를 유지하고 80cm에서 1m 정도의 거리에서 고객과 마주보고 서는 것이 가장 편안한 거리이다.

서 있을 때의 모습

2. 바르게 앉은 자세

일상생활에서 기력이 쇠하고 힘들 때 상체가 휘어진 듯한 경험이 있지 않은가? 좋은 습관 중의 하나는 상체를 바르게 하는 자세이다.

카운터나 책상 앞에서의 작업량이 많은 사람들은 하반신이 보이지 않는다고 해서 안심하고 다리를 꼬고 앉는다든지 단정치 못하게 하고 있으면 반드시 상반신에 영향을 주기 마련이다. 등이 굽어지면 무릎도 벌어지게 된다. 상반신은 항상 선 자세와 같은 바른 자세여야 한다. 신체의 중심이 되는 허리를 항상 긴장하여 바로 세운다는 것은 바로 젊음을 유지하는 비결이 되기도 한다.

Exercise 바르게 앉은 자세 연습

- 의자 깊숙이 엉덩이가 등받이에 닿도록 앉는다. 의자 끄트머리에 걸터앉는 것은 보기도 좋지 않을뿐더러 불안정하고 쉽게 피곤해지는 자세이다.

- 등과 등받이 사이에 주먹 한 개가 들어갈 정도 거리를 두고 등을 곧게 편다.

- 상체는 서 있을 때와 마찬가지로 등이 굽어지지 않도록 주의하고, 머리는 똑바로 한 채 턱을 당기고 시선은 정면을 향해 상대의 미간을 본다.

- 남자의 경우 발끝은 가지런히 모아 정면을 향해 30cm 정도 11자 모양으로 벌리고 손은 가볍게 주먹을 쥔 상태로 허벅지에 올려놓는다.

- 여자는 남자와 마찬가지로 무릎을 붙인 상태에서 서 있을 때처럼 발을 시계바늘 모양으로 11시 5분 모양으로 만들어준다. 양다리는 모아서 수직으로 하며 오래 앉아 있을 경우 다리를 좌우 어느 한쪽 방향으로 틀어도 무방하다.
  특히 소파처럼 낮은 의자의 경우에는 무리하게 다리를 수직으로 세우지 말고 양다리를 모은 채 무릎 아래를 좌우 한 방향으로 틀면 다리가 아름답게 보인다.

- 의자에 퍼져 앉아 팔짱을 끼고 무릎을 떨거나, 구부정하게 앉거나, 다리를 꼬아 앉거나 벌어지지 않도록 유의해야 한다.

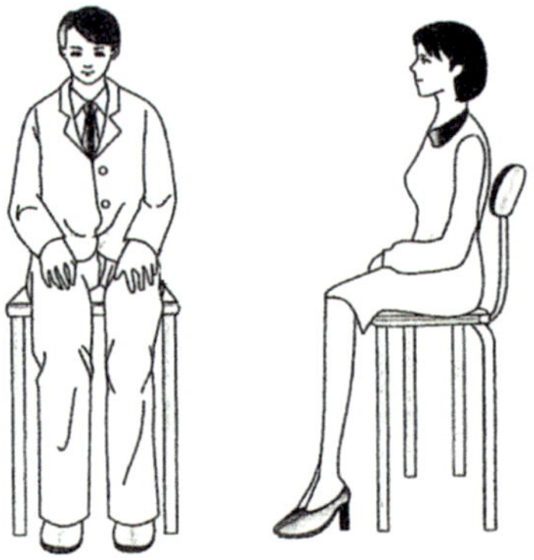

3. 멋있게 앉고 서는 법

대체로 의식하지 않고 무의식 중에 하는 것이 앉고 서는 법이다. 자칫 긴장하지 않으면 털썩 주저앉는다거나 상체를 많이 굽힌 지친 모습으로 일어서기 쉽다.

Exercise 앉는 연습

여자

- 한쪽 발을 반보 뒤로 하고 몸을 비스듬히 하여 어깨 너머로 의자를 보면서 한쪽 스커트 자락을 살며시 눌러 의자 깊숙이 앉는다.
- 뒤쪽에 있던 발을 앞으로 당겨 나란히 붙이고 두 발을 가지런히 모은다.
- 양손을 모아 무릎 위에 스커트를 누르듯이 가볍게 올려놓는다.
- 어깨를 펴고 시선은 정면을 향하도록 한다.

남자

- 의자의 반보 앞에 바르게 선 자세에서 한 발을 뒤로 하여 의자 깊숙이 앉는다.
- 정지동작을 살리며 바른 자세로 앉는다.
- 발을 허리만큼 벌리고 양손을 가볍게 주먹을 쥐어 양 무릎 위에 올려놓는다.
- 어깨를 펴고 시선은 정면을 향하도록 한다.

4. 어깨와 머리의 위치

머리와 어깨의 자세만으로도 그 사람에 대한 이미지가 결정될 수 있다. 바른 자세는 머리에서 발끝까지 바르게 하는 것을 의미한다.

일반적으로 사람들은 자극을 받을 때 어깨를 올리고 안정적일 때 내리는 경향이 있다.

- 어깨를 높이고 머리를 낮추는 경우에는 왠지 긴장되고, 부정적 혹은 적의가 있게 느껴지며, 또한 항상 어깨를 축 늘어뜨리고 머리를 떨구는 사람들에게서는 의심, 좌절, 불만, 두려움, 불안정한 느낌까지 들게 된다.
- 머리가 한쪽으로 항상 비스듬하게 기울어져 있거나 앞머리카락이 흘러내려 습관적으로 머리가 한쪽으로 기울어져 있는 자세는 왠지 모르게 의구심이 많은 사람처럼 느껴지거나 다소 불량한 느낌마저 든다.
- 턱이 들려 머리가 젖혀진 채 시선을 아래로 향한 자세는 거만한 느낌이 든다.
- 목이 빠지듯 머리가 늘 아래로 숙여진 자세는 무언가 자신이 없고 어두운 이미지마저 느껴진다.

5. 스마트하게 걷기

옷을 잘 차려 입고 용모가 깨끗해도 등이 구부정한 채 무릎까지 굽히고 뒤뚱뒤뚱, 종종, 터덜터덜 걷고 있는 사람들을 보게 된다. 반면 곧은 자세로 씩씩하고 활기차게 걷는 사람은 보는 이로 하여금 신뢰감을 느끼게 해준다.

Exercise 걷는 자세 연습

- 상체를 곧게 유지하고 발끝은 평행이 되게 하여 다리 안쪽과 바깥쪽에 주의하면서 발바닥이 보이지 않도록 직선 위를 걷는 듯한 기분으로 걸으면 된다.
  머리는 걸음을 옮길 때 유연하게 움직일 수 있도록 하되 유연한 선을 그리면서 높이 쳐든 상태를 유지한다.

- 어깨와 등을 곧게 펴고 턱을 당겨 시선은 정면을 향하고 자연스럽게 앞을 보고 걷는다.
  배는 안으로 들이밀고, 엉덩이는 흔들지 않는다.
  허리로 걷는다고 생각하고 앞으로 내민 발에 중심을 옮겨가면 바르게 걸을 수 있다.

- 무릎을 굽힌다든지 반대로 너무 뻣뻣해지지 않도록 양 무릎을 스치듯 걷도록 주의한다.

- 손은 손바닥이 안으로 향하도록 하고 팔은 부드럽고 자연스럽게 두 팔을 동시에 움직인다.

- 보폭은 자신의 어깨 넓이만큼 걷는 것이 보통이나 굽이 높은 구두를 신었을 경우는 보폭을 줄인다.

1) 활기찬 걸음은 자신감을 표현한다

젊고 건강하고 활기찬 사람들의 걸음걸이는 남들과 달리 조금 빠른 템포로 걷고 그로 인해 팔도 앞뒤로 더 높이 흔들며 진취적이고 자신감 있어 보인다고 한다. 반면 언제 어디서든지 항상 처진 어깨로 걸음이 느린 사람은 왠지 모든 일에 자신감이 없고 일을 처리하는 속도도 느릴 것 같은 느낌이 든다.

축 처진 느린 걸음으로 걷는 사람들이 있는가 하면 발걸음도 경쾌한 리듬을 가지고 가슴을 쭉 펴고 또렷한 눈빛으로 정면을 향해 스마트하게 걷는 사람들도 있다. 어느 쪽을 더 신뢰하게 될 것인가?

2) 발소리까지 상대를 배려해 보라

발소리가 크게 나지 않도록 걷는다는 것 또한 타인에 대한 배려이다.

사무실이나 다른 장소에서 무심코 들려오는 요란스런 발소리가 귀에 거슬리는 경우가 있다. 매너가 좋은 사람들은 발소리까지도 남의 귀에 거슬리지 않게 하기 위해 자신의 걸음걸이에 주의를 기울인다.

체중은 발 앞부분에 싣고, 허리로 걷는 듯한 느낌으로 걸어야 한다.

발소리가 소음공해가 되지 않도록 발 앞 끝이 먼저 바닥에 닿도록 하여 전면에 일직선이 그어져 있는 듯 가상하여 똑바로 걷는다.

3) 계단 오르내리기

누군가와 함께 계단을 걸어갈 때나 반대쪽에서 누군가 계단을 같이 이용할 때 상체를 곧게 펴서 몸의 방향을 비스듬히 한다면 좁아 보였던 계단의 공간이 더 넓어 보일 것이다. 아주 사소한 차이지만 계단을 오르내릴 때 몸을 비스듬히 하는 것과 앞으로 향하는 것과는 느낌이 매우 다르다. 자로 잴 수 없는 작은 공간이나마 상대에 대한 공간의 배려는 자세의 세련미를 더해 줄 것이다.

계단을 올라갈 때의 시선은 15도 정도 위를 향하여 걸으며 내려올 때도 시선을 15도 정도 아래로 두고 걷는다. 올라갈 때에는 남자가 먼저 올라가고, 내려갈 때에는 여자가 먼저 내려가도록 한다.

6. 물건과 함께 '마음'을 전한다

손에도 표정이 있다

서비스맨은 고객에게 무언가 제공하는 동작을 많이 하게 된다. 단 한번의 동작으로 고객에게 불쾌한 느낌을 전달하기도 하고 감동을 주기도 한다.

얼굴에 표정이 있듯이 손에도 표정이 있다. 상대방에게 전해지는 마음과 품위가 있는 것이다. 물건을 잡을 때에는 손가락을 가지런히 하여 잡는 것, 바닥에 떨어져 있는 물건을 집을 때 허리를 구부리지 않고 두 발을 가지런히 하고 허리를 편 상태에서 그대로 앉으면서 집는 동작, 하나하나가 동작의 표정인 것이다.

책이나 서류도 상대방이 읽기 좋도록 바로 보이는 쪽으로 건네고, 연필이나 포크 같은 것도 쓰기 좋도록 손잡이 쪽으로 건네는 동작들이 모두 상대를 배려하는 매너의 기본이 된다.

서비스맨의 경우 고객의 물건을 소중히 여기는 마음으로 취급한다면 물건과 함께 마음을 전하는 따뜻함이 자연스럽게 느껴지리라 생각된다. 고객과 주고받는 물건은 모두 소중한 것이므로 전달하는 위치도 몸의 가슴과 허리 사이에서 옮겨 웃는 얼굴로 시선을 마주치며 전달해야 한다. 너무 아래로 떨어뜨려 전달할 때에는 하찮은 물건으로 생각되기 쉽기 때문이다.

사소한 예로 일상생활에서 상대방에게 신문이나 물컵 등을 건네줄 때 이쪽이 받기 전에 손을 떼어버려 바닥에 떨어진 경험이 있을 것이다.

- 먼저 전달받을 고객의 공손한 위치를 선택하여 일단 멈춰 선 다음 반드시 양손을 사용하도록 한다.
- 물건을 전달할 때도 밝은 표정과 함께 물건명을 말하며, 시선은 고객의 눈에서 물건으로 갔다가, 다시 고객의 눈으로 옮겨 물건이 올바르게 전달되었는지를

확인한다. 작은 물건일 경우, 한 손을 다른 한쪽 손의 밑에 받치는 것도 센스 있어 보인다.

- 가위, 칼 등 끝이 날카로운 물건은 상대방이 손잡이 쪽을 잡도록 건네며, 서류나 책 등을 전할 때에는 상대방이 글씨를 바로 볼 수 있도록 전한다.
- 전달한 후 한두 걸음 뒷걸음질하여 뒤돌아온다.

7. 올바른 방향 지시

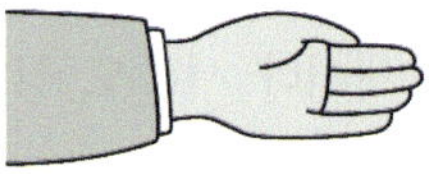

서비스맨의 몸짓은 항상 고객을 향해 열려 있어야 한다. "연회장이 어디 있어요?"라고 물어 왔을 경우, "네, 제가 안내해 드리겠습니다"고 말하면서 발이 함께 움직이는 것이 원칙이다. 부득이 그 자리를 비울 수 없는 경우에는 "네, 연회장은 저쪽입니다"고 재빨리 응대하며 다음과 같이 방향을 지시한다.

- 방향을 묻는 사람의 눈을 보고 팔을 길게 뻗어 손가락 끝을 가지런히 모아 손바닥을 비스듬히 전체로 가리킨다. 손바닥이 위로 향하거나 손목이 굽어 있으면 방향이 애매하게 된다.
- 팔꿈치를 펴는 각도로 거리감을 표현하여 먼 곳은 팔을 길게 뻗어 가리키고, 가까운 곳은 손을 조금만 내민다. 이때 다른 한 손을 팔꿈치에 받치면 공손한 모습이 된다.
- 시선은 상대의 눈에서 지시하는 방향으로 갔다가 다시 상대의 눈으로 옮겨 상대가 이해했는지를 확인한다. 이때 "네, ○○○곳은 이쪽으로 가시면 됩니다"와 같은 안내말을 분명하게 한다.
  즉 시선을 고객의 미간–가리키는 방향–손을 내리기 전 고객의 미간으로 이동한다.

- 우측을 가리킬 경우는 오른손, 좌측을 가리킬 경우는 왼손을 사용한다. 만약 반대로 할 경우 고객과의 사이를 어깨로 가로막는 것이 되어 좋지 않다.
- 사람을 가리킬 경우는 두 손을 사용하도록 한다.
- 뒤쪽에 있는 방향을 지시할 때에는 몸의 방향도 뒤로 하여 가리킨다.
- 한 손가락으로 지시하거나 턱이나 고갯짓으로 안내하거나 상대의 눈을 보지 않고 지시하는 자세는 상대에게 매우 큰 불쾌감을 줄 수 있다.
- 동작은 하나하나 절도 있게 하며, 항상 시선과 함께 동작을 마무리하는 것에 유의한다.

제3절 마음의 문을 여는 인사

1. 정중한 인사

인사는 마음가짐의 외적 표현이며, 고객에 대한 환영과 존경의 표시이다.

우리는 매일 습관처럼 인사를 나눈다. 아침에 일어나서, 출근할 때, 회사에서, 전화할 때, 퇴근할 때, 메일을 보내면서 "안녕하세요?", "안녕하십니까?", "반갑습니다" 등의 인사말로 만나는 사람마다 정답게 인사를 하곤 한다. 이렇듯 인사는 우리의 생활 그 자체라고 할 수 있다.

'인사'란 '人事'의 한자말을 풀이해 보면 알 수 있듯이 우리의 생활에서 빠질 수 없는 바로 '사람이 해야 하는 일'이다. 그렇다면 인사를 하지 않거나 제대로 할 줄 모르는 사람은 사람의 일을 소홀히 하는 것이며, 따라서 사회생활을 잘 할 수 없을 것임은 명확해진다.

1) 먼저 웃으며 다가가 인사하라

"말 한마디에 천 냥 빚을 갚는다"는 속담이 있듯이 '직장 내에서 인사를 잘해서 인정을 받았다'는 이야기도 흔히 듣게 된다. 그만큼 직장 내에서 인사는 업무의 활력소이며, 인간관계의 윤활유 역할을 한다. 직장은 나이, 사고방식, 경험, 입장이 서로 다른 사람들이 함께 일을 하기 때문에 여러 가지 힘든 일이 많이 발생한다. 유쾌한 직장생활과 업무성과를 높이기 위해서는 동료들에게 마음이 깃든 인사가 몸에 배는 생활을 해야 한다. 그것은 나의 인격을 높임과 동시에 친절한 사회인이 되는 첩경이다.

모 대기업에서 근무하던 평범한 직장인이 있었다. 그는 입사 첫날부터 직장 내에서 만나는 모든 사람에게 인사를 했다. 틀에 박힌 소극적 인사가 아닌 적극적이며 밝고 활기 넘치는 인사를 자신의 부서 사람들뿐만 아니라 복도, 구내식당에서 마주치는 모든 사람들에게 하기 시작했다. 인사가 지속되자 점점 안면이 쌓이고 서로 기억하게 되는 사람들이 많아졌다. 어느 날부터는 그 기업에서 그를 모르는 사람이 없을 정도였으며 업무성과도 우수했다. 스스로 다가가서 적극적으로 인사를 했던 그런 용기와 실천력은 한 번 의미있게 생각해 봄직하다.

자신이 속한 사회에서 인정받고 성공하고 싶다면 항상 먼저 인사를 하라. 먼저 웃으며 다가가 반가움을 표시하며 상대를 기억하라. 언제나 변함없이 진심어린 위로, 격려, 축원의 인사를 건네는 사람은 이미 성공한 이미지를 가지고 있는 것이다.

이렇게 중요한 인사도 나라별로 상황에 따라 다른 방식의 인사를 나누곤 한다. 국제적인 비즈니스를 하는 사람이라면 나라별 인사의 매너도 반드시 습득해야 할 부분이다.

우리나라의 인사는 정중히 서서 허리를 앞으로 숙임으로써 존경과 반가움을 표시하는 것이다. 만약 외국의 비즈니스맨이 정중히 서서 허리를 숙이면서 "반갑습니다"라고 한국말로 인사를 한다면 매우 인상 깊을 뿐 아니라 우리나라의 문화와 예법을 존중하며, 우리에 대해 미리 연구하고 왔다는 이미지를 주게 되어 비즈니스가 부드럽게 진행될 것이다.

이와 같이 인사는 첫 만남에서 반드시 하게 되는 것이며, 헤어질 때 보여주게 되는 마지막 모습이다. 혹여 첫 만남에서 인사를 제대로 하지 못하였거나 근무 중에 고객과 서로 마음 상하는 일이 있었더라도 헤어질 때 정중하게 인사한다면 그 고객은 좋은 느낌을 가지고 돌아가게 된다.

우리가 만나는 사람들과 주고받는 인사는 인간관계에 큰 플러스 역할을 하게 되며, 일상생활에서 부딪히는 수많은 사람들 간에 주고받는 인사는 밝은 표정과 마찬가지로 역시 아름다운 사회를 만드는 기본이 된다.

인사란 '당신을 보았습니다'라는 사인이라고 했다. 그렇다면 상사, 부하, 선배, 후배 구별 없이 먼저 본 쪽이 먼저 인사를 하는 것이 자연스럽다. 누구라도 자신의 존재를 인정받으면 기쁜 것이다.

사람을 보면 우선 인사부터 한다. '인사는 순간의 승부다'라고 하는 것처럼 인사의 찬스는 극히 순간적인 것이므로 타이밍을 놓치지 않고 과감히 실행해야 한다. 상대방이 인사를 받아줄까, 나를 알아볼까 등을 따질 겨를이 없다. 용기를 내어 자신이 먼저 인사하는 적극성이 필요하다. 만나는 순간에 조건반사처럼 바로 인사한다. 즉 사람만 보면 저절로 허리가 굽어져야 하는 것이다.

상대가 고객이든 상사이든 부하직원이든 상대보다 먼저 인사함으로써 만나는 사람들과의 인간관계에 있어서 주도권을 먼저 잡게 된다.

진정한 마음을 담은 "안녕하십니까", "부탁드립니다", "수고하셨습니다", "감사합니다" 등 인사를 생활화할 때 자신의 브랜드 가치는 더욱 높아질 것이다.

2) 좋은 고객응대는 인사부터 시작된다

인사는 서비스의 첫 동작이요, 마지막 동작이다. 첫눈에 보이는 상대방의 모습과 행동으로 사람들은 그의 인간적 바탕과 사람됨을 보게 된다. 인사란 서로 간에 마음의 문을 열고 상대방에게 다가가 친근감을 표현하는 수단이 되거나 상대방에 대한 존경심의 표현수단이 되기도 한다. 인사는 존경과 친애의 표시로서 대고객 관계의 첫걸음이며 서비스의 중요한 기법이다.

수많은 고객을 대하는 서비스맨의 인사하는 태도는 이와 같은 의미에서 생각해 볼 때 더욱 중요하다고 할 수 있다.

냉엄하고 첨예화된 기업경쟁 속에서 고객은 느낌이 좋은 응대나 고객이 적극적인 요구를 할 수 있는 응대를 바라는 것이 현실이다. 그러므로 고객을 대할 때에는 전문기술이나 지식도 중요하지만, 고객을 편안하게 대하는 응대 스킬을 높이는 것이 보다 감동어린 서비스를 제공하는 근본이 된다.

고객응대 스킬에서 무엇보다 기본이 되는 것은 '인사'이다. 인사는 '고객과 만남의 첫걸음'이며, 무엇보다 인간적인 교감을 하기 위한 시발점이기에 아무리 강조해도 지나치지 않을 것이다.

인사의 시작은 무엇일까? 고객에 대한 마음가짐의 적극적인 표현이다. 인사란 자신을 타인에게 알리는 방법 중에 가장 적은 비용으로 가장 큰 효과를 발휘하는 능동적이고 적극적이며, 타인을 즐겁게 하는 행위라고 규정할 수 있다.

정중하고 세련된 인사는 그 사람의 품격을 나타내는 중요한 요소이다.

고객에게 무조건 인사를 열심히 한다고 좋은 것은 아니며 인사는 제대로 잘해야 하는 것이다. 표정 없는 기계적인 인사는 오히려 상대에게 부담감만 줄 뿐이다. 고객의 눈과 마주치는 순간, 미소 띤 얼굴로 “어서 오십시오.” 하고 밝은 목소리로 인사해 보라. 고객은 물론이고 자신의 기분마저 상쾌해질 것이다.

Exercise 나의 친절도는

1. 아침에 가족, 동료에게 밝게 인사하는가?

2. 가정에서 "다녀오겠습니다", "다녀왔습니다", "다녀오셨습니까?"라는 인사를 하는가?

3. 아는 사람을 만났을 때 목례와 함께 미소를 지으며 인사하는가?

4. 누군가의 옆을 지나갈 때 "실례하겠습니다. 잠시만 지나가겠습니다"라고 말하는가?

5. 엘리베이터에서 내리거나 탈 때 같이 있는 사람에게 "먼저~"라는 말을 하는가?

6. 누군가와 대화하는 중에 휴대폰을 받을 때 "실례하겠습니다"라고 말하고 조용히 통화하는가?

7. 솔직하게 "죄송합니다", "잘못했습니다"라고 말할 수 있는가?

8. 누군가에게 부름을 받았을 때 밝게 "네"라고 답하는가?

9. 식사할 때 "잘 먹겠습니다", "맛있게 드십시오"라는 말이 습관화되어 있는가?

10. 다른 사람에게 사소한 일이라도 도움을 받거나 고마움을 표시해야 할 때 "감사합니다", "고맙습니다"라는 말을 하는가?

2. 인사의 기본동작

1) 눈맞춤으로 시작해서 눈맞춤으로 끝난다

눈은 인사의 중요한 포인트라고 할 수 있다. 우선 상대방의 눈을 보고 인사를 한 후에 한 번 더 상대의 눈을 본다. 무심코 상대방도 답례를 하고 싶어질 것이다. 여기에 밝은 표정, 바른 자세, 명랑한 목소리가 어우러져 반갑고 친근한 마음을 자연스럽게 전달할 수 있어야 한다. 상황을 고려하지 않고 반복적이고 형식적인 마음에도 없는 인사를 할 경우 인사를 받는 상대방은 오히려 부담스럽다.

서투른 고객서비스는 고객과 눈맞춤을 하지 못했을 때이다. 눈맞춤이 없는 인사야말로 무성의하고 형식적으로 느껴지게 된다. 인사를 하면서 엉뚱한 곳에 시선을 준다면 오히려 실례가 될 수도 있다. 이것은 눈을 본 상대의 마음끼리 서로 통한다는 증거이므로 눈을 보지 않고는 인사를 하더라도 마음이 와닿지 않는다. 인사하는 처음 만남에서부터 상대의 마음을 사로잡아 자신을 강렬한 인상으로 남기는 것이다.

2) 인사 자세

예로부터 어른을 모시거나 경건한 의식행사에 참여할 때 두 손을 모아 잡고 허리 아래로 내려놓은 듯이 공손한 자세를 취하는 공수(拱手)가 있다.

전통적으로 남자는 양(陽), 즉 동쪽, 여자는 음(陰), 즉 서쪽을 뜻한다고 한다. 이는 사람이 태양을 바라보고 섰을 때 왼쪽은 동쪽, 오른쪽은 서쪽이 된다고 해서 손을 모을 때에는 남자는 왼손을 위로 포개고, 여자는 오른손을 위로 하여 공수를 해야 한다. 이를 여우남좌(女右男左)라고 한다. 가장 한국적인 것이 가장 세계적이라는 말이 있다. 우리나라 전통 예절의 근본을 바르게 이해하고 지키는 것은 세계화로 가는 서비스맨의 역할이기도 하다.

주변에서 '인사를 잘한다, 못한다'의 시시비비를 가릴 때 '인사 동작이 나쁘다'는 평가는 의외로 없다. 바쁜 현대 사회에서는 느린 속도의 형식적인 인사 동작이 실제로 실용적이지 못한 방법으로까지 여겨지곤 한다. 그러나 때론 바르지 못한 인사 동작으로 인해 상대방에게 더욱 나쁜 느낌을 전달할 수도 있다. 바른 자세로 하는 인사 동작을 습관화한다면 개인의 이미지는 더욱 빛날 수 있을 것이다.

Exercise 올바른 인사의 기본동작

1단계

- 상대를 향해 바르게 선다. 움직이면서 혹은 다른 일을 하면서 하는 인사는 성의 없게 느껴진다. 인사를 해야 할 상황이면 하던 일을 멈추고 자리에서 일어나 혹은 책상에서 벗어나 인사하는 것이 기본이다.
- 이때 남성이라면 양복 상의를 입고 첫 단추를 잠그는 것이 상대에 대한 예의라는 점도 기억한다. 여성일 경우 걷어진 소매는 내려야 한다.
- 곧게 선 상태에서 발은 뒤꿈치를 붙이고 상대방과 시선을 맞추고 난 다음 등과 목을 펴고 배를 끌어당기며 목을 숙이지 말고 허리를 숙여 인사한다.
- 인사할 때 시선처리는 먼저 인사할 상대를 밝은 표정으로 바라본 후 몸을 숙이는 것과 동시에 시선도 자연스럽게 아래로 내린다. 이때 자신의 발을 보지 말고 발에서 전방 1.5미터 정도 앞을 보는 것이 자연스럽다.

2단계

- 머리, 등, 허리선이 일직선이 되도록 하고 허리를 굽힌 상태에서의 시선은 자연스럽게 아래를 보고 잠시 멈추어 인사 동작의 절제미를 표현한다. 인사하는 동안 미소가 얼굴에 머물도록 한다.

- 하나에 숙이고, 숙인 상태에서 둘을 센 후, 셋, 넷에 다시 허리를 편다. 이러한 리듬으로 인사하는 것이 가장 정중하고 세련되어 보인다. 절도 있게 한 번의 동작으로 내려가 잠시 멈춘 후 여유 있게 올라오는 리듬을 느껴보라. 이때 멈추는 시간은 인사에서 매우 중요하다. 인사의 정중한 느낌이 바로 이 멈춤에서 나오기 때문이다. 특히 남성의 경우는 숙인 상태의 시간이 약간 길수록 더욱 정중하고 남성다워 보이며 신뢰감을 주게 된다. 감사를 표현하거나 사과드릴 때에는 멈춤의 시간을 길게 한다.

3단계

- 너무 서둘러 고개를 들지 말고 굽힐 때보다 다소 천천히 상체를 들어 허리를 편다. 고개를 까딱하는 게 아니라 허리로 해야 품위 있게 인사할 수 있다.

4단계

- 상체를 들어올린 다음, 똑바로 선 후 다시 상대방과 시선을 맞춘다.
- 다시 몸을 세울 때 시선도 따라 올라오면서 다시 상대의 눈을 바라본다. 이때 미소짓는 것을 잊어서는 안 된다. 시선처리는 상대의 눈, 나의 전방 1.5미터 바닥, 다시 상대의 눈이다.

여성

- 손은 오른손이 위로 오도록 양손을 모아 가볍게 잡고 오른손 엄지를 왼손 엄지와 인지 사이에 끼워 아랫배에 가볍게 댄다.
- 몸을 숙일 때에는 손을 자연스럽게 아래로 내린다.
- 뒤꿈치를 붙인 상태에서 시계의 두 바늘이 11시 5분을 나타낸 정도로 벌린다.

남성

- 차렷 자세로 계란을 쥐듯 손을 가볍게 쥐고 바지 재봉선에 맞춰 내린다.
- 발은 발뒤꿈치를 붙인 상태에서 시계의 10시 10분 정도가 되게 벌린다.
- 숙일 때에는 손이 바지 재봉선에서 떨어지지 않도록 유의한다.

3. 인사의 각도는 마음을 전달한다

우리나라에서는 몸의 중심인 허리를 굽히는 방법을 이용해 인사하는 사람의 마음의 깊이를 상대에게 전달한다. 허리를 굽히는 이러한 인사 동작은 서양의 악수에 비해 동양적인 색채가 강한 겸손의 미덕이 느껴지는 인사방법이다.

인사는 각도가 중요한 것이 아니라 인사하는 상황에 따라 마음의 깊이를 전달하는 것이 더 중요하다.

1) 사과, 감사의 마음을 전달하는 45도 정도의 정중례

정중례란 정중히 사과를 하거나 감사의 마음을 전할 때 하는 인사방법으로 상체를 45도 정도 앞으로 깊게 숙여 정중함을 표현한다.

"대단히 감사합니다.", "대단히 죄송합니다."

2) 일상생활의 반가운 마음을 전달하는 30도 정도의 보통례

가장 자연스럽게 보이는 일반적인 인사의 각도로서 일상생활에서 가장 많이 행해지는 인사방법이다. 이는 윗사람에게, 고객을 맞이하거나 배웅할 때 적당하다.

"안녕하십니까? 어서 오십시오."

"감사합니다. 안녕히 가십시오."

3) 목을 떨구지 않고 허리를 굽히는 15도 정도의 목례

목례란 모든 대화, 동작과 함께 친한 사람에게나 좁은 장소에서 하는 인사방법이다. 목례를 간혹 가볍게 목만 떨구는 것으로 잘못 이해하는 경우가 있으나 실제로 목으로 까딱하는 인사는 참으로 성의 없는 인사 중 하나이다.

상체를 15도 정도 굽혀 잠깐 멈추었다가 원래대로 바로 선다. 목만 굽힌다든지 등을 둥글게 구부린다든지 얼굴을 치켜든다든지 하는 것은 좋은 인사 자세가 아니다. 또한 상체를 드는 시점이 너무 빨라서 상대가 아직 인사를 하고 있는 도중에 일어서지 않도록 주의해야 한다. 허리를 적게 구부릴수록 인사동작의 2단계인 멈춤 동작에서 조금 더 시간을 멈추었다가 상체를 세우는 것이 아주 세련된 인사 동작이 될 수 있다.

"손님, 이쪽으로 앉으시겠습니까?"
"네, 말씀하신 서류 여기 있습니다."
"잠시만 기다려주시겠습니까?"

4. 상대의 마음을 얻는 따뜻한 인사말

1) 덧붙이는 말 한마디로 풍성한 인사를 할 수 있다

최근 전철이나 엘리베이터 안에서 "실례합니다", "먼저 타십시오" 등의 사소하지만 서로 간의 인사말이 적은 것 같다. 심지어 누군가의 발을 실수로 밟았을 때 그 즉시 "죄송합니다"라는 말을 하지 못하고 도리어 민망한 얼굴로 그저 딴청을 피우는 사람들도 있다. 마찬가지로 대부분의 사람들이 누군가에게 도움을 받았을 때 "감사합니다", "고맙습니다"라는 말도 쉽게 하지 못하는 게 사실이다. 특히 아주 사소한 일이라도 고객으로부터 도움을 받았을 때 그 순간은 물론이고 그 이후에도 다시 한 번 감사의 인사를 하는 것이 중요하다.

"어제는(아까는) 정말 감사했습니다." 고객은 그 인사를 기다리고 있을지도 모른다.

실제로 마음은 그렇지 않다 해도 서로 간에 인사말이 없다는 것은 삭막한 사회의 단면으로까지 해석될 수밖에 없다.

고객을 응대하는 서비스맨은 상황에 따라 항상 풍성한 인사말을 적절히 사용하는 '플러스 인사'를 할 줄 알아야 한다. '안녕하십니까?', '다녀왔습니다' 등과 같은 정해진 인사말 뒤에 '안녕하십니까? 휴가는 어떠셨어요?', '다녀왔습니다. 오늘 어떻게 보내셨어요?'라는 식으로 한마디를 추가하는 것으로부터 따뜻한 대화가 시작된다.

그 외에도 "안녕하십니까? 오시느라 힘드셨죠?", "어서 오십시오. 기다리고 있었습니다", "반갑습니다. 오늘 날씨가 쌀쌀하죠?" 뒤에 이어지는 한마디는 말하는 사람의 마음과 노력에 달려 있으며, 이는 상대방에 대한 관심과 배려의 마음으로부터 나온다. 겉치레의 말, 성의 없는 말투, 직업적인 인사가 아닌 진심에서 우러나오는 인사말로 고객의 마음을 움직일 수 있다.

2) 마음으로 인사한다

요즘 어디를 가나 입구에서 똑같은 어조와 기계적인 몸짓으로 "안녕하십니까!" 하는 마치 외침 같은 인사를 자주 듣는다. 가끔은 소음으로까지 들릴 때가 있다.

한 사람이 모든 고객을 위해 사용할 인사말을 정해놓을 수는 없다. 인사는 다양하게 한마디를 해도 정감 있고 성의 있게 해야 한다. 형식적인 느낌이 아닌 진심어린 인사만이 고객에게 전달된다. 그저 아무 생각 없이 반복적으로 외쳐대는 "안녕하십니까!"라는 인사말보다 고객의 입장에서 어느 시점에서 어떠한 인사말을 건네는 것이 좋은지 헤아려 자연스럽게 상황에 맞는 인사말을 덧붙이는 것이 바람직하다.

"어서 오십시오, 밖에 비가 많이 오네요."

"다시 찾아주셔서 감사합니다."

3) 인사말로 상대방의 기분까지 밝게 한다

밝게 인사해 보라고 하면 큰 목소리로, 혹은 목소리의 톤을 아주 높여 인사하는 경우를 보게 된다. 밝게 인사한다는 것은 큰 목소리로 외치는 것이 아니라 상대방의 마음을 자연스럽게 밝게 할 수 있는 그런 인사를 말하는 것이다.

큰 소리를 내지 않고도 밝은 표정으로 음정을 다소 높이면 밝은 인사가 된다.

인사는 그 사람의 첫 이미지에 큰 영향을 준다. 긍정적이고 밝은 이미지를 줄 수 있도록 평소보다 약간 높은 음으로 인사말을 해보라.

4) 인사말도 자연스럽게 건네는 시점이 있다

인사말은 고객이 들을 수 있는 정도의 크기로 밝게 하는 것이 좋으며, 상황에 따라 시점이 달라질 수 있어야 한다. 어수선한 주위를 환기시키거나 고객의 시선을 집중해야 할 경우 인사말을 먼저 하는 것이 효과적이다. 그러나 거리가 있는 상황에서 이미 고객이 나를 보고 있을 때에는 몸을 숙이는 동작을 먼저 한 후 다가가서 인사말을 건네는 것이 보다 자연스럽다.

5) 시간대에 따라 인사하는 요령이 있다

일상생활에서 아무렇지 않게 주고받는 인사말 중에도 신선한 인상을 남겨주는 인사가 있는 반면 불쾌감을 주는 인사도 있다. 시간에 따라서도 더 효과적인 인사 요령이 있다.

아침과 낮에는 조금 더 상쾌하고 활기찬 인사가 되도록 밝은 톤으로 한다. 아침부터 처진 목소리, 형식적인 무표정한 인사는 인사를 받는 사람까지 맥이 빠지게 할 것이다.

마이너스 심리를 생기게 하는 인사라면 오히려 하지 않는 편이 낫다. 플러스의 심리가 통하는 만남의 인사는 나 자신의 일상생활에도 밝은 변화를 가져다 줄 것이다. 아침 인사가 그저 "안녕하십니까?"뿐인가?

10가지 이상 생각해 보라.

5. 상황에 따른 인사

1) 다양한 상황에 맞게 인사한다

걷다가 상사를 만나 인사를 하게 될 때에는 2~3미터 가까이에 가서 상사에게 인사를 한 다음 상사가 지나간 후에 움직이는 것이 공손해 보인다. 인사를 하자마자 등을 돌리고 홱 돌아서지 않도록 한다.

계단에서는 일단 인사할 상대와 눈이 마주쳤다면 먼저 얼굴 표정으로 인사한

다음 서로 비슷한 위치가 되면 기본자세를 취하고 인사말과 더불어 인사를 다시 한다. 계단은 비교적 협소한 공간이므로 15도 정도 굽혀 목례를 하는 것이 바람직하다.

또 여러 사람이 지나가는 경우나 상대가 바쁘게 지나가는 경우도 있으므로 상황에 따라 밝은 목소리나 표정만으로 인사하더라도 충분히 마음이 전달될 것이다.

엘리베이터에서 인사할 때에는 협소한 장소이므로 환한 표정으로, 그리고 목소리는 낮추어 인사말을 건네고 가볍게 목례하는 것이 좋다.

많은 고객에게 연이어서 한꺼번에 인사해야 할 경우, 마치 로봇처럼 기계적으로 하는 반복적인 인사가 되지 않도록 유의해야 한다. 보통 목소리보다 조금 큰 목소리로 인사하되 한 사람 한 사람에게 스마일과 눈맞춤(Eye Contact)하는 것을 잊지 않는다.

Exercise 상황별 인사 실습

상황에 맞는 적절한 인사말과 인사 자세는 고객에게 호감을 준다.
다음에 나오는 상황의 순서에 따라 인사를 연습해 보라.

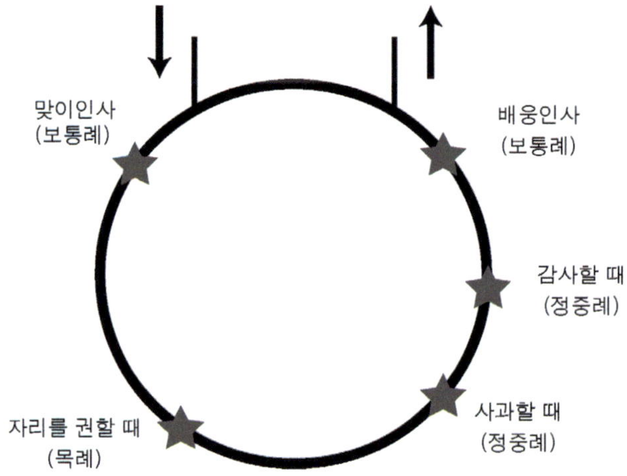

맞이인사 (보통례)	고객을 맞이할 때 밝고 활기찬 목소리로 "안녕하십니까? 어서 오십시오."
자리를 권할 때 (목례)	"OOO 고객님, 이쪽으로 앉으시겠습니까?" "제가 도와드리겠습니다. 잠시만 기다려주시겠습니까?"
감사 · 사과할 때 (정중례)	업무처리가 지연되거나 업무착오가 발생했을 때 "죄송합니다." 감사함을 표현할 때, "감사합니다."
배웅인사 (보통례)	고객을 배웅할 때 "찾아주셔서 감사합니다. 안녕히 가십시오."

2) 앉아서도 바르게 인사할 수 있다

부득이하게 앉아서 인사하는 경우가 많다. 예를 들어 은행 창구에서 고객을 맞이하거나 투명 유리창으로 가려진 안내 카운터에 앉아서 고객에게 인사해야 하는 경우 앉은 자세에서는 머리를 너무 숙여 얼굴 표정이 가려지지 않도록 유의해야 한다. 이런 경우는 밝은 표정과 환대의 인사말이 허리를 굽히는 인사동작보다 더 효과적이다.

3) 대상에 따라 인사하는 방법이 달라져야 한다

센스 없는 서비스맨이라면 어린 아이에게조차 "손님, 오늘도 저희 호텔을 이용해 주셔서 정말 감사합니다." 하고 말하면서 45도로 정중하게 인사를 할 것이다. 어린 아이도 서비스맨에게는 귀한 고객임에 틀림없으나 "어서 오세요. 참 예쁘고 똑똑하게 생겼네요." 하고 아이의 눈 위치에서 인사를 한다면 아이의 마음은 곧 그 서비스맨의 편에 기대게 될 것이다.

어린이 고객에게는 눈높이를 맞추어 이모나 삼촌처럼 친근하고 다정한 인사가 되도록 한다. 물론 어린이라고 해서 반말을 하는 것은 좋지 않으나 극존칭을 사용하는 것도 적절치 않다. 어린이는 미래의 잠재고객이다. 어릴 때의 좋은 인상으로 먼 훗날에 회사의 충성고객이 될 수도 있을 것이다. 노인에게는 손자나 손녀처럼 존경심을 표현하고, 40대, 50대의 부모님 세대에게는 자녀로서 가질 수 있는 존경심이나 친근감을 가지며, 20대, 30대 연령층에는 선배나 후배처럼 다정한 느낌을 가지고 인사해 보라.

외국인들을 대할 때 외국인은 대부분 격의 없게 인사하는 것으로 잘못 생각하는 경우가 있으나 정중하고 예의 바른 한국적인 인사로 좋은 느낌을 줄 수 있어야 한다.

다시 만나는 고객은 처음에 만난 것보다 더 반가운 마음을 표현한다.

4) 변함없는 인사가 호감도를 지키는 큰 비결이다

혹시 기분이나 컨디션에 따라 인사를 하지 않는 경우가 있는가? 언제 찾아가도 항상 느낌이 좋은 곳은 고객에게 안정감을 줄 수 있듯이 항상 느낌이 좋은 인사를 계속하는 것은 고객에게 좋은 인상을 주는 커다란 포인트가 된다.

변함없이 인사를 잘하는 습관은 자신의 성격을 밝게 해주고 적극적이고 활동적이며 명랑한 사람으로 변화시켜 준다. 결국 인사란 상대에게 따뜻한 마음을 담아 전달하는 것만으로 끝나는 것이 아니다. 상대를 위한 것이 아닌 나 자신의 좋은 이미지를 형성하는, 나 자신을 위한 것임을 알아야 한다.

5) 클로징이 중요하다

인사의 마지막 동작인 헤어짐의 인사는 서비스의 인상에 총체적인 인상을 결정짓는 것이므로 첫 번의 인사보다 더욱 신경 써서 한다.

고객을 응대할 때에는 '마지막 10초가 중요하다'는 말이 있다. 밝은 환영의 인사도 중요하고 서비스과정에서의 친절한 응대도 중요하나 고객이 서비스를 받은 후에 그 서비스를 오래 기억할 수 있게 하는 요인이 '최후의 10초'라는 의미이다. 고객서비스 시 이전의 서비스과정에 충분히 만족하지 못한다면 더더욱 보완하는 의미에서라도 마무리를 잘해야 한다.

실컷 좋은 서비스를 해놓고 마무리 인사가 엉성하여 실망감을 주는 서비스맨을 보는 경우가 많이 있다. 특히 창구업무를 하는 직원이 해당 고객과의 업무가 다 끝나기도 전에 벌써 다음 고객에게 눈길이 가 있는 경우이다. 용건이 끝난 고객도 다음에 또다시 나의 고객이 된다는 점을 잊지 말고 고객이 시야에서 사라질 때까지 성실히 응대해야 한다.

Exercise 나의 인사 점수는

1. 인사를 할 때 항상 미소 띤 표정으로 하는가?

2. 상대방과 시선이 마주쳤을 때 피해버린 경험은 없는가?

3. 목만 구부리지 않고 허리를 구부려 정중하게 인사하는가?

4. 반드시 상대의 눈을 보고 인사하는가?

5. 다양한 인사말로 상대에게 관심과 성의를 보이는가?

6. 누군가의 옆을 지나갈 때 "실례하겠습니다" 라고 말하거나 가벼운 목례를 하는가?

7. 늘 시선을 넓게 하여 사람을 먼저 발견하고 먼저 인사하는가?

8. 인사한 후 친근한 마음의 눈맞추기(Eye Contact)를 하는가?

9. 인사하는 목소리는 밝고 경쾌한가?

10. 인사가 끝난 후 자신의 표정이 갑자기 차갑게 변하지 않는가?

제4절 신뢰감을 주는 용모와 복장

서비스맨의 모습이나 의상은 자신과 회사의 이미지를 반영하게 되며, 고객에게는 아마추어인지 전문가인지를 추측하게 해준다. 즉 직장인의 용모는 직업의식의 표현이며, 아무리 좋은 서비스를 제공한다 해도 고객은 서비스맨의 외모와 외형을 기반으로 판단하게 된다. 낡거나 더러워진 서비스맨의 옷소매는 자신에게는 보이지 않더라도 고객의 눈에는 매우 확연하게 들어온다는 것을 명심해야 한다.

또한 서류가 여기저기 정신없이 책상 위에 널려 있는 경우 마치 일을 열심히 하는 것처럼 보인다고 생각할 수 있으나 보는 사람은 무질서하고 비전문적이라고 느끼며, 그 사람이 하는 일에 대한 신뢰마저 사라지게 될 것이다.

마찬가지로 옷을 단정히 입고 세련된 용모를 갖춘 경우 보는 이로 하여금 긍정적인 메시지를 주게 됨은 당연한 일이다. 서비스맨의 용모와 복장은 의상, 화장, 헤어스타일의 삼위일체가 되어 항상 단정하고 깨끗해야 한다.

1. 위생과 청결

위생과 청결은 고객서비스에 있어 가장 중요하면서도 필수적인 요소이다. 특히 식음료를 다루는 서비스맨에게 있어서는 개인의 청결문제뿐만 아니라 고객이 보는 앞에서 특히 손의 사용에 주의해야 한다. 항상 고객의 가시권에 있는 서비스맨의 손은 깨끗하고 청결하게 사용되어야 한다.

항공기 승무원의 경우 승객이 보는 앞에서 복도에 떨어진 오물을 맨손으로 집거나 앞치마를 한 채 화장실을 이용하는 것은 모든 서비스에 있어 위생문제를 의심케 한다.

서비스맨은 기본적으로 청결 유지를 위해 다음과 같은 사항에도 세심한 주의를 기울여야 한다.

- 목욕을 자주 한다.
- 머리나 손과 발 등을 항상 깨끗이 한다.
- 손톱은 청결하게 하고 짧게 깎는다.
- 이는 항상 깨끗이 닦고 냄새가 강한 음식을 먹은 후에는 반드시 양치질을 한다.
- 남성의 경우 면도를 깔끔히 한다.

자신이 느끼는 청결함도 중요하나 고객이 느끼는 단정함도 중요하다. 따라서 항상 제삼자의 시각에서 단정하게 보이도록 유의해야 한다. 청결하고 단정한 몸가짐에서 그 사람의 인격을 엿볼 수 있으며, 신뢰감을 갖게 하는 요소가 될 수 있다. 단정하고 청결한 용모는 고객이 첫인상을 결정짓는 매우 중요한 기본요소임을 항상 유념해야 한다.

특히 식음료업종에 종사한다면 서비스맨의 용모와 위생문제는 더더욱 직결된다. 고객의 가정에 방문하는 애프터서비스(A/S) 직원이나 음식배달원의 경우 단정한 용모야말로 그들의 서비스 상품의 질을 나타내게 된다.

2. 화장(Make-up)

화장은 특히 사회생활을 하는 여성의 경우 자신에게는 자신감을 높여주고 상대방으로부터는 신뢰를 얻는 요소라고 할 수 있다. 사람을 대하는 직업에 종사하는 여성들의 화장은 하나의 예의를 갖추는 것으로 간주된다.

'메이크업(Make-up)'이란 말 그대로 화장은 나의 이미지를 업(Up)시켜 주어야지 나의 이미지를 없애거나 깎아내려서는(Down) 안된다. 정도를 넘는 화장은 오히려 보는 이로 하여금 부담스럽고 신뢰감을 잃게 하므로, 최소한의 메이크업으로 최대의 효과를 낼 수 있도록 한다.

요즘은 일반 잡지, 매스컴, 영상물 등을 통해 메이크업하는 기술이 보편화될 정도로 누구나 메이크업에 관심이 많고 또한 잘 알고 있다. 그러나 화장을 해서 더 아름답게 보이는 경우도 있지만 그렇지 않은 경우도 있다. 자신의 얼굴에 메이크업을 한다는 것은 성형을 하는 것처럼 미인을 만들기보다는 자신의 매력을 강조하거나 상대방으로 하여금 따뜻함이 느껴지는 온화한 메이크업을 하는 것이 중요하다.

화장이 아름답다고 느껴지는 것은 다음과 같이 메이크업을 했을 때이다.

- 밝고 건강한 메이크업
- 입고 있는 옷에 어울리는 메이크업
- 자연스러운 메이크업
- 시간, 상황, 장소에 맞는 메이크업

Exercise Make-up 실습

1. Base 메이크업

자연스럽고 지속성 있는 메이크업을 하려면 유분과 수분의 밸런스가 잡힌 맑고 투명한 피부가 기초가 되어야 한다. 메이크업에 앞서 정성스러운 세안과 마사지로 충분한 영양을 공급해 줘야 보다 자연스럽고 산뜻한 메이크업을 할 수 있다.

메이크업 베이스(Make-up Base)

파운데이션을 바르기 전에 발라주는 밑화장용 화장품으로서 피부색을 보정하고 균일하게 만들어서 깨끗한 피부를 만들어주며 피부를 보호해 준다. 파운데이션의 퍼짐을 좋게 하고 균일하게 잘 밀착되도록 하며, 화장의 지속성을 높여주나 지나치게 많이 바르면 오히려 파운데이션이 밀리게 되므로 소량을 바르는 것이 좋다. 피부색에 따라 색상을 선택하여 사용할 수 있다.

파운데이션(Foundation)

완벽한 메이크업은 맑고 깨끗한 피부표현에서 시작된다. 피부표현을 위한 베이스 메이크업의 완성은 파운데이션을 바른 후 파우더의 마무리로 끝난다. 특히 서비스맨의 경우 자연스러운 메이크업이 강조되므로 자신의 피부색에 맞는 파운데이션을 선택하여 청결하고 투명한 피부를 연출할 수 있도록 한다.

색상은 얼굴과 목의 중간색으로 선택하고, 좀 더 입체적인 화장을 원한다면 T존 부위는 하이라이트 컬러를, 턱과 이마, 볼의 끝선은 어두운 컬러를 선택한다.

파우더(Powder)

파우더는 피부화장의 마지막 단계에서 파운데이션의 수분이나 유분을 눌러 피부에 잘 스며들도록 하여 메이크업을 조화시키고 오래 지속시켜 주는 역할을 한다. 색조는 가능한 밝게 표현해야 하므로 일반적으로 자신의 피부보다 약간 밝은 톤의 투명타입의 파우더가 가장 자연스럽게 마무리된다.

2. Point 메이크업

눈썹(Eye Brow)

눈썹은 얼굴 전체의 이미지를 좌우하므로 자신의 얼굴형에 어울리는 자연스러운 눈썹을 그리는 것이 중요하다.

눈썹은 얼굴의 이미지를 결정한다. 색상은 기본적으로 자신의 머리카락과 비슷한 색상을 선택한다. 눈썹을 그릴 때 눈썹산의 모양을 각지게 그렸을 경우 지적으로 보이긴 하나 다소 차가운 인상으로 보이기도 하므로 밝은 얼굴 표정을 위해 약간 둥근 모양의 자연스러운 곡선미를 살려 부드러운 느낌을 주도록 한다.

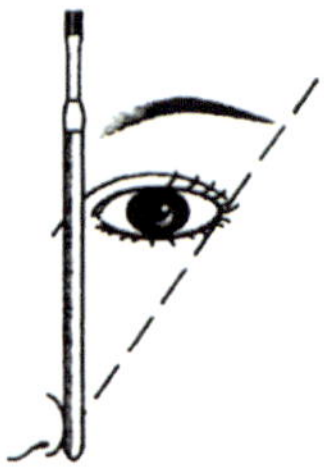
알맞은 눈썹 길이

눈썹산의 위치

눈썹을 그릴 때 유의해야 할 것은 코의 모양도 함께 생각해야 한다. 얼굴 중앙에 있는 코에는 그 사람의 성격이나 의지가 표현될 수 있으므로 좋은 이미지를 나타내도록 유의해야 한다. 얼굴에 비례해 큰 코를 작게 보이려 할 때에는 눈썹을 벌어지게 그려주고, 작은 코를 크게 보이려 할 때에는 눈썹을 좁게 그려준다.

우선 눈썹 그리기는 눈썹을 다듬는 데서부터 시작된다.

제일 먼저 눈썹 브러시를 이용하여 눈썹 결대로 빗어준다. 아이브로 펜슬을 사용하여 눈썹 모양을 잡는다. 눈썹산에서 눈썹 끝으로 그려주되 기본위치를 미리 잡아두면 편하다. 눈썹산을 그린다면 눈동자 바깥쪽과 눈꼬리 사이가 적당하다. 눈썹머리는 너무 진하거나 굵지 않게 살살 그려 마무리한다. 머리색에 맞춰 회색이나 갈색 섀도를 눈썹용 브러시에 묻혀 빈틈을 메우듯 그린다. 머리쪽보다 꼬리쪽을 얇게 그리며, 진하거나 뭉친 부분은 면봉으로 수정한다. 마지막으로 다시 한 번 브러시로 빗어준다.

눈 화장(Eye Shadow)

눈은 인상을 좌우할 수 있는 중요한 포인트이므로 얼굴에 생기를 주고 맑고 또렷한 눈매가 연출될 수 있도록 하는 메이크업 기술이 필요하다.

눈 주위에 음영을 넣어 눈을 보다 크고 아름답게 만드는 것이 눈 화장의 역할이라고 볼 수 있다. 색상은 본인의 피부색에 맞추어 잘 어울리는 것으로 선택하고 지나친 개성 위주의 진한 색상보다는 보는 이로 하여금 편안한 느낌을 가지게 하는 온화한 색상의 눈 화장이 바람직하다. 특히 서비스맨에게는 안정적인 베이지톤이나 화사한 느낌의 핑크톤 색상을 사용한다.

아이라인(Eye Line)

아이라인은 눈의 이미지를 자유롭게 변화시키고 눈의 인상을 보다 강하게 해준다. 아이라인은 섀도 위에 그려지는 부분으로 실패하지 않도록 신중하게 그려야 하며, 너무 두껍게 그려 탁해 보이거나 부담스럽지 않도록 눈의 선을 따라 자연스럽고 가늘게 그려 눈망울이 더욱 또렷하고 맑게 보이도록 한다.

마스카라(Mascara)

짙고 풍부한 속눈썹은 아름다움의 상징이다. 속눈썹은 마스카라를 바름으로써 더욱 길고 짙게 하여 깊이 있는 눈매를 연출할 수 있다. 간혹 너무 뭉쳐 있어 보기에 답답할 경우도 있으므로 뭉침을 막고 자연스러운 마무리를 위해 속눈썹이 반 정도 말랐을 때 브러시로 빗어주어 마무리한다.

입술

입술화장은 메이크업의 전체적인 인상을 결정짓는 포인트가 되기도 한다. 실제로 입술은 메이크업할 때 색상이나 모양이 유행을 많이 따르는 부분으로 자신의 입술 모양에서 너무 벗어나지 않도록 자연스럽게 그리는 것이 중요하다. 립스틱의 색상 또한 의상과 자신의 피부색에 어울리는 것으로 너무 진하거나 어둡지 않은 붉은 계열의 색상이 좋으며 눈 화장, 볼 터치의 색깔과 어울리는 색으로 한다.

볼 터치(Blusher)

볼 터치는 메이크업의 마무리 단계로 얼굴의 혈색을 좋게 하고 음영을 주어 얼굴형의 결점을 보완해 준다. 색상은 눈 화장과 같은 계열을 선택하는 것이 자연스러우며 경계선이 두드러질 정도로 얼굴형을 수정하는 지나친 개성연출의 화장보다는 피부에 혈색을 주는 차원에서 볼 부위에 살짝 덧바르는 것이 좋다.

대체로 뺨이나 턱은 얼굴의 형태를 이루는 선을 결정하는 데 중요한 부분이다.

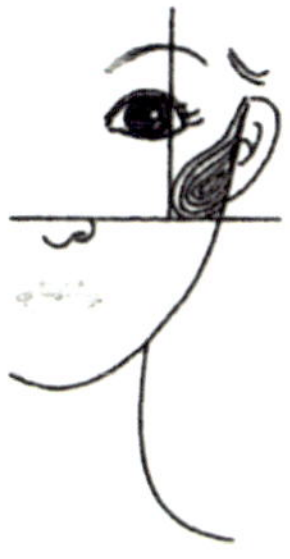

블러셔의
기본 위치

얼굴이 큰 사람은 얼굴을 좀 더 가늘어 보이게 하기 위해, 그리고 볼 살이 없는 사람도 밝고 붉은 색상의 섀도로 하이라이트를 주어 건강하고 부드러운 느낌의 이미지를 만들도록 한다.

매니큐어(Manicure)

서비스맨에게 있어 손은 제2의 얼굴이라고 할 수 있을 만큼 고객 서비스 시 가장 가깝게 다가가는 부분이다. 지나치게 긴 손톱은 자칫 청결하지 못하게 보일 수 있으므로 적당한 길이를 유지하는 것이 좋다. 손톱 색상 하나만으로도 그 사람의 이미지가 달리 보이기도 하므로 Red, Orange, Pink, Peach, Beige 등 계열의 매니큐어를 칠해 깔끔하고 세련된 손의 분위기를 연출하며 입술화장, 의상(유니폼)과 어울리는 색상을 선택하는 것이 좋다. 매니큐어가 벗겨진 손톱은 불결해 보이고 게을러 보이므로 손톱도 관리가 필요하다.

1) 깔끔한 메이크업으로 자신감 있게 표현해 보자

노메이크업은 자신의 개성이라고 할 수 있으나, 깔끔하고 성의 있는 화장은 실제로 고객에게 좋은 느낌을 전해 주므로 서비스맨이라면 지나치지 않을 정도의 메이크업은 하도록 한다.

2) 피로한 얼굴에 덧바름은 역효과를 초래한다

건강한 이미지는 피부색, 립스틱으로 결정되는 경우가 많다. 지나치게 하얗거나 두꺼운 파운데이션, 혹은 볼과 목의 경계가 눈에 띄는 파운데이션은 보기에 좋지 않다. 원래 자연스러운 화장은 색의 경계가 눈에 띄지 않게 잘 섞어주는 기술로 차이가 난다고 한다.

특히 코 부분 등 피부의 번들거림은 퇴근시간이 되면 화장의 피로도가 더욱 눈에 뜨인다. 눈 밑이 거뭇거뭇해지는 것은 수면이 부족한 아침뿐만 아니라 오후의 업무적인 피로가 올 때도 나타난다. 이럴 때는 화장을 덧바르는 것보다 차라리 세안 후 다시 화장하는 것이 낫다. 피로한 얼굴에는 가벼운 파우더 정도로 살짝 터치해 준다.

3. 단정한 머리 손질

서비스맨의 머리 손질은 항상 청결, 단정해야 하고 입고 있는 의상 혹은 유니폼이나 얼굴형과 조화를 이루어야 한다. 또한 업무 타입에 따라 일의 능률과 직결되므로 업무 특성에 맞는 헤어스타일을 유지하는 것이 중요하다.

1) 남성

파마, 긴 머리, 단발머리형 등의 헤어스타일은 바람직하지 않다. 또한 앞머리가 흘러내리지 않도록 머릿결에 따라 포마드나 무스 등을 발라야 한다. 하지만 지나치게 반짝거릴 정도로 바르는 것은 보는 이로 하여금 부담스러울 수 있다. 그리고 옆머리는 귀를 덮지 않아야 하고 뒷머리는 셔츠 깃의 상단에 닿지 않도록 하는 것이 단정해 보인다.

2) 여성

서비스맨의 머리 손질은 여성미를 강조할 수 있어야 한다. 정돈된 느낌이 들도록 깔끔하게 펴는 것이 단정해 보인다. 그리고 긴 머리는 손이 자주 가게 되어 업무상 능률을 떨어뜨리기 쉬우므로 단정히 묶는 것이 좋다.

4. 성공적인 옷차림

1) 옷차림도 전략이다

옷은 나 자신의 인격과 교양을 표현하는 언어로 타인에게 전달되며, 직장인의 용모는 곧 직업의식으로 평가된다. 옷은 다른 사람이 나에 대해 갖는 느낌을 좌우할 뿐 아니라 궁극적으로 나 자신에게는 자기 암시로 작용하여 실질적인 영향력을 행사하기도 한다.

사회인이라면 어느 분야에 종사하든 '~답게' 차려 입도록 하자. 직장인의 옷차림은 개성과 센스를 살리고 품위가 있어야 하며, 너무 튀지 않으면서 깔끔하고 단정해야 한다. 옷차림은 자신의 취향과 판단을 대변해 주고 아울러 멋과 감각, 스타일을 반영한다. 사람들은 누군가를 처음 본 순간, 자신도 모르는 사이에 옷 입는 스타일에 따라 그 사람을 대하게 된다.

매너 있는 옷차림과 성공적인 이미지는 고급 브랜드가 주는 것이 결코 아닐 것이다. 때와 장소에 어울리는 깔끔한 옷차림은 현대인에게서 무엇보다도 중요한 경쟁력이 된다.

다음의 옷 잘 입는 전략을 적극적으로 활용하면 자신의 브랜드를 상승시키는 좋은 계기가 마련될 것이다.

- 옷은 감각만으로 얼마든지 멋지게 연출할 수 있다.
- 비싼 옷보다는 자신에게 어울리는 옷을 입어라.
- 깨끗한 이미지를 부각시켜라. (다림질에 유의하라.)
- 유행을 따르기보다 패션을 창조하라.
- 자신의 신체를 알고 치수를 잘 맞춰서 입어야 한다. 치수가 맞지 않는 옷을 입으면 외적으로도 보기에 좋지 않지만 입고 있는 자세까지 바르지 못하다.
- 디자인뿐만 아니라 옷의 재질 또한 중요한 요소이다.
- 옷을 구입할 때에는 현재 갖고 있는 옷과 어떻게 코디네이션할 것인가를 고려한다.
- 외출 전에는 전신을 볼 수 있는 거울에 자신의 모습을 꼼꼼하게 살펴보는 습관을 기르자.

2) 직장 분위기와 이미지를 고려한다

누구라도 다른 사람에게 호감을 얻고 싶어 하며 자신이 일하는 분야에서 성공하기를 원한다. 용모의 흐트러짐은 업무에 임하는 자세와 만나는 상대방에 대한 마음가짐의 이완을 나타낸다.

옷차림새는 회사의 분위기에 어울려야 한다. 나의 이미지가 곧 회사의 이미지임을 인식하고 회사의 이미지를 고려한 복장을 착용해야 한다.

같은 직장동료나 고객에게 좋은 느낌을 갖게 하도록 자신을 가꾸는 것이 차림새이다. 사람들로부터 호감을 받고 싶다고 생각한다면 반드시 장소와 대하는 사람에 맞춘 차림새를 갖추어야 할 것이다. 또한 직장이라면 누가 봐도 근무에 불편하지 않은 편한 복장이어야 한다.

직업에 맞는 옷차림은 일하기 편하면서도 맵시 있고 또 직장의 분위기에 잘 조화될 수 있는 것이라면 더할 나위가 없을 것이다.

화려하고 값비싼 옷보다는 활동하기에 편한지 그리고 직장과 조화를 이루는지에 대해 항상 신경을 쓰는 노력이 필요하다. 옷차림에 있어 멋쟁이는 상황에 맞는가를, 유능한 사원이라면 회사에 어울리는가를 가장 먼저 생각해야 한다.

흔히 유니폼이나 신발 등이 좀 구겨지고 낡아야 열심히 근무하는 모습으로 보인다고 생각할 수 있겠으나 서비스맨의 복장은 항상 단정해야 한다. 이는 일에 대한 자세와 자신의 품격을 나타내는 것이다.

3) 고상하면서도 소박해야 한다

전략적으로 우아하게, 자연스럽게 그리고 돋보이게 자신만의 고품격 이미지를 나타내보자.

용모는 자신이 가지고 있는 품격을 나타내게 되며, 연마된 내면의 아름다움과 지적 교양이 내면에서부터 밖으로 드러나는 것이 고상함이다.

세련된 사람이라면 유행을 무조건 따르는 것이 아니라 자기 자신에게 맞게 받아들여 조화롭게 가꾸는 센스를 가져야 한다. 유행에 따라 이것저것 옷을 사기보다는 마음에 드는 옷 몇 벌만으로도 코디할 줄 아는 감각을 키우는 것이 더 중요하다.

유행이나 화려함에 따른 개성의 표현은 친근감이 없어 보여 상대에게 부담감을 줄 수 있다. 친근감은 소박한 모습에서 느껴진다. 유니폼을 입었을 경우라면 특히 소박한 인상으로 고객에게 친근감을 가지고 다가갈 수 있도록 해야 한다. 조직의 구성원인 직장인의 경우 회사의 전형적인 분위기와 흐름에 조화롭게 맞추어 나가는 노력이 필요하다.

4) 옷차림의 최대 포인트는 색맞춤에서 비롯된다

멋쟁이라고 생각되는 사람을 보면 으레 전신에 색이 많이 드러나지 않고 또 톤이 잘 맞다. 예를 들면 색조를 동색계열로 정리하고 명암으로 갖추기라도 하면 예쁘고 조화롭게 정리된다. 이것은 화장색, 옷색, 구두색을 합하여 비로소 밸런스가 잡히는 것이라고 생각한다. 여기서부터 소품으로 색을 달리하거나 반대색을 가짐으로써 멋이 된다. 색의 톤을 조합하는 데 상당히 능숙하다면 분명 멋스러움을 표현할 수 있을 것이다.

색채심리 이론에 의하면 옷의 색은 그 사람의 이미지를 결정하는 중요 요소라고 한다. 예를 들어 선거 때 여성 입후보자가 빨간 옷을 입는 것은 적색이 투쟁심을 표현한다는 심리적 효과를 활용하기 때문이다.

자신의 피부색, 머리색, 눈동자색 등을 기본으로 하여 자신에게 맞는 색을 연구하고 선택해 보라. 자신이 좋아하는 색에만 관심을 가지지 말고 새로운 자신을 아는 의미로도 좋은 발견이 될 수 있다.

컬러의 효과

본인에게 어울리는 Color를 입었을 때	본인에게 어울리지 않은 Color를 입었을 때
• 건강해 보인다. • 젊어 보인다. • 밝고 활기 있어 보인다. • 결점이 완화된다.	• 아파 보인다. • 어두워 보인다. • 피곤해 보인다. • 단점이 두드러져 보인다.

머리카락 색, 눈빛, 피부색처럼 사람은 저마다 타고난 색이 있고, 그 자연색에 특별히 잘 어울리는 색이 있다.

우리는 색을 보았을 때 일종의 연상작용을 하게 된다. 작업공간이나 의상 색깔 또한 고객에게 긍정적인 정서적 반응을 일으키는 영향을 준다. 고객에게 어떤 색깔이 가장 긍정적인 반응을 일으킬 수 있는지의 연구도 이루어지고 있다.

자신에게 어울리는 컬러를 찾아 코디네이션해 보자. 자신의 패션이미지를 완성할 수 있을 것이다.

색깔에 따른 메시지

색깔	정서나 메시지
빨강	흥분, 열정, 힘, 에너지, 강렬함을 자극시킴
노랑	주의, 온화, 부드러움
진한 파랑	긴장 완화, 성숙, 신뢰, 평화
하늘	신선함, 젊음, 남성적
자주	단호함, 대담함, 젊음
오렌지	높은 에너지, 열의, 정서적
갈색	안전감, 건전함, 용기, 지지
녹색	긍정적 이미지, 진취, 편안함, 성장, 번영, 균형감
분홍	젊음, 여성, 따뜻함
흰색	순결, 청결, 정직, 건전함
검정색	완성, 단결, 죽음

5) TPO를 알아야 TOP이 될 수 있다

TPO란 Time(시간), Place(장소), Occasion(상황)을 뜻한다. 즉 시간, 상황, 그리고 장소에 알맞게 치장을 하고 옷을 입어야 한다.

요즘 자신의 개성이 드러나는 옷차림을 하는 경우가 일반적이나 격식 있는 연말 파티 때 청바지를 입고 나타나거나 슬리퍼를 신고 등산모임에 참가한 직원이 있다면 적절하지 않은 옷차림일 것이다.

6) Best Dresser와 Worst Dresser

주변에서 진짜 멋쟁이라고 일컬어지는 사람들의 경우 실제로 값비싼 옷이 아니라도 작은 소품 하나에서 옷의 전체적인 조화까지 비교적 미적 감각을 가지고 연출해 내는 사람들이 있다.

대체로 Best Dresser는 다음과 같은 기본적인 내용에 반드시 주의를 기울인다.

여성 Best Dresser의 옷 연출

■ 수트(Suit)

직장 여성에게 가장 적합한 옷은 무릎 라인의 정장 수트이다. 상대에게 신뢰감을 줄 수 있을뿐더러 일할 때 몸을 움직임에 있어서도 불편함이 없어서 실용적이다.

재킷은 전통적인 테일러드(Tailored) 재킷이 무난하며, 허리 라인이 너무 꼭 맞게 처리되어 가슴을 강조하는 스타일이나 목선이 지나치게 파진 옷은 일하는 여성에게 적절하지 않다.

적합한 색상으로는 밝은 회색, 중간 톤의 블루, 검정, 청회색, 갈색, 베이지, 적갈색 등이다.

■ 블라우스(Blouse)

개성을 표현하는 것도 중요하나 직장분위기에 맞게 너무 드레시하거나 튀는 디자인 보다 단색의 셔츠 칼라나 리본 칼라 정도가 무난하다.

■ 바지

바지는 기능적이고 편안하다는 장점이 있다. 그러나 편안함만을 추구해 너무 몸에 붙거나 판탈롱 등을 입는 것은 다시 한번 TPO에 맞는지 고려해야 한다.

■ 원피스(One-piece)

단색의 셔츠 칼라나 스트라이프, 페이즐리, 체크무늬 패턴의 원피스에 그와 대비되는 재킷을 매치시키는 것은 좋은 코디네이션이라고 할 수 있다.

지나치게 스포티한 디자인이나 화려하고 돋보이는 의상보다는 무난한 디자인을 선택하는 것이 좋다.

남성 Best Dresser의 옷 연출

■ 수트(Suit)

남성의 수트는 아래 위를 같은 소재로 지은 한 벌로 된 옷을 말한다.

수트의 버튼은 2개일 경우 윗단추를, 3개일 경우 위와 가운데 단추를 잠그면 된다.

남성의 수트도 유행에 따라 다양한 형태로 선호되기는 하나 일반적으로 수트 한 벌은 한 벌로만 입도록 하며, 같은 색상의 바지라 해도 별개의 바지를 함께 입지 않도록 유의한다. 또한 수트 차림에는 반소매 셔츠를 입지 않는다.

수트에 맞춰 입는 베스트는 몸에 꼭 맞도록 입고, 수트 상의 단추를 잠갔을 때 그 위로 살짝 보이는 정도가 적당하다.

양복, 와이셔츠, 넥타이 등을 조화시켜 성공적인 이미지를 창출할 수 있다. 셋 중 둘을 단색으로 하고 하나는 패턴 있는 것으로 하여 기초 색상과 악센트 컬러를 조화시킨다.

■ 바지(Pants)

정장용 바지의 허릿단에는 2개의 주름이 있다. 이 주름은 앉기 편하게 하기 위한 목적도 있지만 바지의 선을 우아하게 해주기도 한다.

바지의 주름이 없어도 되는 것은 청바지뿐이므로 정장용 바지는 다림질에 더욱 유의해야 한다. 멋 내는 비결은 바로 바지 다림질에 달려 있다고도 한다. 잘 다려진 바지선에서 남성의 옷맵시를 결정해 주는 포인트가 보이기 때문이다.

바지는 엉덩이 부분을 넉넉하게 입어야 앞주름과 주머니가 벌어지지 않는다.

바지는 엉덩이가 아닌 허리에 걸쳐 입는 것이 앉기에도 편하며, 바지의 선은 엉덩이에서부터 발목까지 자연스럽게 가늘어져야 하고, 바지통은 신발이 3/4 정도 가려지는 것이 적당하다.

그리고 바지의 길이는 걸을 때 양말이 보이지 않을 정도가 적당하다. 단을 접은 바지는 구두의 등을 살짝 덮는 정도, 단을 접지 않은 바지는 뒷부분이 구두창과 굽이 만나는 지점까지 내려오는 것이 좋다.

■ 셔츠(Shirts)

셔츠는 입고 섰을 때 뒤의 깃 위로 셔츠가 1cm, 소매 밖으로 1.5cm 정도 보이는 것이 가장 깔끔하게 보인다. 대부분의 남성 직장인들이 윗저고리를 벗고 일하는 경향인 우리 사무실의 현실에서는 옥스퍼드지 등 다소 두꺼운 면이 아닌 얇은 소재의 셔츠를 입는 경우 속옷을 갖추어 입는다. 단 색깔 있는 속옷은 입지 않도록 유의한다.

전통적인 색상은 역시 흰색이므로 격식이 필요한 자리에는 흰색 셔츠를 입는 것이 좋다.

셔츠의 칼라나 소매에 얼룩이 없도록 청결에 항상 유의하며 다림질이 잘된 셔츠, 특히 빳빳하게 세워진 칼라는 입은 사람의 마음 자세를 나타내준다.

■ 타이(Tie)

어떤 인물의 이미지를 결정하는 데는 최초의 7초만이 필요하다고 할 때 남성의 경우 수트 상의와 셔츠, 그리고 타이가 연출해 내는 이 V-Zone이 큰 역할을 한다.

타이는 이러한 남성의 V-Zone을 결정하는 데 강한 영향을 미치므로 수트와 셔츠의 조화를 고려하여 신중하게 선택해야 한다.

타이의 길이는 그 끝이 바지의 허리 벨트에 닿는 정도가 적당하다.

타이는 또한 손상되기 쉬운 소재이므로 보관에 유의해야 하는데 타이를 풀 때는 맬 때와 반대방향으로 풀어야 꼬임과 구김을 방지할 수 있다. 심하게 구겨진 경우라면 돌돌 말아 하루 정도 둔 후 걸어서 보관하도록 한다. 타이는 다림질을 할 경우 광택을 죽이고 안감을 압축시켜 모양을 변형시키므로 다림질을 하지 않는 것이 원칙이다. 또한 셔츠 주머니나 셔츠 안쪽으로 타이를 구겨 넣고 식사하는 것은 보기 좋은 모습이 아니다.

수트의 색상과 동색계열의 타이는 차분하고 정숙한 느낌을, 반대색 계열의 타이는 활동적이고 자신감 있는 느낌을 전달하므로 적절히 활용하도록 한다.

격식을 갖춰야 하는 자리일수록 기본형의 무늬인 도트, 페이즐리, 스트라이프 등이 좋으며, 그 무늬는 작을수록 좋다.

7) 체형에 따른 옷차림 전략

'옷차림도 전략'이라는 광고 문구도 있듯이 어떤 복장을 하느냐는 분명히 사회생활을 하는 데 훌륭한 전략이 될 수 있다. 옷은 단순히 의복의 기능을 넘어 그 사람의 이미지를 결정하는 중요한 요인으로 자리 잡고 있기 때문이다. 특히 취업면접처럼 짧은 시간 동안의 만남을 통해 처음 보는 사람의 첫인상이 결정되는 경우 옷차림이나 색깔에 따라 그 인상은 크게 달라지게 된다. 또 옷은 개인의 체형상의 결점을 커버하는 데도 큰 역할을 하고 있다. 개인의 체형에 따라 어떤 옷차림을 하면 자신의 결점은 감추고 장점과 개성을 돋보이게 할 수 있을지 연구해 보고 주위사람들의 의견도 들어보도록 한다.

5. 그 외 옷차림의 요소들

옷차림에서 가장 중요한 것은 바로 끝마무리라고 할 수 있다. 양말이나 스타킹, 벨트나 구두, 액세서리 등 옷차림을 더욱 돋보이게 할 수 있는 요인들에 신경을 쓰지 않으면 전체적인 이미지까지 흐려놓을 수 있기 때문이다.

1) 멋쟁이는 구두로 연출한다

구두는 그 사람의 이미지를 완성시키는 역할을 하므로 항상 정돈되고 청결하게 유지해야 한다. 아무리 멋진 옷을 입고 있어도 구두 뒤축이 다 닳았거나 구두가 더럽다면 모두 소용 없는 일이 된다. 구두 뒷굽의 관리를 제대로 해야 비로소 이미지 관리가 완성된다.

정장용 구두는 전통적 디자인의 가죽소재로 좋은 제품으로 준비하면 싫증이 나지 않고 어느 옷에나 잘 조화시킬 수 있다. 검정, 감색, 브라운색 계열의 세 가지는 기본적으로 갖추어 두는 것이 좋다. 기본적으로 옷과 구두의 색깔은 잘 맞추도록 한다.

남성의 경우 너무 무거운 느낌의 구두나 화려한 디자인의 구두는 피한다.

구두는 디자인보다는 신어보아 발이 편한 것을 구입하도록 하며, 구두를 살 때에는 발이 충분히 부은 상태인 오후가 적당하다. 신어서 불편한 구두는 걸음걸이나 자세를 흐트러지게 만들 수 있기 때문이다.

구두는 양복의 일부분이라고 생각하고 밖에 있는 동안에는 벗지 않도록 하며 말 그대로 구두 끝까지 신경을 써야 한다. 이를 위해서는 아프지 않은 발에 맞는 편한 구두를 신어야 한다.

몸에 부담을 줄일 수 있는 걷기 쉬운 구두는 3cm 높이의 것이라고 하므로 사무실에서는 슬리퍼 대신 적어도 2~3cm 정도 높이의 구두를 신는다면 건강에도 좋을 것이다.

낮은 굽의 신발을 신는 경우는 특히 발끝까지 완벽하게 신경을 쓰지 않으면 굽이 낮은 구두 때문에 자세가 흐트러져 보일 수도 있으므로 주의해야 한다.

2) 멋진 스타킹, 타이즈, 양말의 이용법

스타킹이나 타이즈의 조화에 따라 옷의 이미지가 상당히 바뀌며 마치 다른 옷처럼 보이게 하는 훌륭한 멋쟁이도 있다. 예를 들어 구두와 스타킹의 색을 맞추어 신으면 다리를 길어 보이게 하며 단정한 느낌을 준다.

그리고 불투명 스타킹은 다리를 길어 보이게 하며, 스커트를 점잖게 보이게 할 수도 있으므로 적절히 활용하는 것이 좋다. 또한 무늬가 있는 스타킹은 다리를 굵게 보이게 하며, 지나치게 화려한 색상의 스타킹은 점잖은 자리에서는 피해야 한다.

특히 스타킹은 손상이 많이 가는 소재이므로 늘 주의를 기울여야 하며, 항상 여벌을 지참하는 것이 좋다.

남성의 경우 바지와 같은 계열로 약간 진한 색의 양말이 바람직하다. 또한 목이 긴 것을 신어서 다리를 꼬고 앉아도 속살이 보이지 않게 해야 한다.

3) 벨트로 단정함을 플러스한다

머리에서 발끝까지 꽤 신경을 썼지만 신체의 가장 중앙에 위치한 벨트에서 흐트러질 수도 있다. 정장 수트를 입을 때에는 가죽 소재의 좋은 제품을 선택하는 것이 좋다. 일반적으로 구두색상과 맞추는 것이 좋은데 검정색과 밤색이 기초 색상이다.

옷과 같은 색상이 허리를 좀 더 날씬하고 단정해 보이게 하며, 현란한 버클(Buckle)보다는 옷의 무늬나 소재에 따라 단순한 모양이 무난하다. 또 벨트의 굵기는 의상의 소재나 디자인에 맞추어 너무 넓지 않도록 한다.

남성의 경우 앉은 자세에서 재킷으로 가려진다고 생각한 나머지 무심코 벨트를 느슨하게 풀어놓는 경우를 자주 보게 되는데 공적인 자리에서는 주의한다.

4) 핸드백은 멋스러우면서도 실용적인 것으로 준비한다

핸드백은 옷과 달리 유행을 많이 타지 않아 오래 사용할 수 있기 때문에 구입할 때 좋은 소재의 제품을 선택하는 것이 유리하다.

핸드백은 구두, 옷과 잘 조화되는 것을 선택하는데 반드시 색상, 소재를 통일할 필요는 없으며, 소재나 색상 중 하나만 통일시키면 무난하다. 단 핸드백에 물건을 너무 많이 넣어 불룩해 보이지 않도록 주의한다.

중요한 포인트는 TPO에 맞게 드는 것이다.

비즈니스할 때 캐주얼한 백을 들고 가거나 파티에 갈 때 서류가방을 들고 간다면 역시 어울리지 않는 경우가 된다.

백을 아름답게 드는 방법은 우선 자세를 바로 하는 일이다. 단정하고 바른 자세로 걸어가는 모습에 손이나 어깨에 걸쳐진 핸드백이야말로 그 가치가 더욱 돋보일 것이다.

5) 스카프는 우아함을 더해 준다

스카프는 매는 방법이 중요한 것이 아니라 체형과의 조화를 생각하여 매는 것이 더욱 중요하다. 일례로 목이 짧은 사람에게는 목을 최대한 시원스레 보이기 위해 아래로 묶거나 세로로 내려뜨리는 방법이 적합하다.

의상이 단색이면 화려한 스카프를, 의상이 화려하면 단색의 스카프를 매는 것이 좋은 연출법이다.

6) 액세서리는 포인트가 되어야 한다

액세서리는 여러 종류를 하기보다는 한두 개로써 그 효과를 극대화하는 것이 좋은 연출법이다. 효율적으로 사용하려면 전체적으로 분위기를 맞추는 것이 중요하다. 장점을 살리고 단점을 커버하면서 전체적으로 조화를 위해 꼭 필요한 것만을 사용할 때 가장 효과적이다.

안경은 이제 시력 보완의 기능만 하는 것이 아니다. 안경을 잘 선택하면, 얼굴의 결점을 커버하면서 가장 중요한 액세서리로서의 역할도 할 수 있다. 헤어스타일과 마찬가지로 얼굴형과 모양이 같은 프레임을 쓰면 안된다.

남성의 경우 안경을 썼다면 안경도 액세서리에 속하므로 안경, 시계, 반지와 같은 필수적인 장신구 세 가지 정도가 좋을 것이다.

여성이 간혹 광택 있는 단추가 많이 달린 재킷을 입고 머리띠, 귀걸이, 목걸이, 반지, 브로치를 모두 하게 된다면 얼굴이 액세서리에 파묻혀 보이지 않게 될 것이다. 액세서리는 타인으로 하여금 나에 대한 시선을 뺏지 않도록 해야 한다.

정장용 액세서리는 세련되고 마무리가 잘된 제품으로 구입하는 것이 좋으며 진주, 금, 은을 사용하여 버튼이나 매듭 형태의 귀걸이가 적당하다.

귀걸이와 목걸이는 같은 종류로 하는 것이 좋다. 여기에 브로치까지 곁들이면 깔끔하지 않은 인상을 주게 된다.

귀걸이는 직장 여성이라면 적당한 크기의 단순부착형의 디자인이 적당하다. 얼굴이 큰 사람은 작은 사이즈를, 얼굴이 둥근 사람은 일자형이나 각진 모양의 귀걸이가 결점을 보완해 주기도 한다.

목걸이는 기본적으로 목이 깊게 파인 옷이나 목을 감싼 옷에 악센트를 줄 때 사용하는 것이 좋다. 값비싼 진짜 진주라도 두 줄, 세 줄로 되어 있는 것은 나이 들어 보이거나 목이 굵어 보일 수 있으므로 피한다.

액세서리만으로도 분위기는 매우 달라진다. 심플하고 소재가 좋은 양질의 옷에 고급스러운 액세서리를 포인트로 하나만 곁들인다면 또 다른 자신을 발견하기도 하고 색다른 분위기가 나올 수 있다. 액세서리는 화려한 옷보다는 단순한 디자인의 옷에서 더욱 돋보이며, 비슷한 느낌이 나는 디자인을 선택해야 더욱 맵시가 난다.

액세서리 하나라도 우아하고 조화롭게 연출하는 센스가 필요하다.

7) 향수 사용은 센스 있게

향수는 같은 꽃향기라도 향료의 농도, 알코올 함유량, 향기의 지속 시간에 따라 몇 가지로 구분되므로 TPO에 맞게 좋아하는 향을 강약에 맞게 사용하는 방법을 생각할 수 있다.

향수의 종류

■ **퍼퓸(Perfume)**

일반적으로 향수라 불리는 것을 말한다. 향 중에는 제일 농도가 짙고 최고 브랜드이다. 향의 지속 시간은 대개 5~7시간이며, 목 뒤나 손목 등 맥박이 뛰는 부분의 포인트에 적당량을 뿌린다.

■ **오드퍼퓸(Eau de Perfume)**

향수에 가까운 농도로 양이 많고 경제적인 낮동안의 향수를 말한다. 포인트에는 향수보다 조금 넉넉하게 사용하든지 전신에 스프레이를 해도 효과적이다. 지속 시간은 5시간 정도이다.

■ **오드투알렛(Eau de Toilette)**

지속 시간은 3~4시간의 가벼운 향이다. 부드러운 향을 즐기고 싶거나 처음으로 향을 사용하는 사람에게 좋다.

■ **오드코롱(Eau de Cologne)**

가장 순한 종류이므로 목욕 후나 운동 후 등 기분전환을 하고 싶을 때 사용하는 것이 좋다. 지속 시간은 1~2시간이다.

향수 사용 시 유의점

- 향수는 외출하기 30분 전 피부에 직접 발라 주는 것이 좋다. 알코올이 증발하고 비로소 향이 나기 시작하는 시간이기 때문이다.
- 향수는 손목이나 귀 뒤 등 동맥이 뛰는 위치에 발라주어야 향이 오래 지속된다.
- 머리가 긴 사람이라면 머리 끝에 가볍게 뿌리는 것도 좋다.
- 향수를 흰옷 위에 직접 뿌리면 옷색이 변할 수 있고, 액세서리 등에도 직접 뿌리지 않도록 주의한다.
- 여러 사람과 함께 근무하는 사무실에서는 자신에게서 향을 발산시키는 것보다는 땀 냄새 등을 억제하는 방향에서 향을 생각하여 오히려 타인에게 불쾌감을 주지 않도록 한다.
- 향수를 선택할 때에는 자신의 분위기에 어울리고, 너무 강하지 않은 것으로 한다. 예를 들어 너무 진하게 향수를 뿌려 3미터 이상 떨어진 곳에서부터 자신이 나타난 것을 타인이 알 수 있을 정도라면 가까이 왔을 때는 두통이라도 일으키게 될 것이다. 가까이 다가갔을 때 손을 닦은 뒤 금방 나는 상쾌한 비누 냄새처럼 은은한 향기가 전달될 정도로만 사용한다.
- 식사시간은 피하며, 특히 식음료서비스에 종사하는 서비스맨의 경우 향수 사용은 금한다. 고객을 응대하는 서비스맨은 향수를 뿌릴 경우에도 TPO에 맞게 사용하여 은은한 이미지의 향으로 표현될 수 있도록 해야 한다.

6. 복장 준비와 점검

1) 단정, 청결, 조화를 유지하라

출근할 아침이 되어서 당황하지 않도록 전날 밤에 다음 날의 일정이나 TPO에 맞게 모든 옷차림을 갖추어 놓는다.

옷은 옷걸이에 걸어 놓고 옷에 적합한 벨트와 액세서리도 미리 골라 놓는다. 가방은 용도와 옷의 색깔 등에 어울리게 골라서 필요한 물건을 전부 넣어 구두와 함께 현관 쪽에 놓아둔다.

바쁜 일상생활에서 멋 내기에도 시간을 아끼는 전략적인 센스가 필요하다.

약속이 두 건 이상 있을 때에는 스카프나 액세서리로 변화를 줄 수 있게 가지고 나가며 일이 끝난 후에 파티 같은 모임이 계속되는 경우는 코사지(Corsage) 등도 준비해 보라.

비즈니스 백 이외에 어깨에 메는 작은 핸드백을 들면 파티에서는 경쾌하게 변신할 수 있어서 편리하다. 자신의 소지품을 사용하여 그 시간에 가장 아름답게 보일 수 있도록 작은 소품 하나에도 신경을 써서 구색을 갖추어 준비해 가는 것이 멋있어 보이는 요령이다.

2) 최종 점검으로 자신감 있게 일하라

머리 모양부터 구두까지 체크할 수 있는 큰 거울을 꼭 구비하여 복장이 준비되면 거울 앞에 서서 전신의 분위기, 머리 스타일, 화장, 옷의 색깔, 소재 등이 그때 보여진 전체 이미지에 어울리는지 체크해 본다. 끝마무리에는 스타킹의 색도 의외로 중요한 포인트가 되는 것을 기억하고 다음에 액세서리를 결정하면 좋다.

이미지메이킹이란 자신의 본질과 개성을 가장 훌륭하게 나타내는 것을 말한다. 자신의 직업이나 맡은 역할에 가장 잘 어울리고, 만나는 모든 사람들에게 호감을 주며 자신의 캐릭터를 나타내는 일이다. 이미지메이킹은 겉만 그럴듯하게 치장하는 것도 아니고 포장만 하는 위장술도 아니다. 자기 실현을 위해 자신의 숨은 개성을 알리는 노력이다. 그렇다면 자신의 외모나 입고 있는 옷에서 자신도 모르는 사이에 자신의 이미지가 깎이는 일은 없는지, 어떻게 하면 좋은 이미지를 만들어낼 수 있는지 체크할 필요가 있다.

직장생활을 시작하는 신입직원들은 출근 전 반드시 용모를 점검하는 시간이 필요하다. 무심히 넘겨버리는 부분에 다른 사람들의 눈길이 의외로 많이 간다는 것을 유의해야 한다. 자신만의 체크리스트를 작성해 두고 아침마다 점검한다면 매일을 단정하고 청결하게 시작할 수 있을 것이다. 그렇다면 점검해야 할 항목에는 어떠한 것들이 있을까?

다음의 자기 점검표로 자신의 용모를 체크해 보자. 과연 몇 점이 되어야 할까? 90점 정도라면 충분할까? 스스로에게도 만점을 줄 수 없는 모습으로 타인에게 호감을 얻을 수 있다는 생각은 너무 무책임한 일이다.

예를 들어 모든 항목들이 만점인데 손톱이 지저분하다고 가정해 보자. 고객이 서비스맨의 깔끔한 용모에 호감을 느낀다고 해도 지저분한 손톱을 보는 순간 가졌던 좋은 인상이 한순간에 사라져버릴 수 있다. 결국 0점이 되고 마는 것이다. 말하자면 서비스맨의 용모는 어느 항목이라도 빠짐없이 만점이 되도록 해야만 한다.

여성의 용모

◎ 화장

- 자연스럽고 밝은 분위기의 화장인가.
- 건강미가 표현되어 있는가.
- 너무 진하거나 요란하여 사람들에게 불쾌감을 주지는 않는가.
- 옷이나 유니폼에 잘 어울리는가.

◎ 머리

- 머리 모양이 유행에 치우쳐서 남에게 거부감을 주지는 않는가.
- 앞·옆 머리카락이 얼굴을 가리지 않는가.
- 단정하고 깨끗하게 정리되어 있는가.
- 헤어스프레이나 무스를 지나치게 사용하여 번들거리지는 않는가.

◎ 손

- 손톱의 길이가 적당한가.
- 매니큐어를 칠했는가.
- 매니큐어 색상은 적절하며 벗겨지지 않고 잘 유지되어 있는가.

◎ 상의

- 옷깃이나 소매 등이 더럽지는 않은가.
- 속옷이 비치지는 않는가.
- 활동하기 편한가.
- 직장 분위기와 조화를 잘 이루는가.
- 너무 눈에 띄는 디자인이나 색상, 소재는 아닌가.
- 다림질 상태는 양호한가.
- 유니폼일 경우 규정대로 착용하고 있는가.

◎ 스커트

- 너무 꽉 맞지 않는가.
- 다림질이 제대로 되어 있는가.
- 단은 터진 곳 없이 잘 정돈되어 있는가.
- 스커트 길이는 적당한가.

◎ 스타킹

- 착용하였는가.
- 색상이 화려하거나 요란하지 않은가.
- 의상과 어울리는 소재나 무늬인가.

◎ 구두

- 발에 잘 맞는가.
- 광택이 있거나 화려한 색은 아닌가.
- 유행에 따라 통굽이나 샌들을 신지는 않았는가.
- 잘 닦아 청결한 상태인가.
- 직장 분위기와 어울리는가.

◎ 액세서리

- 정장에 어울리는 것인가.
- 지나치게 대담한 디자인은 아닌가.
- 개수는 적당한가.

◎ 핸드백

- 정장에 어울리는가.
- 내용물이 너무 많아 모양이 흐트러지지 않는가.
- 지나치게 유행을 따르는 디자인과 색은 아닌가.

◎ 향수

- 향이 진하여 불쾌감을 주지는 않는가.

남성의 용모

◎ 얼굴

- 흡연으로 인한 구취는 없는가.
- 면도는 잘 되어 있는가.
- 수염, 코털은 잘 정리되어 있는가.

◎ 머리

- 너무 길어 셔츠의 깃이나 귀를 덮지는 않는가.
- 스프레이나 무스 등으로 잘 정리되어 있는가.
- 염색을 했거나 지나치게 유행을 따르지는 않는가.

◎ 넥타이

- 수트와 잘 어울리는가.
- 현란한 무늬나 색상은 아닌가.
- 끝부분이 벨트선을 지날 정도의 길이로 단정히 매었는가.

◎ 셔츠

- 너무 진한 색은 아닌가.
- 깃이나 소매 부분이 청결한가.
- 내의는 흰색을 입었는가.
- 셔츠가 빠져 나와 있지는 않는가.

◎ 상의

- 청결한가.
- 잘 다려 입었는가.
- 단추를 잠가 입었는가.
- 볼펜 등 필기구를 많이 부착하고 있지는 않는가.

지갑

- 바지 뒷주머니에 넣고 다니지 않는가.
- 지갑으로 주머니가 불룩해 보이는가.

손

- 손톱 길이가 적당한가.
- 손톱 밑이 청결한가.

하의

- 무릎이 나오지 않는가.
- 줄을 바로잡아 다렸는가.

양말

- 양복, 구두와 색상이 어울리는가.

구두

- 정장용 구두인가.
- 깨끗하게 닦여 있는가.
- 뒤축이 닳지는 않았는가.

제5절 공간의 의사소통과 이미지 형성

1. 고객과 적당한 거리를 유지하라

일반적으로 '매너'라고 하면 타인에게 자리나 길을 양보하는 '배려하는 마음'에서 나온 말임은 누구나 알고 있다. 그러나 자칫 여기에 타인의 공간에 대한 배려를 간과하는 경향이 있다. 남의 공간을 침범하지 않는 것 또한 매너이며 상대방에 대한 기본적인 배려이다. 또한 이는 비언어적인 표현의 요소가 된다.

미국의 인류학자 에드워드 홀(Edward T. Hall) 박사는 1960년대에 인간의 공간욕구에 대해 연구한 선두주자로 근접학(proxemics)이라는 신조어를 만들어냈다. 각각의 개인은 자신의 소유물이나 자기 신체 주변의 일정한 공간을 자신만을 위한 개인공간으로 생각하며, 일반적으로 서로의 간격을 침해하면 사람들과 편안한 단계는 감소되고 방어적으로 변하며 불쾌한 감정을 품게 될지도 모른다고 하였다. 사람들이 공간의 방해에 어떻게 반응하는지 인식하는 것이 고객서비스 측면에서 중요하다. 즉 공간적 거리에 따라 상호관계에 유의해야 하는 요소가 된다.

버스나 지하철을 탔을 때 옆에 있는 사람이 다리를 벌려 자기 자신만 편히 앉아 가려는 경우 불쾌한 기분까지 들곤 한다.

이와 마찬가지로 고객서비스 때 불필요하게 고객의 공간을 침범하는 것은 좋은 서비스가 될 수 없다. 고객에게 너무 가까이 다가가 바짝 붙어서 응대하는 경우 고객의 영역을 침해할 뿐 아니라 고객과 시선을 맞추기가 어색해지며, 구취나 체취 등이 쉽게 노출될 수도 있으므로 주의한다.

매너가 좋은 사람들은 상대의 고유공간까지 배려해 준다. 남의 공간을 침범하는 것은 결코 좋은 느낌을 줄 수 없는 것이다. 고객에게 불쾌감을 주지 않도록 고객과의 적당한 거리도 생각해서 자신의 위치를 결정하는 것이 중요하다. 서비스맨이 고객 앞의 적당한 거리에서 정중하게 응대하는 자세 하나만으로도 충분히 바람직한 비언어적 표현이 된다. 상대의 개인공간을 존중하느냐 하지 않느냐에 따라 상대는 당신을 가까이하거나 멀리할 것이다. 그러므로 만나는 사람마다 반갑다며 무조건 등을 때리거나 신체를 접촉하는 습관을 가진 사람에게 겉으로 표시하지는 않아도 불쾌감을 가지게 된다.

미국과 많은 서구문화에서 근접한 편한 영역의 정의를 내리는 여러 연구들이 있다. 타인이 어디까지 접근하면 경계심을 느끼는가에 대해서는 여러 가지로 논의되는데 다음 네 종류의 공간 간격으로 나눌 수 있다.

친밀한 간격(15~45cm)	가족과 친척 등을 상대할 때 적당한 간격으로서 고객 대부분은 이 공간에 서비스맨이 들어올 경우 불편함을 느끼게 된다.
개인적 간격(46cm~1.22m)	친한 친구, 동료 등 편안하고 신뢰감을 가지고 대하는 대상. 오랜 기간 맺어온 고객과 친근한 관계라면 이 간격이 적당하다.
사회적 간격(1.22~3.6m)	낯선 사람, 잘 모르는 사람들을 대할 때, 일반적인 사업거래와 비즈니스의 상황
대중적 간격(3.6m 이상)	청중을 대상으로 연설하거나 서로 잘 알지 못하는 형식적이거나 공식적인 모임

Exercise 서비스 공간에서의 역할 연습

두 사람이 한 공간에서 가로질러 마주보고 선다.

한 사람은 고객, 한 사람은 서비스맨으로 가정한다.

어떤 주제에 관해 자연스럽게 대화하면서 서비스맨 역할의 사람은 천천히 고객 역할을 한 사람을 향해 움직인다. 그 움직임 동안 고객 역할의 사람은 공간의 간격에 따라 느껴지는 감정에 대해 생각해 본다.

- 어느 정도 거리에서 가장 편안하게 느꼈는가? 왜 그러한가?

- 어느 정도 거리에서 가장 불편하게 느꼈는가? 왜 그러한가?

역할을 바꿔 응대해 보라.

2. 정돈되지 않은 주위의 모습도 비언어적 표현이다

책상 위에 흐트러진 서류, 종이 조각에 낙서처럼 쓴 이름과 숫자들, 스태플러, 끈, 테이프, 펜, 연필이 필요할 때 없는 경우, 사용하지 않는 도구들이 그것들의 보관장소로부터 벗어나 널려 있는 경우, 마루 위의 엎질러진 쓰레기가 쓰레기통 주변을 덮고 있는 경우…. 지저분하고 찢어진 유니폼, 고객 자리 위에 떨어진 음식 조각, 빈 컵, 빈 유리잔, 사무실의 커피 얼룩….

고객들은 이처럼 정돈되지 않은 비조직화된 작업장들을 볼 때 어떤 느낌을 가지게 될까? 고객들은 서비스맨이 고객의 일을 얼마나 효과적으로 취급하고 있는지에 관해 다음과 같이 생각하기 시작할 것이다.

- 이 직원이 주변에 흩뜨려놓은 다른 것들처럼 종이쪽지에 적은 나의 전화번호를 잃어버리면 어떡하나
- 저 직원이 내 서류를 보낼 때 스태플러를 찾지 못하면 어떡하나
- 그 직원이 내 은행 예금을 잘못된 계좌에 부치면 어떡하나
- 그들이 바닥의 쓰레기를 밟고 다니는 것처럼 내 물건들을 손상시키면 어떡하나

한편 정리되고 조직화된 작업장은 서비스맨이 고객의 업무처리나 정보를 주의 깊고 효과적으로 다룬다는 것을 고객에게 들리지 않는 큰 목소리로 말하고 있는 것과 같다. 고객은 서비스맨이 고객의 일을 마치 서비스맨 자신의 설비 도구나 서류를 다루는 것처럼 조심스럽게 처리해 줄 것으로 믿고 안심할 것이다.

정돈되고 조직화된 작업장의 가치는 바로 고객을 환대하는 매우 중요한 요소가 된다.

제6절 비언어적 커뮤니케이션 시 유의점

서비스맨이라면 누군가의 개인적 공간을 우연히 침범하거나 불쾌한 상황을 일으키지 않도록 시간, 거리, 접촉, 눈 맞추기 등과 같은 문제들에 대해 다른 관점과 접근방식으로 인식하는 것을 배우도록 한다.

반대로 고객에게 불쾌감을 주거나 부정적 인식을 만드는 메시지들을 전달할 수 있는 습관이나 매너리즘을 인식하고 최소화하도록 노력해야 한다.

다음과 같은 산만하고 불안한 개인적인 습관 등은 부정적 메시지로서 의심과 불확실한 메시지를 전달하거나 어떤 것을 숨기고 있다는 사실을 시사하는 것이다. 이는 고객과의 관계 형성에 방해가 될 수 있다.

- 고객의 옷을 잡아당기는 것
- 자신의 몸을 긁거나 머리카락, 얼굴을 만지면서 말하는 것
- 자신의 입술을 물거나 핥는 것
- 자신의 입 근처에 손을 대는 것
- 손가락으로 두드리거나 다른 도구를 이용하여 만지작거리는 것
- 서비스 도중 음식물, 껌을 씹는 것

일반 직장생활에서도 책상에 앉으면 다리를 떨거나, 걸을 때 머리를 숙이고 걷는 등 무심결에 나타나는 습관과 버릇 때문에 부정적 메시지를 나타내는 경우가 있다.

다음은 항목별로 긍정적·부정적 메시지를 정리한 것이다.

구분	-	+
인사	• 성의 없이 고개만 끄덕임 • 다음 손님~	• 안녕하세요? 김 사장님. 어떻게 도와드릴까요? • 기다려주셔서 감사합니다.
자세	• 구부정한 자세로 서 있음 • 한 발로 비스듬히 서 있음 • 벽에 기대 서 있음 • 목을 떨어뜨리고 서 있음 • 긴장을 푼 편안한 모습으로 서 있음 • 피곤한 모습으로 서 있음 • 팔짱을 끼고 서 있음 • 뒷짐을 지고 서 있음	• 똑바로 서 있음 • 양발로 서 있음 • 약간 긴장된 전신에 몸무게를 실어서 똑바로 서 있음 • 긴장된 모습으로 서 있음 • 열정적이고 활동적인 모습으로 서 있음
얼굴 표정	• No Eye Contact • 눈을 굴리며 위쪽을 보는, 노려보는 눈 • 엄숙하게 보는 • 눈살을 찌푸리는 표정 • 거리감 있는 표정 • 슬픈 표정 • 걱정스러운 표정	• Eye Contact • 똑바로 봄 • 웃는 눈 • 미소 • 가까이하기 쉬운 표정 • 즐겁고 행복한 표정 • 자신감 있는 표정
몸동작 움직임	• 갑자기 움직이며 빠른 동작 • 부끄러워하고 불안정한, 서두는 듯한 • 동작이 강하고 기계적인 • 손가락으로 지적하며 흔드는 • 액세서리나 머리카락으로 장난치는 • 한숨짓는 • 너무 가깝거나 너무 멀리 서 있는 • 부적절한 터치	• 부드럽고 유연한 • 자신감 있는 • 자연스러운 • 손가락으로 지적하거나 흔들지 않음 • 액세서리나 머리카락으로 인한 산만함이 없는 • 침묵을 잘 견디는 • 적절한 거리 • 부적절한 터치가 없는
주변 환경	• 여기저기 흩어진 어수선한 서류 • 아무 데나 널려 있는 닳고 더러운 기물 • 아무 데나 버려진 쓰레기 • 담배냄새, 심한 향수냄새, 음식냄새 같은 불쾌한 향기 • 마음을 산란하게 하는 잡음이 많은	• 정리가 잘된 서류 • 보관되어 있는 깨끗한 기물 • 버려질 곳에 버려진 쓰레기 • 쾌쾌한 냄새가 없는 • 마음을 산란하게 하는 잡음이 없는

Exercise 이미지메이킹의 미학

이미지메이킹의 중요한 요소를 시간, 반응, 느낌의 3가지 미학으로 빛내보도록 하자. 고객과의 새로운 만남이 이루어진다.

시간의 미학

고객에게 응대할 때 아주 짧은 순간이지만 잠깐 머무는 동작에 정중함과 공손함이 표현된다.

- 인사 : 고개를 숙여 잠시 머물렀다 허리를 편다.
- 손동작 : 손님의 시선이 손끝을 확인할 때까지 잠시 멈춘다.
- 눈 : 고객의 시선을 확인한 후 이동한다.

반응의 미학

고객의 요청, 질문이 있을 경우 몸과 마음으로 신속하게 고객에게 반응한다. 다음과 같이 목례와 눈, 표정으로 신속하게 응답한다.

시선은 고객의 미간 → 가리키는 방향(물건) → 고객의 미간

느낌의 미학

이미지메이킹의 5가지 요소인 표정, 인사, 말씨, 자세와 동작, 용모복장 등에 자신의 느낌을 실어보라.

고객을 배려하고 있다는 느낌, 환영하고 있다는 느낌을 전달할 수 있다.

5

언어적 커뮤니케이션 스킬과 이미지메이킹

제1절 경청의 기술
제2절 음성 이미지
제3절 스피치 이미지메이킹
제4절 전화로 전달되는 이미지메이킹
제5절 전자우편 응대

언어적 커뮤니케이션 스킬과 (Verbal Communication Skill) 이미지메이킹

05

제1절 경청의 기술

1. 고객의 마음을 읽어라

귓속말로 말을 전달하는 '말 릴레이'를 해본 경험이 있을 것이다. 맨 마지막 사람들은 대부분 처음 전달된 메시지와 전혀 다른 메시지를 가지고 있는 경우가 많다. 또한 상대방의 말귀를 못 알아들어서 곤혹을 치른 경험도 있을 것이다. 정확하게 듣기란 생각만큼 쉬운 일이 아니다.

고객과의 성공적인 커뮤니케이션을 위해서는 우선 듣는 사람의 입장에 충실해야 한다. 성공적인 서비스는 고객의 마음까지 읽어내어 고객의 입장을 잘 이해할수록 쉬워지게 되며, 이를 위해서는 고객이 주는 정보를 귀담아들을 줄 알아야 한다. 센스 없는 서비스맨은 고객의 마음을 알아내기는커녕 고객이 알려주는 정보를 모두 무시하고 서비스를 잘하겠다고 하는 것이다.

2. 잘 듣는 것부터 배워라

듣기는 언어적 의사소통에 중요한 요소이다. 듣기란 고객으로부터 정보를 수집

하는 중요한 수단으로서 단순한 듣기과정이 아닌 적극적으로 학습된 과정이다. 메시지를 듣고 받아들이고, 주의를 기울여 그 의미를 이해하고, 마지막으로 적절한 반응을 하는 과정이다.

'굿 스피커(Good Speaker)'란 '얼마나 말을 잘하느냐'가 아니고 '얼마나 경청을 잘하느냐'에 달려 있다. 고객들은 자신의 특정한 욕구를 서비스맨에게 설명할 때 서비스맨이 귀 기울여 듣고 이해하여 그것에 대응해 주기를 기대한다. 자신이 하는 말을 듣지 않으면 고객의 태도와 감정은 친근감에서 적대감으로 신속히 변화할 수 있다. 그리고 고객들은 서비스맨이 이야기를 주의 깊게 듣거나 때에 맞는 맞장구를 칠 때 상품에 신뢰를 느낄 수 있다고 한다. 그러므로 대화를 이끌어 갈 때에는 3(고객) : 1(자신)의 비율이 좋다. 상대방의 말에 귀 기울이는 것은 커뮤니케이션의 효과를 극대화시키는 일이다.

고객과의 대화에서 서비스맨은 말을 하기보다 듣는 입장에 있어야 하며, 고객이 더 많은 말을 하도록 유도하는 것이 바람직하다. 어느 순간엔가 고객이 말을 많이 하고 서비스맨이 듣는 쪽이라면 성공한 응대이다. 즉 고객으로 하여금 신나게 이야기하도록 해야 하는 것이다. 이를 위해 경청이 중요하다. 진지한 태도로 상대의 눈을 응시하며, 맞장구를 치며 열심히 듣자. 고객만족을 위한 한 가지 방법이다.

3. 마음으로 듣는다

효과적으로 듣는 것은 고객의 욕구를 파악하기 위해 사용하는 중요한 수단이다. 따라서 성공적으로 듣는 것은 훌륭한 서비스에 필수적인 사항이다. 고객이 욕구를 나타내는 신호를 파악하고 계속적인 고객과의 대화를 이끌어가기 위해서는 잘 듣는 것이 중요하다. 고객의 메시지를 받아들이는데 듣는 능력이 부족하다면 결과적으로 서비스는 실패하게 된다.

고객의 말을 '잘 듣는다'는 것은 우선 '마음으로 듣는 것'이다. 고객의 걱정, 기쁨, 희망까지도 이해하려고 노력하는 것을 의미한다. 말하는 소리만을 듣는 것이 아니라 고객의 감정과 고객이 진정으로 원하는 것이 무엇인가를 이해하는 것이다.

가령 내 집 뜰에 핀 꽃을 보고 지나가던 사람이 "정말 아름다운 꽃이군요"라고 말했을 때 그저 "감사합니다." 하고 대답했다면 보통의 대화수준에 머무는 것이다. 그러나 '이렇게 아름다운 꽃을 내 방에 한 송이 꽂았으면 좋겠다'라는 상대의 마음까지 읽고 "좋으시다면 한 송이 드릴게요"라고 말할 수 있다면 듣기 실력은 상당 수준일 것이다.

듣는 능력이란 편견이나 선입관을 가지지 않고 선의를 가지고 들으려고 하는 힘이다. 말로써 표현된 메시지만이 아니라 말하는 사람의 몸 전체, 분위기, 어조로 표현되는 보디랭귀지(Body Language)까지 듣는 것이다. '만약 내가 상대방의 입장이었다면…' 하고 생각하는 상상력의 풍부함이 듣는 능력을 기르는 데 필수불가결한 요소라고 할 수 있다.

4. 어떻게 들어야 하나

잘 듣는다는 것은 상대의 입장에서 듣는 것이다

고객이 자신의 욕구를 말로 표현하는 것을 듣고 그것을 확실히 이해하고 느껴서 적극적으로 여유 있게 듣는다.

누군가의 말을 듣기 위해서는 상대의 말을 듣기 전에 받아들일 준비가 되어야 한다. 주위의 산만한 요소들을 정리하되 하던 일이 있다면 잠시 양해를 구하고 빨리 일을 마친 후에 응대한다.

바르게 앉거나 서고 고객과 눈을 맞추고 고객에게 적절히 몸을 굽혀 귀 기울여 기꺼이 듣고 있음을 보여라.

감정이입을 보여준다

경우에 따라서는 상대방의 보디랭귀지를 보고 그의 얘기를 청각뿐 아니라 오감으로 진지하게 듣는 연습을 해야 한다. 상대방의 기분을 파악하여 동정하는 것이 아니라 상대방과 같이 느끼는 감정이입을 말한다.

자신을 고객의 위치에 놓고 고객의 욕구, 욕망, 관심과 부합하고자 노력하는 것이다. 상대방에 대해 감정이입이 되면 그 사람 속에 들어가 그 사람의 눈을 통해 세상을 보게 되고 그 사람과 같이 느끼게 되므로 그의 감정에 거슬리는 말을 하지 않게 된다.

매너가 좋다는 것도 결국 상대방의 입장이 되어 그의 입장을 존중하고 그에 대해 민감하게 반응을 보이는 감정이입이라고 할 수 있다. 감정이입을 잘 하려면 우선 지금 얘기하고 있는 상대에게 귀를 기울여야 한다.

주관적인 의견이나 판단을 피해 선입견 없이 열린 마음으로 듣는다

흥미를 가지고 듣게 되면 상대방의 마음은 활기차게 되며, 성의를 가지고 들어주면 마음이 안정되고 자신감이 넘치게 된다. 상대의 입장에서 듣는 마음의 자세와 대화에 어울리는 표정을 짓는다.

주의 집중하며 필요하면 메모하라

고객에게 완전히 주의 집중함으로써 고객의 메시지를 잘 이해하고, 고객의 욕구를 만족시킬 수 있다.

정보가 복잡하거나 이름, 숫자 등의 세부항목이 내용에 들어 있다면 앞에서 메모하는 것이 좋다. 일단 메모 후에는 이해한 사실을 확인해라. 이는 업무상 실수도 방지할 뿐만 아니라 고객의 말에 귀 기울여 전념하고 있다는 증거가 된다.

"확인해 드리겠습니다."

"제가 정확히 이해했습니까?"

맞장구를 쳐라

특히 비언어적인 표현으로서 고개를 끄덕이거나 적절히 반응한다.

시기적절하게 맞장구를 치면서 이야기 상대와 일체가 되어 대화를 진행시킨다.

고객의 말을 반복하는 것도 효과적인 맞장구의 하나이므로 가끔씩 들은 내용을 바꾸어 말하되 말참견을 하거나 끊지 않도록 한다.

고객이 하는 말 중에 개인적인 정보가 들어 있으면 서비스맨은 고객이 그것에 대해 얘기하고 싶어 한다고 생각해야 한다.

고객들은 이렇게 말할 수 있다.

"이게 내 첫 번째 여행인데 비행기를 제대로 탔는지 걱정스러워요."

"잘 보관해 주세요. 내가 사랑하는 조카의 졸업 선물이거든요."

"우리 아버님이 심장마비로 돌아가셨는데 가능하면 장례식 하루 전에 도착했으면 해요."

아무 대답 없이 이런 말들을 무시해 버리는 것은 고객들에게 "난 관심 없어요"라고 말하는 것과 같다. 고객의 이야기에 적절한 반응을 보여서 고객으로 하여금 자신의 말에 귀 기울이며 자신의 감정과 상황을 이해한다고 느끼게 해주는 것이 중요하다.

실제로 고객관리란 고객에게 많은 관심을 가지는 그 순간부터 가능하다.

회화를 활기차게 하는 맞장구의 유형

- 동의할 때 : 그렇지요, 그렇고 말고요. 네, 저도 그렇게 생각합니다. 전적으로 동감입니다, 말씀하신 대로입니다.
- 놀람을 나타낼 때 : 설마, 그런가요(그렇군요).
- 의문을 나타낼 때 : 왜 그럴까요, 어째서 그렇게….
- 다음 말을 끌어낼 때 : 그래서, 그리고, 그보다도….

질문하라

고객의 정보를 확인하고 명확하게 하기 위해 적절히 질문을 하라. 고객의 메시지를 철저히 이해하는 것이다.

Exercise 듣기능력 자가 평가

자신이 실제로 얼마나 잘 들을 수 있는지 객관적으로 응답해 보자.

1. 대화할 때 상대방에게 나의 모든 주의를 기울인다.
2. 대화하는 동안 의식적으로 문제나 세부사항을 찾아본다.
3. 상대방의 말을 다 듣기 전에 미리 평가하고 결론지어 버리지 않는다.
4. 진심으로 듣고자 하는 관심을 가지고 의사소통에 접근한다.
5 나의 감정으로 인해 듣기가 방해되지 않도록 한다.
6. 이야기를 들으면서 공상에 잠기는 것을 피한다.
7. 나 자신이 상대방의 입장이 되도록 노력하고 상대방이 말하려는 것에 감정이입을 하려고 노력한다.
8. 대화 중 앞서서 비약하는 것을 피하기 위해, 다른 사람이 무엇을 말하려는지 알고 있다고 생각하지 않는다.
9. 상대방이 말한 메시지를 이해한다는 것을 증명하기 위해 질문을 하여 그 의미를 이해하고 있는지 체크한다.
10. 내가 이해하지 못하는 단어나 문장을 명확히 하기 위해 질문을 하여 그 의미를 이해하고 있는지 체크한다.
11. 상대방이 말하고 있는 동안 집중하도록 다양한 기술을 사용한다. (귀뿐만 아니라 모든 감각기관, 머리, 가슴까지 동원하여 듣는다.)
12. 상대방이 이야기할 때 눈을 맞추든지 그를 쳐다본다.
13. 내가 말하는 것에 상대방이 어떻게 응답할지에 대해서 의식적으로 생각한다.
14. 나에게 예민한 주제라고 해도 상대방에게 자신의 생각을 제시하도록 한다.
15. 들을 때 다른 소리나 활동에 방해받지 않는다.
16. 객관적으로 들으면서 상대방을 판단하지 않는다.
17. 상대방이 얘기할 때 중요한 것은 메모를 한다.
18. 단지 사실이나 세부사항뿐 아니라 생각과 개념에 대해서 들으려 한다.
19. 효과적인 듣기를 위해 가장 좋은 환경을 제공하며, 주위가 산만하지 않은 장소를 택한다.
20. 상대방의 신체적 자세와 제스처를 관찰하고 평가한다.

제2절 음성 이미지

텔레비전을 보거나 라디오를 듣다가 사회자나 출연자의 목소리가 거슬려 채널을 돌리는 경우가 있다. 꼭 방송인이 아니더라도 음성이 오랜 시간 듣기에 불편하다면 사회생활을 하는 데 마이너스가 되는 것이 사실이다.

이상적인 목소리는 맑고, 부드럽고, 거침이 없고, 톤과 음량도 좋고, 적절한 속도의 목소리이다. 좋은 음성은 낮고 차분하면서도 음악적인 선율이 있다.

사람의 이미지를 결정하는 데 표정이나 용모, 복장 등 눈에 보이는 것 못지않게 중요한 것이 바로 음성이다. 언어적 의사소통에 음성적인 특성들, 즉 음의 높이, 음량, 속도, 질, 발음, 기타 다른 특징들이 언어적 메시지를 고객에게 더욱 효율적으로 전달할 수 있다.

1. 음성 이미지 형성 요소

1) 음질

목소리 질의 변화는 고객들의 반응에 영향을 미친다. 신경질적인 목소리, 쉰 소리, 콧소리, 금속성의 소리 등 타고난 부분이기도 하나 훈련이나 노력에 의해서 충분히 개선함으로써 좋은 음질을 표현하여 고객서비스 이미지를 향상시킬 수 있다.

2) 억양

말의 강약, 어조에 변화를 주며 자연스럽게 말한다.

말이나 메시지를 강조하기 위해 음절을 조절할 경우 내용에 설득력이 있게 된다.

3) 음의 높낮이

> **어떤 고객이 값을 깎아 달라고 하자 직원이 "안됩니다" 라고 소리쳤다.**
> 고객 : 아니 안되면 안됐지, 왜 언성을 높여요?
> 직원 : 내 목소리가 원래 커서 그런 거지, 내가 뭐 어쨌다고 트집이에요?
> 고객 : 뭐, 트집?

목소리는 상승작용을 하는 것이다. 한 사람이 큰소리로 말하면 상대방도 덩달아 목소리가 커지고 나중에는 싸움이라도 하는 것처럼 되어 다른 고객에게도 불쾌감을 주게 된다.

음의 높낮이는 다양한 메시지를 추가하여 말이 의미하는 것을 판단하는 데 영향을 미칠 수 있다. 뉴스를 진행하는 아나운서의 문장은 말미에서 적당히 떨어짐을 알 수 있는데 문장 끝이 부적당하게 높아지는 경우 안정감과 신뢰도가 떨어지게 된다.

4) 말의 속도

말의 속도는 메시지를 받고 정확하게 판단하는 데 영향을 미친다.

말의 속도를 너무 빠르거나 너무 느리지 않도록 조절하여 적당한 속도로 가끔씩 숨을 쉬고 말한다.

말이 빠른 경우 듣는 사람이 불안감을 느끼게 되며, 일을 빨리 처리하려고 하는 경우로 들리기도 한다. 또 반대로 너무 느릴 경우 주의집중이 되지 않으며, 고객의 요구에 응대하기 싫어 성의가 없는 것처럼 여겨질 수도 있다.

일반적으로 말의 속도는 본인의 성격과 관계가 있으며, 특히 자신이 없는 경우나 성의 없이 일을 빨리 해치우려 할 때 빨라지므로 유의해야 한다.

5) 음량

목소리가 너무 크거나 작지는 않은지 주위 상황과 공간의 크기, 듣는 사람의 여건에 따라 적절히 음량 정도를 조절하여 밝은 목소리로 말한다.

음량의 변화는 감정을 나타내고 의도하지 않는 부정적인 메시지를 전달할 수도 있으므로 유의해야 한다.

소음이 많은 곳에서 목소리를 너무 작게 내는 것은 고객을 짜증나게 할 수도 있고 무성의한 응대 태도로 느껴질 수도 있다. 또한 대화할 때 큰 목소리만이 환기를 집중시키는 것이 아니므로 목소리 크기를 때로는 크게, 때로는 작게 조절하여 고객의 주의를 집중시키도록 한다.

회화를 활기차게 하는 맞장구의 유형

- 톤(tone) : 감정이나 느낌을 전달
- 어조(inflection) : 특정 단어나 음절을 강조
- 억양(intonation) : 문장 전체의 분위기, 의도를 표현
- 음정(pitch) : 목소리의 높낮이와 깊이
- 속도(rate) : 말하는 빠르기
- 볼륨(volume) : 목소리의 크기

밝은 목소리 연습

어떻게 하는 것이 밝은 목소리로 말하는 방법일까?
실제로 웃는 얼굴을 하고 있을 때 목소리는 가장 부드럽고 따뜻하게 들린다.
앞서 연습한 표정 연출과 함께 다음과 같이 실험해 보자.

- 눈썹을 잔뜩 찌푸려 화가 난 표정을 지어본다. 그리고 매우 화가 난 듯한 낮은 목소리로 "제 이름은 ○○○입니다"를 발성해 본다.
  아마 목에서 부자연스럽게 나오는 발성으로 어색할 것이다.

- 그렇다면 눈썹을 위로 동그랗게 긴장시킨 후 밝은 목소리로 발성해 보자.
  그리고 아주 밝은 목소리로 "제 이름은 ○○○입니다"라고 발성해 본다.
  아주 자연스럽게 밝은 목소리가 흘러나올 것이다.

이와 같이 밝은 목소리는 밝은 표정에서 나온다.
고객의 귀에 항상 밝고 즐거운 목소리를 건네줄 수 있는 밝은 마음을 가질 수 있도록 노력해야 한다.

2. 음성의 효과적 사용

사람마다 자신의 독특한 목소리가 있어서 좋은 음성은 타고나는 것이기는 하지만 음성도 훈련을 통해 개발할 수 있다. 이에 따라 자신의 음성이 상대방에게 호감을 주기 힘들 정도라면 음성연습을 통해 이를 교정할 필요가 있다. 전문가의 도움을 받을 수도 있겠지만 충분히 자신만의 연습으로도 음성을 효과적으로 사용할 수 있다.

효과적인 음성훈련법은 다음과 같다.

1) 자세를 바로 하라

음성을 효과적으로 사용하기 위한 대전제가 바른 자세이다. 바른 자세의 기본은 가슴을 올리고 배를 집어넣는 것이다. 서 있는 자세라면 양쪽 다리에 체중을 균형 있게 배분하는 것이 중요하다. 그리고 앉아 있을 때에는 절대로 다리를 꼬지 않도록 한다.

2) 다양하게 사용하라

말의 톤이나 고조 등 음성을 일상생활 속에서 내용과 상황에 따라 다양하게 사용하는 것이 좋다. 같은 말이라 해도 그 톤이나 높낮이에 따라 뜻이 달라질 수 있다. 그리고 음성의 고조로 말하고자 하는 내용을 강조할 수 있고 다양한 표현이 가능하다.

3) 생동감 있게 하라

목소리에 생동감 있는 사람은 활력이 넘쳐보이기 마련이다. 음성을 잘못 사용하면 의욕이 없거나 힘이 없게 들릴 수도 있다. 그러므로 피곤한 음성으로 말하기보다는 항상 어느 상황에서라도 가능한 한 활기차게 얘기하는 습관을 들이는 것이 좋다.

4) 음성을 낮춰라

목소리는 낮고 무게감 있는 것이 호소력이 있다. 특히 남을 설득하고 확신을 주려면 목소리의 톤을 약간 낮추는 것이 좋다. 전화 대화나 마이크를 사용한 발언에서 낮은 목소리가 무엇보다 신뢰를 얻을 수 있고 호소력이 있다.

5) 콧소리와 날카로운 소리는 금물

흔히 평소에도 비음이 섞인 목소리를 내는 사람이 있는데 이처럼 콧소리를 내는 사람은 말을 할 때 턱과 혀를 느슨하게 하고 목과 입을 열어 소리가 코로 나오는 대신 입으로 나도록 의식적으로 연습할 필요가 있다. 그리고 날카로운 목소리는 감정이 고조될 때 나오는 경향이 있는데 자신이 이 같은 소리를 내고 있다고 스스로 인식되면 자세를 바로 하고 가슴을 진정시켜야 한다.

6) 음성도 관리는 필수

피곤할 경우에는 음성도 거칠게 나오게 된다. 그러므로 중요한 일정이 있는 전날에는 음성을 위해서라도 충분한 휴식을 취해 두는 것이 좋다. 목소리가 잘 나오지 않을 때에는 길게 숨을 쉬거나 충분한 휴식으로 성대에 무리가 가지 않도록 하며, 따뜻한 레몬차 등을 마시는 것이 좋다. 또한 목에 점액을 만드는 맥주와 우유는 피하는 것이 좋다.

3. 신뢰와 호감을 주는 음성 개발하기

사람은 누구나 자신의 말하는 소리를 듣고 있다. 그러나 이 소리와 상대방에게 들리는 음성과는 약간의 거리가 있다. 자신의 목소리를 자신이 들을 경우 두개골 내에서 약간의 울림을 거친 후 듣게 되기 때문에 남에게 들리는 음성보다 약간 낮은 톤으로 인식된다.

자신의 목소리를 가꾸기 위해서는 녹음기에 자기 목소리를 녹음해서 들어보라.

대부분이 마음에 들지 않거나 깜짝 놀라고 어색해 한다. 그러나 자신의 목소리를 반복해서 들으면서 발성과 발음연습을 한다면 몰라보게 향상될 것이다.

물론 음성은 타고나는 것이라 할 수 있다. 하지만 음성도 훈련 여하에 따라 충분히 맑고, 부드럽고, 거침이 없고, 톤과 음량도 적당하고, 속도도 상대방이 듣기에 매우 적절하게 될 수 있다. 호감을 주는 매력 있는 목소리는 단지 꾸며서 나오는 것이 아니다. 깊고 풍부한 목소리가 나오도록 평소에 발음과 복식호흡을 연습해야 한다.

1) 복식호흡

스피치에서의 호흡법은 숨을 들이마시면 배가 자연스럽게 나오고 말을 할 때에는 배에 힘이 들어가는 복식호흡이 바람직하다. 그러나 현대인들은 가슴으로 얕게 숨을 쉬는 흉식호흡을 해서 빈약하고 조급한 목소리와 짧은 스피치에도 목이 쉽게 잠기는 것을 볼 수 있다. 항상 자신의 호흡을 점검하며, 복식호흡을 생활화하여 좋은 음성과 건강을 유지하도록 한다.

2) 발음연습

단어의 발음을 명확히 함으로써 듣는 고객으로 하여금 의미를 왜곡하지 않도록 한다. 정확한 발음이야말로 고객과 정보를 전달하거나 의사소통할 때 중요한 요소이다.

발음을 분명하고 정확하게 하려면 일정기간 발성연습을 하는 것이 좋다. 입을 과장되게 크게 벌리고 배에서 울리는 소리로 복식호흡을 하면서 하루 10분 이상 책을 읽으면 발음이 크게 향상될 것이다. 또박또박한 발음을 낼 수 있는 연습으로 나무젓가락을 입에 물고 책을 소리내어 읽는 방법이 있다. 이때 횡격막을 단련시켜 자연스럽게 복식호흡이 될 수 있도록 한쪽 다리를 제기 차는 포즈로 들어주고, 저 멀리 얘기한다는 기분으로 또박또박 책을 읽는다.

Exercise 발음연습

정확한 발음과 좋은 말씨는 생활 속의 예절이며 교양과 인격이기도 하다. 평소의 습관을 보면 우리의 말씨에 대한 척도를 알 수 있다. 다음을 읽어보며 발음이 정확한지 점검해 보라.

- 저기 저 콩깍지가 깐 콩깍지냐? 안 깐 콩깍지냐?
- 저기 저 말뚝이 말을 맬 수 있는 말뚝이냐? 말을 맬 수 없는 말뚝이냐?
- 저분은 백 법학 박사이고 이분은 박 법학 박사이다.
- 한영 양장점 옆 한양 양장점, 한양 양장점 옆에 한양 양장점
- 강낭콩 옆 빈 콩깍지는 완두콩 깐 빈 콩깍지고 완두콩 옆 빈 콩깍지는 강낭콩 깐 빈 콩깍지이다.
- 간장 공장 공장장은 강 공장장이고 된장 공장 공장장은 장 공장장이다.
- 신진 샹송 가수의 신춘 샹송 쇼
- 멍멍이네 꿀꿀이는 멍멍해도 꿀꿀하고 꿀꿀이네 멍멍이는 꿀꿀해도 멍멍한다.
- 우리집 깨 죽은 검은 깨 깨죽인데 사람들은 햇콩 단콩 콩죽 깨죽 죽먹기를 싫어하더라.
- 내가 그린 구름 그림은 새털구름 그린 그림이고 니가 그린 구름 그림은 뭉게 구름 그린 그림이다.

3) 효과적인 말하기 훈련법

표현을 잘하는 사람과 못하는 사람의 가장 중요한 차이는 말의 억양이나 속도에 변화를 주며 말하느냐 그렇지 않느냐이다. 처음부터 끝까지 단조롭게 표현하면 듣는 사람을 지루하게 만들고, 의미전달을 효과적으로 할 수도 없다. 음성의 강약과 고저, 그리고 완급이 잘 조화된 언어표현을 익혀야 한다.

띄어 말하기

글을 쓸 때에는 단어 중심으로 띄어 쓰지만 말에서는 그 의미나 흐름에 맞추어 어구를 한 단위로 묶어서 말하는 게 보통이다. 즉 한 어구 안에서의 낱말은 붙여서 표현하는 것이 물 흐르듯 자연스럽다는 뜻이다.

음성의 고저, 강약, 완급

신문사설 등 글을 선택하여 말의 강약, 어조의 빠르기에 변화를 주며 말하되, 읽는 게 아니라 마치 친구에게 말하듯이 자연스럽게, 천천히 그리고 약간 큰 소리로 읽는다. 문장 끝에 '있다', '없다', '것이다'를 '있습니다', '없습니다', '것입니다' 등 구어체로 바꾸어서 읽는다.

감정이입

목소리에도 자신만의 마음과 독특한 표정을 담도록 가꾸어 나가야 한다.

매번 "~하시겠습니까?"로 책을 읽는 듯한 일률적인 어투의 항공사 객실승무원, 늘 같은 톤의 "어서 오십시오"를 외치는 식당종업원, 날아갈 듯 높은 톤의 "안녕하십니까?"로 시작하는 전화교환원 등 결국 발음하는 사람의 목소리를 통해 개인의 음성 이미지가 느껴지게 된다. 이는 곧 그 사회의 이미지에도 상당히 중요한 부분을 차지한다.

"말 속에 자기를 투입하라" 데일 카네기(Dale Carnegie)의 말이다. 억양이나 속도에 변화를 주고 띄어 말하기를 한다 해도 화자가 자기의 말에 진심과 열성을 담지 않고 건성으로 말한다면 결코 듣는 사람의 마음을 사로잡을 수 없다. 말할 때 내용과 일치되는 감정을 목소리와 표정에 담아야 한다.

제3절 스피치 이미지메이킹

1. 호감을 얻는 화술

'말씨는 마음씨다.'

'말씨는 다듬어 만드는 예술품이다.'

'말은 마음을 담아내는 그릇이다.'

말은 지위나 권력을 얻는 데만 필요한 게 아니라 사교생활이나 사업에도 큰 도움이 된다. 좋은 화법을 가진 사람은 보다 좋은 인상을 줄 수 있으며, 바람직한 화법은 겉모습보다 훨씬 깊은 인상을 줄 수 있다.

예절의 실제는 마음속에 있고 그 마음을 상대방에게 인식시키는 첫 번째 방법이 말을 이용한 대화이다. 대화할 때에는 우리가 전달하려는 의사를 상대방에게 정확히 이해시킴은 물론 그 과정을 통해 친절함과 공손함이 동시에 전달되어야 한다. 그러므로 좋은 말씨의 기본 원칙은 밝고, 상냥하고, 아름답게 말하는 것이다. 하루에 말을 듣는 것이 45%, 말을 하는 것이 30%, 읽는 것이 16%, 쓰는 것이 9%라는 통계가 있다. 하루의 일과는 말로 시작되며 말로 끝난다.

말을 단지 도구로 사용하면 그것은 말장난이 되어버린다. 말씨는 마음 씀씀이의 표현으로서 상대에게 따뜻한 마음이 전달되도록 배려를 하는 것이 그 첫째 조건이다. 준비 없이 말을 하게 되면 의도하지 않게 단 한마디로 상대의 마음을 상하게 하는 경우도 있다.

고객응대 때 사용하는 언어는 곧 서비스의 수준을 나타낸다.

말씨의 포인트는 발성, 발음, 표현방법, 화제선택 등 여러 요인이 있겠으나 고객의 마음에 밝고, 상냥하고, 아름답고, 알기 쉽고, 부드럽게 다가서는 표현을 사용해야 한다.

서비스맨이 익혀야 할 화술은 웅변이나 연설이 아닌 대화술이다. 이 대화능력의 차이가 고객관계와 서비스의 결과에 엄청난 차이를 나타낸다. 유능한 서비스맨이 되기 위해서는 항상 예의에 벗어나지 않도록 하며 대화능력을 보다 다듬는 노력을 끊임없이 기울여야 한다. 말씨는 사람의 인격과 교양의 표현이다.

1) 이미지메이킹은 말하기로 시작된다

"일을 못 해도 말을 잘하면 출세한다"는 미국의 직장인들이 즐겨 사용하는 말이다. 말을 잘하면 일을 좀 못 해도 고객과 동료에게 좋은 인상을 줄 수 있지만 일을 잘해도 말을 못 하면 자기 생각을 제대로 표현하지 못해 좋은 평판을 얻기가 어렵다고 믿는 것이다.

인간관계 전문가인 제임스 F. 벤더(James F. Bender) 박사가 미국 사회를 이끌어가는 톱 리더들을 대상으로 설문조사를 했는데, 그 결과에서도 리더가 갖춰야 할 제1조건이 '스피치'였다는 것이다. 경영이론가인 피터 드러커(Peter Drucker) 박사도 인간에게 가장 중요한 능력은 커뮤니케이션 능력이며, 경영이나 관리도 커뮤니케이션에 의해서 좌우된다고 한 바 있다.

사람의 이미지를 높이는 데는 옷을 잘 입거나 외모를 잘 가꾸는 것 못지않게 말하기와 태도 등이 매우 중요한 역할을 한다. 따라서 이미지메이킹의 핵심은 커뮤니케이션 능력이라고 할 수 있다. 어떻게 말하고 쓰며, 행동하는가가 모두 커뮤니케이션이기 때문이다. 커뮤니케이션을 잘한다는 것은 단지 말을 유창하게 잘하는 것을 뜻하는 것이 아니라 말하는 사람의 의도를 정확하게 전달하는 것을 뜻한다.

눈빛, 제스처, 서 있거나 앉아 있는 태도, 억양, 목소리의 톤, 발음 및 발성, 말할 때의 옷차림, 매너 등이 모두 합해져서 말하는 사람의 의도를 전하기 때문에 이 모든 것들이 커뮤니케이션의 요소가 된다.

대화는 알고 있는 단어를 나열하는 것이 아니라 다듬어 만드는 예술품과 같다. 같은 말을 하더라도 그 사람이 마음에서 우러나오는 말씨에 따라서 상대의 반응이 달라지며, 이 대화를 통해서 서로의 인격과 성품을 알 수 있게 된다.

대화에서 중요한 요소는 정중한 태도, 정확한 전달, 성의 있는 경청이다.

2) 효과적인 커뮤니케이션

커뮤니케이션 능력은 하루아침에 길러지지 않지만 다음의 몇 가지 방법만으로도 이미지를 크게 개선할 수 있다.

첫째, 내가 말하는 내용을 상대편이 왜 들어야 하는지를 생각해 본 후에 말한다. 내가 이 사람이라면 나의 말을 기꺼이 들을 것인지를 생각해 본 다음에 말을 한다면 말할 때마다 상대편 입장에 서서 말할 수 있을 것이다. 말이란 하는 사람을 위한 것이 아니라 듣는 사람을 위한 것이기 때문이다.

둘째, 정확한 발음으로 분명하게 말한다. 발음을 불분명하게 말하면 처음 한두 번은 다시 한 번 말해 달라고 요청할 수 있지만 반복되면 제대로 알아듣지 못하고도 미소로 애매하게 답하게 된다. 만약 그때 한 말이 중요한 말이었다면 오해의 불씨가 될 수도 있다.

셋째, 말하는 자세와 태도 등 비언어적(Non-verbal) 커뮤니케이션 요소가 이미지를 결정한다. 상대편이 열심히 말하는 동안 다른 곳에 신경을 쓰면 말하는 사람은 무시당한 느낌을 받게 되어 불쾌해진다. 말하는 동안에 필요 이상으로 고개를 끄덕이거나 손장난을 하는 등 불필요한 행동을 하는 것도 말의 내용에 무게가 실리지 않아 좋은 인상을 주기 어렵다.

말의 내용이 진지해도 태도가 바르지 못하면 상대편에게 좋은 이미지를 줄 수 없다. 효과적인 커뮤니케이션을 위한 음성, 발음, 보디랭귀지 등을 향상시키기 위해 우선 나 자신의 말하는 스타일을 아는 것이 시급하다.

다음 질문을 통해 객관적으로 자신을 평가해 보라. 아니면 주위 사람들에게 솔직하게 평가해 달라고 해보라.

- 자기 얘기만으로 상대방의 관심을 끌려고 독점하지 않는가.
- 상대방에게 얘기할 기회를 주는가.
- 느낌을 전달하고 배려와 관심을 표현하는가.
- 솔직하게 얘기하는가.

- 얘기할 때 감정이입을 하는가.
- 상대방의 기분을 생각하는가.
- 미소 짓고 활기차게 얘기하는가.
- 다른 사람들의 관심을 자극할 만한 화젯거리가 풍부한가.
- 말을 너무 많이 하지 않는가.
- 장황하게 설명하기를 좋아하는가.
- 언제 끝내야 할지 아는가.
- 조리 없이 횡설수설하지 않는가.

3) 긴장을 풀고 대화한다

고객과의 대화에서 가장 중요한 부분은 바로 고객의 마음을 얻는 것이다. 그러나 첫 만남에서 상대의 마음을 읽기란 쉬운 일이 아니므로 너무 조급하게 생각하지 말고 스스로 긴장을 풀고 침착하게 말한다.

비즈니스 상황에서 가장 실수하는 부분이 어떻게 해서든지 자신의 고객을 만들고자 여러 가지 상품에 대한 정보를 늘어놓는 경우이다. 그래서 고객이 부담을 느끼는 것이다. 대화를 하기에 앞서 고객과 눈맞춤을 자주 하도록 노력하고 부드러운 미소로 표정관리에 조금만 신경 쓴다면 서로 긴장은 풀리게 마련이다.

"어서 오십시오. 고객님, 무엇을 찾으십니까?"

"아직 모르겠습니다."

"이번에 신상품이 나왔는데 한 번 보시겠어요?"

"이 상품은…"

"그게 아니고요, 제가 천천히 살펴볼게요."

누구나 한 번쯤 위와 같은 상황을 겪었을 것이다. 그냥 별 무리 없이 대화를 하는 것같아 보이지만 80% 이상의 사람들은 그저 구경만 하고 그 매장을 나왔을 가능성이 높다.

첫 만남에서 시작되는 불과 몇 마디의 대화, 이젠 고객과의 대화에도 고객에 대한 서비스 차원의 스킬이 필요하다. 가장 편안한 대화에서 고객은 친근감을 느끼며, 그 친근감이 형성될 때 비즈니스가 성립되는 것이다.

4) 고객을 리드한다

고객이 테이블에 앉는 위치까지 생각하며 자유자재로 이야기할 수 있는 분위기를 연출해야 한다. 그리고 고객의 이야기가 엉뚱한 방향으로 흐르지 않도록 도와야 하며, 너무 이야기가 길어지거나 할 경우엔 상황에 맞게 끊을 수 있어야 한다. 이 부분이 너무 어렵다면 이야기 도중에 긍정적인 제스처와 함께 본인이 끌어가고자 하는 내용으로 자연스럽게 질문을 던지면 된다. 그럼 상대방은 긍정적인 제스처를 했기 때문에 자신의 이야기를 잘 받아들였다고 생각하게 될 것이다.

무엇보다도 상대의 스타일을 파악하여 그에 대응할 수 있는 능력이야말로 세련된 응대기술이다. 세련되고 친근감 있는 대화는 상대의 눈과 마주친 상태에서 미소 띤 얼굴과 맑고 밝은 목소리로 이루어진다. 또한 상대방(고객)의 목소리 톤에 맞추는 것도 응대기술의 하나이다.

5) 유머가 경쟁력이다

서비스맨이라면 상황에 맞는 화제를 재빨리 알아채야 한다. 상황에 따라 서먹해지기 쉬운 분위기를 친밀감 있고 부드럽게 바꿀 줄 알아야 한다. 이를 위해서 평소 상대방에 대한 관심, 그리고 다양한 방면으로 풍부한 경험과 지식이 구비되어 있어야 한다. 그래야만 고객의 수준과 취향에 맞는 화제를 끌어낼 수 있다. 단, 지나친 유머나 우스갯소리로 고객이 불쾌감을 느끼지 않도록 유의한다.

6) 칭찬은 고래도 춤추게 한다

칭찬과 관심은 상대방의 기분을 좋게 하고 사고력까지 마비시킨다. 상대방에게서 좋은 인상이나 장점을 발견하면 미루지 말고 그 자리에서 어색하지 않게 칭찬해주는 법을 연습할 필요가 있다. 그에 따라 나에 대한 상대방의 이미지가 달라질 수도 있다.

칭찬이야말로 고객에 대한 배려이며 관심이다. 다만 진심에서 나오는 칭찬이어야 한다. 유효적절한 칭찬의 기술을 터득한 사람이야말로 서비스맨의 자질이 충분하다.

개인적인 상황이나 의사소통 내용 등 고객을 칭찬하기 위한 기회를 찾아라.

이를 위해서 고객이 말하는 것을 잘 듣고 공통으로 가지고 있는 특별한 관심사들을 찾아라. 맞장구를 치며 고객의 화제에 호응하라. 수긍하고 질문하고 동의해라.

예를 들어 "지금 ㅇㅇ지방에서 막 돌아왔다"고 말하는 고객이 있다면 "네, 아주 좋은 곳에 다녀오셨군요." 하고 그 지방에 관해 공통점을 찾아 대화를 이끌 수 있을 것이다. 이로써 고객과 결속되고 고객에게 가지는 관심에 만족해 할 것이다. 때로는 고객에게 듣기 좋은 말을 하는 것도 좋다. "향수 냄새가 좋은데요", "넥타이가 잘 어울리십니다" 등등 얼마나 무궁무진한가? 호감과 감사를 말로 표현하라.

칭찬을 받아들인다는 것은 어색할 수도 있다. 상대방의 칭찬에 대해 찬사의 말로 응답할 필요는 없다. 상대방이 나의 넥타이 또는 옷에 대해 칭찬할 때 미소 지으며 "그렇게 봐주셔서 감사합니다" 또는 간단히 "감사합니다"라고만 응답하면 된다. 때로는 조금 당황스러워서 뭔가 그럴듯한 대답을 해야 할 것 같은 생각에 "이거 오래된 건데요!"라고 응답한다면 어떤 면에서는 상대방의 찬사를 거부한 것이 된다. 칭찬받는 것도 연습이 필요하다.

2. 대화의 기술

1) 먼저 자신을 소개하라

대화의 시작은 먼저 자신의 이름부터 정확히 말하는 것이다.

"반갑습니다. 저는 ㅇㅇㅇ입니다."

"안녕하세요. 저는 ㅇㅇㅇ라고 합니다."

대상이 누구든, 만나서 얘기하든지 전화로 얘기하든지 자신의 이름을 우선 밝히는 데 주저하지 마라. 이는 대화의 시작이며 기본적인 예의이다.

2) 간단하고 알아듣기 쉽게 말하라

고객을 대할 때 전문적인 지식이라면 쉽게 이해되는 용어와 표현을 사용하라. 피드백의 질문을 자주 하며 고객의 비언어적 신체언어를 관찰하라. 만약 전화 통화 중이라면 고객이 이해하지 못하는 경우 질문할 수 있는 여유를 주며 귀를 기울여야 한다. 이는 고객으로부터 들은 메시지를 반복함으로써 확인할 수 있다. "말씀하신…"

단어선택은 메시지 전달과 판단의 중요한 요소가 된다. 사용하는 단어와 구사하는 방법으로 인해 효율적인 의사소통을 촉진시키거나 떨어뜨릴 수 있다. 앞서 메시지 의미의 7%가 단어에서 기인한다고 했듯이 특수용어나 복잡한 전문용어를 사용할 경우 고객을 화나게 하거나 실망시킬 수 있다.

항공기 내에서 승무원의 다음과 같은 표현은 어떠한가?

"특별히 손님은 Bulkhead Seat을 배정했습니다."

"항공기 좌석은 No Show에 대비해서 Overbooking을 하고 있음을 양지하시기 바랍니다."

그 외에도 무의식적으로 사용하는 속어나 은어는 절대 피해야 한다. 속어나 은어는 듣는 이로 하여금 어느 정도 주의를 끌게 만드는 특성이 있으나 말하는 이의 품위를 떨어뜨리고 말 속에 포함된 진정한 의미의 전달에 실패하기 때문이다.

3) 부드럽고 상냥하되 자신 있고 명확하게 말하라

"그런 것 같습니다." vs "그렇습니다."

어떤 차이가 느껴지는가? 두 말 모두 의미전달에 별 차이가 없더라도, 상대방이 받아들이는 정도에는 큰 차이가 있다. 서비스맨이라면 자신 있게 그리고 강하게 느껴지는 "그렇습니다", "우리 제품은 다릅니다", "좋습니다" 등의 말을 사용해야 겠다.

고객의 질문에 "좋다고 생각합니다", "좋을 것 같습니다" 등과 같이 말한다면 믿음을 줄 수 없다. 자신의 말과 자사의 제품에 대해 자신 있게 말할 수 없는데, 고객이 그 제품에 흥미와 관심을 가질 수는 없는 법이다.

자신 있는 끝맺음은 고객에게 강한 인상을 남기고, 제품에 대한 신뢰를 갖도록 하며 자신에게는 만족을 가져온다.

말끝을 흐리지 말고 단호하게 말하라

단호함은 자신감 있게 생각을 표현하는 것을 말한다. 예를 들면 손과 발을 바르게 한 자세로 상대방의 눈을 보고 미소 지으며 대화에 몰입하는 것이다.

목소리는 조용하고 안정적으로 하라

말할 때의 속도와 높이에서도 지적이며 언행에 믿음이 가는 인물로 보일 수 있다. 빠르지 않은 속도와 낮은 톤으로 말하는 것이 좋다. 같은 말을 하는데도 어떤 이미지를 주느냐에 따라 성공의 여부가 달려 있다.

발음을 분명하게 한다

- 서비스맨이 비용, 날짜, 세부사항 등의 정보를 전달할 때 특히 상품설명이라면 더욱 구체적이고 명확하게 말한다.
- 숫자를 즐겨 사용하라. 숫자는 전달하려는 내용을 보다 쉽고 빠르게 설명할 수 있게 하며, 설득력을 가지게 한다. 몇 퍼센트 절감효과를 가져오는지, 몇 배의 생산성 향상을 볼 수 있는지, 숫자를 사용하는 습관을 들이는 것이 좋다. 그런 습관이 고객의 눈과 귀를 서비스맨의 입으로 향하게 하고, 훨씬 더 고객에게 신뢰감을 준다. 고객을 앞에 두고 뜬구름 잡기식의 추상적이고 일반적인 이야기를 한다면 그 고객을 붙들어놓을 수 없으며 아마 본론으로 들어가기 전에 고객은 집중하고 있지 않을 것이다. 고객은 제품을 구매함으로써 얼마나 비용을 절감할 수 있는지, 또는 어느 정도 효과가 있는지 등의 구체적인 설명을 듣고 싶어 한다.

4) 보디랭귀지도 잘 사용하면 효과적이다

음성만큼이나 말을 할 때 상대방의 주목을 끄는 것이 바로 손짓, 눈빛 등의 긍정적인 제스처인 보디랭귀지라 할 수 있다. 흔히 말을 하면서 손을 흔드는 사람을 볼 수 있는데 이 같은 보디랭귀지는 상대방의 시선과 정신만을 산란하게 할 뿐 자신의 이미지를 호감 있도록 형성하는 데는 전혀 도움이 되지 않는다. 하지만 보디랭귀지를 도외시해서만은 안된다. 몸의 움직임을 어떻게 하느냐에 따라 보다 진지하고 자신감 있게 보일 수 있기 때문이다. 따라서 보디랭귀지를 효과적으로 사용하면 의미를 명확히 할 수 있을 뿐만 아니라 대화를 활기 있게 하고 다른 사람이 자기 자신에게 더욱 깊은 관심을 보이도록 할 수 있다. 그러나 말하고자 하는 내용과 상반되는 몸의 움직임은 오히려 하지 않느니만 못하다고 할 수 있다.

5) Service Speech : I Message, You Message

'나의 마음'을 전달하라.

고객에게 말을 할 때 '나' 혹은 '우리'가, '고객을 위해' 혹은 '고객과 함께' 할 수 있는 것에 초점을 맞추어라. "손님이…" 하는 단어는 도전적으로 들릴 수 있다. 반면 "저는…" 하는 단어는 책임의식이 있게 들린다.

"손님이 모르셨군요"라는 말보다 "제가 미리 말씀드리지 못해 죄송합니다"라는 식으로 도전적인 자세를 취하지 않고 문제를 해결하는 태도로 고객의 불만을 해소시킬 수도 있다.

흔히 부부 사이에서 대화를 할 때도 나 전달법(I Message)을 사용해야 한다고 한다. "일찍 들어와!(명령형)"라는 표현은 유 전달법(You Message)이며 대화가 단절되는 화법인 반면, "당신 좋아하는 찌개 끓여 놓을게요(호소형)"는 나 전달법(I Message)으로서 이해와 사랑의 표현으로 느껴진다.

또한 극장이나 음악회 등 줄을 지어 입장해야 하는 장소에서 "줄 서세요"라고 지시하기보다 "차례대로 모시겠습니다"라는 표현으로 고객을 유도하는 말의 기술이 필요하다.

나 전달법은 나의 입장에서 느끼는 것을 상대방에게 말하는 것으로 "나는 ~를 하는 게 좋을 것 같다"라고 전달하게 된다. 반면 '유 전달법(You Message)'은 상대방을 화자로 삼아 "너 때문이야", "너는 왜~"라는 말로 상대에 대한 불만을 이야기하는 경우가 많다. 유 전달법이 아니라 차분하게 마음을 가라앉히고 "그런 말을 들으니까 나는 섭섭하다" 등으로 자신의 마음을 표현해야 한다.

무언가 상대방을 도와주고 싶은 마음이 든다면 "내가 해줄게"라고 하기보다 "내가 도와줄까?" "필요하면 내게 도와달라고 말해"라고 표현하는 것이 바람직하다.

6) 단 한마디도 주의 깊고 세심하게 한다

고객으로부터 무언가 부탁을 받으면 "네." 하고 소극적인 응대를 하기보다는 "네, 곧 갖다드리겠습니다"라고 자신감 있게 말하는 것이 고객입장에서 볼 때 신뢰감이 든다.

또 준비시간이 지체될 경우에는 "죄송합니다만 지금 준비 중이오니 5분 정도 기다려주시겠습니까?" 등으로 정확하게 안내할 수 있어야 한다.

고객이 기다리는 시간은 같으나 서비스맨의 주의 깊은 말 한마디로 고객이 기다리는 시간은 길게 느껴질 수도, 아주 짧게 느껴질 수도 있을 것이다. 또한 이러한 고객응대 말씨는 고객에게 서비스맨의 세심한 준비성을 일깨워 사소한 것에서부터 서비스를 더욱 신뢰하게 만드는 계기가 될 수 있다.

단 한마디가 달라도 고객이 받는 인상은 크게 달라질 수 있는 것이다. 작은 일에서부터 '항상 무엇에든 책임을 지고 틀림이 없다'는 확신으로 고객에게 좋은 이미지를 보여주어야 한다.

직장에서 상사의 질문에 간단히 대답하는 경우에도 충실하고 유능한 이미지를 보여줄 수 있다. "네", "아니요"뿐인 단순한 대답보다는 일의 진행이나 결과에 대한 상황을 설명하는 것이 바람직하다.

7) 부정어는 긍정어로, 부정문은 긍정문으로 고쳐서

긍정적인 단어를 최대한 많이 사용하게 되면 상대방에게 좋은 인상을 심어줄 수 있다.

무언가를 사러 나가서 "그 상품은 품절되었습니다. 없습니다"라는 부정적인 대답을 듣는 것보다 "지금은 없습니다만, 창고에 재고가 있는지 알아보고 오겠습니다" 등의 적극적인 말을 듣게 되면 설령 상품이 없어도 일단 기분이 나쁘지 않다. 또 "마침 같은 상품은 없지만 대신에 이 상품은 어떠십니까?"와 같은 방법으로 대안을 제시하는 것도 한 가지 방법이다.

"없습니다", "안됩니다", "그렇게 해드릴 수는 없습니다" 등의 부정문은 고객의 기대를 한순간에 어긋나게 해버린다.

"지금은 바빠서 안돼요"라는 표현보다는 "죄송합니다만, 급한 일을 먼저 처리하고 20분쯤 후에 해드려도 괜찮으시겠습니까?"

"신분증 없으면 안돼요"는 "이 업무를 처리하려면 반드시 신분증이 필요합니다"라는 긍정표현을 사용한다.

바람직한 표현

일상 표현	바람직한 표현
그건 안되는데요.	죄송합니다만, 말씀하신 것은 곤란합니다. 다른 방안이 있는지 곧 알아보겠습니다.
지금 안 계십니다.	지금은 안 계십니다만, 3시 이후에는 들어오실 예정입니다.
그건 제가 잘 모르거든요.	--건은 ○○부서에서 담당하고 있습니다. 제가 담당자를 안내해 드리겠습니다.

8) 긍정적으로 말하라

질문의 용어도 주의 깊게 선택하여 부정적인 느낌을 주는 질문은 피한다.

'왜'라는 질문은 도전적으로 들릴 수 있고, 부정적 감정의 반응을 촉진시킬 수 있다.

"왜 그렇게 하시죠?"는 "무엇 때문에…", "어떤 다른 일이 있으신가요?"로 "…라고 생각지 않으세요?"는 "…을 어떻게 생각하시나요?"라고 표현하는 것이 바람직하다.

어떤 경우라도 될 수 있는 한 부정문을 사용하지 않는 것은 고객에게 최선을 다한다는 성실성으로 비춰진다.

다음의 두 가지 표현 가운데 어느 쪽이 더 마음에 드는가?

"나는 네가 좋지만 조금 싫은 점도 있어."

"조금 싫은 점도 있지만 나는 네가 좋아."

아마도 두 번째가 더 마음에 들고 기분이 좋을 것이다. 이처럼 긍정적인 말과 부정적인 말을 함께 사용해야 할 때에는 먼저 부정적인 말을, 나중에 긍정적인 말을 사용해야 다른 사람에게 호감을 줄 수 있다.

긍정적인 표현

부정적인 문장	긍정적인 문장
또 늦었네요. 어디 계셨어요?	다음에 늦으시게 되면 미리 알려주시겠습니까?
미안합니다. 손님에게 맞는 사이즈로는 파란색이 없네요.	저희는 손님에게 맞는 사이즈로 분홍색, 녹색, 자주색 등이 다양하게 있습니다.

9) 명령문은 의뢰형이나 청유형으로 고쳐서

레스토랑에 가서 음료수나 식사를 주문할 때 "와인!", " 스테이크!" 등의 단어만으로 주문하는 경우가 있다. 또는 같은 방법으로 외국의 레스토랑에서도 "Water!", "Beer!" 등의 단어만으로 말하기도 한다.

사람은 누구나 자신의 의지로 움직이고 싶어 하며 타인으로부터 지시나 명령을 들으면 마음속에 저항감이 생긴다. 어디까지나 결정권은 고객에게 맡기도록 하며, 필요한 경우 의뢰형 문장으로 지시를 부드럽게 할 수 있다. 서비스맨으로서 고객을 응대할 때 "부탁합니다, Please" 등의 한마디를 붙이는 것만으로도 고객과의 대화가 부드러워질 수 있다.

즉 고객에게 '어떻게 하라, 하세요' 등의 명령형의 말보다 '~해 주시겠습니까?', '~해 주시기 바랍니다', '~해 주시면 감사하겠습니다' 등의 의뢰형이나 서비스맨이 '어떻게 해주겠다'는 적극적인 응대의 화법을 사용하는 것이 좋다.

Exercise

다음 대화문을 긍정적인, 바람직한 대화문으로 바꾸어 적어보라.

- 무슨 용건이세요?
- 잠깐만요.
- 지금 자리에 없습니다.
- 이쪽으로 오세요.
- 다시 한 번 말해 주세요.
- 필요한 거 없어요?
- 글쎄요, 확실치는 않습니다.
- 손님은 이해할 수 없겠지만…
- 손님이 틀렸습니다. 실수하셨습니다.
- 이해하시겠어요?
- 안됩니다.
- 손님의 문제는….
- 내 말 좀 들어보세요.
- 손님은 …을 했어야 했습니다.
- 그것은 나의 일이 아닙니다.
- 우리는 …을 금지합니다.
- 나는 …을 할 수 없습니다.
- 손님은 …을 해야만 합니다.

10) 경어를 올바르게 사용하라

상대방을 높이는 경어 표현은 자신의 인격을 돋보이게 한다. 존경어는 상대방과 관계있는 사물에 대한 존댓말로서 상대방을 자기보다 높은 위치에 두고 경의를 나타내는 경우이며, 겸양어는 나와 관계있는 사물에 대해 낮추어 표현하는 말이다.

'차 마시세요'라는 소리보다는 '차 드시겠습니까?'라는 소리가 듣는 사람의 기분을 훨씬 좋게 할 것이다. 경어는 바로 '나를 중요하게 여겨준다', '나에게 경의를 나타내준다'라는 느낌을 받기 때문이다.

그러나 간혹 경어를 전혀 사용할 줄 모르거나, 잘못 사용하여 자신을 높이고 상대를 낮추어 말하는 경우도 볼 수 있다.

"제가 말씀하신 걸 잊으셨군요."

"저 어린아이에게 여쭤보시죠."

경어를 올바르게 사용하기 위해서는 TPO에 따라 어떤 경어가 어울리는지를 재빨리 알아차려 적절한 말을 쓸 수 있도록 평소에 아름다운 말을 쓰겠다는 생각을 가지고 생활화하는 것이 중요하다.

또한 자연스럽게 경어를 사용하는 것도 중요하다. 매번 문장마다 "…입니다. …습니까, 하십시오"를 연속적으로 말하다 보면 듣는 사람으로 하여금 기계적인 딱딱한 느낌과 함께 부담을 줄 수도 있다. 경어를 구사하되 "…그렇지요. 네, 알겠습니다." 하는 식으로 자연스럽고 조화롭게 부드러운 표현으로 사용하는 것이 좋다.

경어를 품위 있고 정중하게 구사하여 고객과 기분 좋은 커뮤니케이션을 가질 수 있다면 정말 멋진 서비스맨이 될 수 있을 것이다.

바람직한 경어표현

바람직하지 못한 경어	바람직한 경어
같이 온 사람	같이 오신 분
무슨 일이죠.	무엇을 도와드릴까요?
누구예요?	어느 분이십니까?
자리에 없어요.	잠시 자리를 비우셨습니다.
전화하세요.	전화 부탁드립니다.
또 오겠습니까?	다시 한 번 들러주시겠습니까?
모릅니다. 모르겠는데요.	죄송합니다만 잘 모르겠습니다.
안됩니다.	죄송합니다만 곤란합니다.
설명하겠습니다.	설명드리겠습니다.
함께 가겠습니다.	모시고 가겠습니다.
말하겠습니다.	말씀드리겠습니다.

사물존칭

우리말에서 물건은 높임의 대상이 아니므로 '커피 나오셨습니다' '만원이십니다' 등과 같은 표현은 옳지 않다. 그 외 '가실게요' '앉으실게요' 등 '-ㄹ게요'는 말하는 사람이 어떤 행동을 할 것이라는 약속이나 의지를 나타내는 것이므로 행동의 주체가 자신인지 상대인지 모호하고 어색한 표현이다.

간접존대

높여야 할 대상의 신체부분, 성품, 심리, 소유물과 같이 주어와 밀접한 관계를 맺고 있는 대상을 통해 주어를 간접적으로 높이는 방법으로 '눈이 크시다' '걱정이 많으시다' '넥타이가 멋있으시다' 등으로 사용한다.

11) 경어 사용보다 서비스맨의 정중한 태도가 더욱 중요하다

아무리 경어를 잘 사용해도 로봇처럼 무표정으로 반복하는 형식적인 말씨나 일의 절차를 서둘러 처리하는 듯한 위압적인 말투는 오히려 역효과를 줄 수 있다. 고객에게 친근함이나 경의를 느끼게 하는 데에도 요령이 필요하다. 우리가 타인과 얘기할 때 상대방의 말만 듣고 있는 것은 아니다. 말과 함께 상대방의 태도나 표정, 몸짓 또는 어조 등으로부터 그 사람의 마음을 직접 느끼고 분별하고 있는 것이다. 고객의 눈을 보지 않았다든지 책을 읽는 것 같은 억양으로 귀찮다는 듯이 말한다면 비록 경어를 쓰고 있다 해도 고객에게 불쾌감을 주게 된다. 경어는 말하는 사람의 태도와 하나가 될 때 비로소 그 힘을 발휘할 수 있다.

12) 고객을 호칭하라

자신을 알아주는 서비스가 가장 좋은 서비스라는 통계결과가 있다. 또한 고객을 호칭하는 것은 고객과 공감대를 형성하는 데 좋은 방법이 될 수 있다.

고객을 부를 때 적합한 호칭을 사용해야 한다. 호칭은 친근감과 존경을 표시한다.

직함을 알고 있는 경우 함께 붙여 사용해야 하며, 보편적인 호칭은 성에다 직함을 붙여서 "김 교수님" 같은 방식이 무난하다.

호칭을 계속 반복해서 해야 될 경우 성은 생략해서 '교수님'이라 칭해도 무방하다. 대화 중간에 호칭을 사용하여 친근감을 표현해 보라.

그리고 정확한 호칭을 사용할 수 없을 때에는 외국인의 경우 남자는 'Sir', 여자는 'Ma'am'이 무난하다. 내국인의 경우는 '선생님, 여사님, 손님' 등의 호칭을 사용한다.

13) 자신의 언어를 표현하라

상대의 마음속에 스며드는 진실된 자신의 언어로 상대방에게 말할 수 없으면 능력 있는 서비스맨이라고 할 수 없다.

어느 외국인 저널리스트가 한국인들의 인사에 관해서 이런 것을 지적한 바 있다. 한국 사람들의 인사는 너무나 틀에 박혀 있어서 만날 때에는 '안녕하세요', '반갑습니다', 헤어질 때면 '안녕히 가십시오'라는 상투적인 인사말만 되풀이하고 있다는 것이다. 그보다 상대의 그날의 스케줄을 의식하여 좀 더 구체적으로 마음 써주는 말을 하는 것이 어떨까? "회의가 잘되었으면 좋겠네요" 혹은 "이번 주말 여행 잘 다녀오세요"와 같이 말에 변화를 주어 대화를 나누는 것이 바람직하다. 이처럼 항상 판에 박은 듯 똑같지 않고 그 사람이나 장소에 적합한 매력적인 인사말이나 표현방법을 찾아서 자신의 언어로 말해 배려해 주는 대화법이야말로 상대를 기분 좋게 하는 기술이다.

14) 부드럽고 세련된 쿠션(Cushion) 언어

“저기…”라든지 “여보세요…” 등으로 말을 하고 싶은 것을 “실례합니다만…, 죄송합니다만” 등으로 말하기 시작하면 우아함이 있는 말 붙임이 가능하다. 영어에는 ‘Excuse me’라고 하는 편리한 단어가 있다.

특히 고객의 욕구를 채워주지 못할 때, 안된다고 해야 할 때, 부정해야 할 때, 부탁할 때에는 대화의 첫 부분에 쿠션을 줄 수 있는 말을 덧붙여 표현한다. ‘죄송합니다만’, ‘번거로우시겠습니다만’, ‘실례합니다만’, ‘바쁘시겠습니다만’, ‘괜찮으시다면’, ‘불편하시겠지만’, ‘양해해 주신다면’ 등의 쿠션 언어는 뒤에 따라오는 내용을 부드럽게 연결시키고 보완하는 윤활유가 된다. 이 같은 쿠션 언어를 이용해 부드럽고 품위 있게 고객을 응대할 수 있다.

15) 효과적인 Pause와 침묵

대화에서 말을 잠시 쉬는 것은 어떻게 이용하느냐에 따라 긍정적이거나 부정적일 수 있다.

대화 중 적당한 시간 동안 말을 쉬는 것은 긍정적인 견지에서 고객이 서비스맨의 메시지에 대해 반응할 시간을 이용하게 되는 것이다. 반면 오랜 시간 말을 쉬는 것은 무성의한 응대로 느껴져 상대를 화나게 할 수 있다.

침묵은 다른 것들보다 더 생산적으로 많은 방면에서 이용될 수 있는 무언의 의사소통 형식이다. 신체 언어들을 사용함으로써 동의하거나 포용한다는 것을 나타낼 수 있는 반면 비언어적 행동과 침묵이 결부될 경우 반항심이나 무관심이 될 수 있으므로 이는 오히려 고객과의 관계를 손상시킬 수 있다.

3. 고객과의 대화 시 유의점

1) 고객의 의견에 선별해서 동의하라

사람은 누구나 다른 사람들이 자신에게 동조해 주기를 바라므로 그 상황이나 얘기 중에 동조할 수 있는 점을 찾아야 한다. 고객과 의견대립을 하기보다는 그 얘기 중에 긍정할 수 있는 부분을 찾는 것이 중요하다. 비록 고객의 말이나 감정에 다른 함축된 뜻이 있더라도 제한적인 부분만이라도 동의를 해서 그 고객을 확신시키도록 하라. 이때 고객과의 대화의 흐름을 놓치지 않도록 유의한다.

또한 자신의 의견을 말하기 전에 상대방이 어떻게 느낄까를 먼저 생각해야 할 것이다. 무심코 한 말이 상대방의 감정을 자극하기도 하고 상대방의 입장을 나름대로 해석하여 원하지 않는 대화로 이끌게 되는 경우가 있기 때문이다.

2) 초면에 사적인 이야기를 하지 않도록 해야 한다

느닷없이 "결혼하셨습니까?"라는 사적인 문제를 초면에 태연하게 묻는 경우가 있다. 그것보다는 오히려 즐거운 농담 하나라도 소개하는 것이 '재치 있는 멋진 사람이군'이라고 생각하게 할 것이다.

초면에 "○○대학 출신으로…", "옛날에는…" 하면서 과거 자신의 경력을 끝없이 말하는 사람, 또는 유명인을 열거하여 이러한 사람을 알고 있다고 자만하는 타입, 그리고 자신의 친척, 연고가 있는 사람의 이야기로 끼리끼리 뭉치는 사람도 많다. 이런 식으로 말하기 시작하면 상대방은 이미 "아, 네…." 하고 듣고 있을 수밖에 없다.

이야기할 때에는 상대방과 상황을 잘 판단해서 화제의 제공은 반드시 서로 주고받는 것으로 한다.

최근 자신이 감격했던 일이나 멋지다고 생각했던 일, 즐거운 화제선택을 하되 이런 일은 싫고 그 사람이 이렇게 말했다 등 자신의 일, 상급자, 동료, 다른 고객들에 대해 불평하는 등 만남의 시간을 남의 이야기로 낭비해 버리는 것은 바람직하지 못하다.

대화의 시작부터 사람을 불유쾌하게 만들어버리는 것은 말씨 이전의 중요한 문제가 된다. 신체에 관한 것, 병력, 나이, 종교, 결혼, 수입 등의 사적인 화제는 피하는 것이 좋다.

회화를 풍요롭게 하는 화제 찾는 방법

- 자신이 체험한 것은 무엇보다도 큰 설득력이 있으므로 적극적인 자세와 태도로 생활의 범위를 넓히도록 한다.
- 자신의 감성 안테나를 언제나 펼쳐놓고 사소해 보이는 일상사에도 마음을 감동시키는 이야깃거리나 지식이 들어 있으므로 놓치지 않는다.
- 매스미디어는 화제의 보고이다. 조간신문 하나에도 단행본 한 권에 가까운 활자가 들어 있으므로 늘 가까이한다.

3) 대화를 종결시키는 어구를 사용하지 않는다

고객과의 대화를 부정적인 상황으로 몰고 가는 가장 나쁜 방법은 대화를 종결시켜 버리는 것이다.

대화의 종결요인에는 화자의 말을 즉시 중단하게 만드는 단어나 어구가 포함된다. 고객과의 대화를 종결시키는 다음과 같은 어구는 삼가야 한다.

- 말도 안됩니다.
- 그러니까 손님이 잘못하신 것이지요.
- 다른 사람들도 손님이 틀렸다고 합니다.
- 손님의 경우는 그럴 수 없습니다.
- 손님이 이해를 잘 못하신 것 같습니다.
- 손님이 그런 말씀을 하시면 곤란하지요.
- 지금 제겐 결정권이 더 이상 없습니다.

바람직하지 못한 대화법

- 신선미가 결여된 화제
- 상대방이 꺼리는 화제
- 남의 소문이나 험담
- 자기 얘기만 쉬지 않고 계속 이야기함
- 쉬지 않고 계속 이야기함
- 말끝을 흐리는 대화
- 전문용어, 외래어의 빈번한 사용
- 너무 낮거나 높은 음색, 음량
- 말버릇
- 과장된 제스처
- 유행어의 남발

4) TPO에 따라 센스 있고 공손한 말씨를 써야 한다

고객을 맞이할 때

- 어서 오십시오, 어서 오세요.
- 안녕하십니까? 안녕하세요?
- 어떤 일로 오셨습니까?, 무엇을 도와드릴까요?

고객의 용건을 받아들일 때

- 네, 잘 알겠습니다.
- 네, 손님 말씀대로 처리해 드리겠습니다.

고객에게 감사의 마음을 나타낼 때

- 찾아주셔서 감사합니다.
- 항상 이용해 주셔서 감사합니다.
- 멀리서 와주셔서 감사합니다.

고객에게 질문을 하거나 부탁할 때

- 괜찮으시다면, 연락처를 말씀해 주시겠습니까?
- 실례지만, 성함이 어떻게 되십니까?
- 번거로우시겠지만, 제게 말씀해 주시겠습니까?

고객을 기다리게 할 때

- 죄송합니다만, 잠시만 기다려주시겠습니까?
- 책임자와 상의해서 곧 처리해 드리겠습니다.

고객 앞에서 자리를 뜰 때

- 잠시 기다려주시겠습니까?
- 5분만 기다려주시겠습니까?

고객으로부터 재촉 받을 때

- 대단히 죄송합니다, 곧 처리해 드리겠습니다.
- 대단히 죄송합니다. 잠시만 더 기다려주시겠습니까?

고객을 번거롭게 할 때

- 죄송합니다만….
- 대단히 송구스럽습니다만….
- 번거롭게 해드려서 죄송합니다.

고객이 불평을 할 때

- 죄송합니다. 다시 확인해 보겠습니다, 잠시만 기다려주시겠습니까?
- 네, 옳으신 생각이십니다만….

고객에게 거절할 때

- 정말 죄송합니다만….
- 정말 미안합니다만….
- 말씀드리기 어렵습니다만….

상급자와의 면담을 요청받을 때

- 실례지만, 누구시라고 전해 드릴까요?
- 실례지만, 어디시라고 전해 드릴까요?

용건을 마칠 때

- 대단히 감사합니다.
- 오래 기다리셨습니다. 감사합니다.
- 바쁘실 텐데 기다리시게 해서 정말 죄송합니다.

5) 동작에 대응한 말이 금방 나올 수 있도록 훈련을 해야 한다

고객과 스쳐가며 부딪혔을 때

- 실례했습니다. 죄송합니다.

고객 뒤를 지나갈 때

- 실례하겠습니다. 뒤로 지나가겠습니다.

고객의 뒤에서 말을 걸 때

- 실례합니다.

입구나 출구, 엘리베이터 등에서 고객과 맞부딪힐 때

- 실례했습니다. 먼저 가십시오.

고객에게 물건을 넘길 때

- 여기 있습니다.

물건을 가리킬 때

- 저쪽에 있습니다, 이쪽에 있습니다, 계단을 올라가서 우측에 있습니다(손의 동작도 함께).

Exercise Communication 호감도 체크

등을 쭉 펴고 몸 속의 오감을 움직이며 상대의 말에 열심히 귀를 기울이고 상대방의 입장에서 생각하여 아름답고 성실한 말씨를 쓰고 있다면 상대방에게 바람직한 인상을 줄 수 있다. 매일같이 이루어지는 상대방과의 대화 속에서 주위 사람들과의 달라진 인간관계를 발견할 수 있을 것이다.

다음 Communication 호감도 리스트를 통해 자신을 객관적으로 체크해 보라.

듣는 법

- 상대가 이야기하기 쉽게 따뜻한 분위기를 몸에 익히고 있는가.
- 이야기를 들을 때 상대의 눈을 보면서 진지한 태도로 듣고 있는가.
- 상대의 이야기를 선입관이나 편견 없이 들을 수 있는가.
- 상대의 이야기 중간을 끊지 않고 끝까지 들을 수 있는가.
- 사실과 의견을 바르게 구분하여 듣고 있는가.
- 5W1H를 확실히 파악하면서 듣고 있는가.
- 업무 지시를 받았을 때 복창하고 있는가.
- 나와 이야기하는 사람이 자신감과 안정감을 갖도록 적절한 맞장구를 아끼지 않고 칭찬의 말을 해가며 듣고 있는가.

말하는 법

- "안녕하십니까", "어서 오십시오" 등의 인사말을 항상 자기 쪽에서 먼저 하고 있는가.
- "감사합니다", "수고하셨습니다" 등의 감사와 위로의 말을 마음속으로부터 아낌없이 쓰고 있는가.
- 솔직히 "죄송합니다"라는 사과의 말을 할 수 있는가.
- 밝고 상냥하고 즐겁게 이야기하고 있는가.
- 경어를 바르게 쓸 수 있는가.
- "No"라는 말을 해야 할 때 상대방의 기분이 상하지 않는 말을 쓰고 있는가.
- 주위 사람들의 장점을 찾아내어 진실이 담긴 칭찬을 하고 있는가.
- 말은 사람에 따라 달라지기 마련이다. 항상 자신의 인간성과 감성을 연마하는 노력을 하고 있는가.

제4절 전화로 전달되는 이미지메이킹

전화를 통해 남기는 첫인상은 사람을 직접 대면했을 때의 첫인상만큼이나 중요하다. 상대방을 직접 만나지 않는 만큼 전화상으로 충분히 호의적인 인상을 남길 수가 있다. 전화는 상대가 보이진 않지만, 확실하게 다가오는 이미지이다. 또한 얼굴이 보이지 않기 때문에 상대방이 오해하기 쉽다. 웃으면서 받아도 보통으로 느껴지고, 보통 표정으로 받으면 오히려 퉁명스럽게 느껴지기 쉽다.

통화 중에 느껴지는 상대방의 권위주의와 우월심리는 우리를 당황하게 할 때도 있다. 어떤 곳에 전화하여 누구를 찾으면, "그 사람 없는데요."라는 대답을 들을 때가 종종 있다. 아마 전화받는 사람이 내가 찾고 있는 사람의 상사였던 모양이다. 이 대답 속에는 전화한 나도 그 사람의 부하직원 취급하면서 무시당하는 것 같아 불쾌하기까지 하다.

전화 목소리만 상냥하고 친절해도 전문가가 되는 시대가 왔다. 이름하여 '텔레마케터'이다. 직업의식이 투철한 어느 여성 텔레마케터는 비록 고객을 직접 대면하지 않지만 복장은 항상 정장이다. 왜냐하면 "복장이 흔들리면 마인드와 목소리까지도 흔들리기 때문"이라고 한다.

전화로만 알던 사람을 직접 만났을 때 마음속으로 상상했던 인물과 아주 다른 사람인 경우를 경험한 일이 있는가? 자신은 전화할 때 상대에게 어떤 이미지를 주고 있다고 생각하는가? "여보세요." 하는 자신의 음성은 과연 상대방에게 어떤 느낌을 전달하는가?

전화상으로 고객서비스를 효과적·성공적으로 제공하는 가장 기본적인 전략은 전화의 모든 특성을 이해하고 그것을 효과적으로 활용하는 것이라고 할 수 있다.

1. 전화응대의 특성과 중요성

현대의 기업들은 외부고객뿐 아니라 내부고객과 커뮤니케이션을 하고 매일의 일상 업무를 수행하기 위해 전화를 주로 사용한다. 전화는 정보화 시대에 업무상 꼭 필요한 중요한 의사교환 수단이다. 그러므로 그 사용능력을 향상시키는 것은 곧 업무능력의 향상과 직결된다.

또한 전화응대는 회사 이미지 결정의 중요한 요소로서 하나의 회사이자 대표자의 얼굴이며 고객과의 얼굴 없는 만남으로 고객접점의 최일선에 서게 된다. 고객이 한번도 회사를 방문하지 않았어도 직원의 전화응대가 성의 있고 친절하면 회사의 이미지와 신뢰도가 높아지게 된다. 반면 단지 음성에만 의존하는 것이기 때문에 잘못 들음으로써 오해가 생길 수도 있으므로 주의해야 한다. 서비스맨에게는 전화를 올바르게 사용하고 항상 친절하고 예의 바르게 응대할 수 있는 매너가 필요하다.

2. 전화받는 요령

1) 전화벨이 3회 이상 울리기 전에 받는다

- 벨이 3회 이상 울렸을 경우에는 "늦게 받아 죄송합니다"라고 우선 말한다.
- 인사말과 소속 부서, 성명을 명확히 밝힌다. 이때 다소 천천히, 정확히 말하여 상대가 되묻는 일이 없도록 한다.
- 수화기를 받음과 동시에 메모 준비가 되어 있어야 한다.
- 상대를 직접 대면하는 것과 같은 바른 자세를 한다.

2) 상대를 확인하고 용건을 듣는다

- 들을 때에는 응답을 하면서 끝까지 차분하고 정확하게 경청한다.
- 찾는 사람이 없을 때에는 용건을 메모한다.
- 어떤 사람이 전화를 해서 "난데, 김 과장 있어?"라는 식으로 말할 경우는

"저는 영업과 ○○○입니다"라고 밝히고, "지금은 안 계십니다. 실례지만 들어오시면 누구시라고 전해 드릴까요?"라고 한다.

3) 응답은 책임 있게 한다

- 요점을 명료하게 메모, 정리, 복창하여 내용을 재확인한다.
- 의문점 및 용건 해결에 필요한 질문을 한다.
- 무성의하게 응답하지 말고 용건 해결을 위한 해결방안을 상대방이 이해하기 쉽게 답변한다.
- 잘 모르는 내용이면 양해를 구한 다음 담당자를 바꾸거나, 확인해서 연락드릴 것을 약속한다.

4) 끝맺음 인사를 한다

"(전화 주셔서) 감사합니다. 안녕히 계십시오."

- 나에게 온 전화가 아니더라도 감사의 표현과 인사말을 잊지 않는다.
- 미해결된 전화용건은 없는지 확인한다.
- 상황에 따른 적절한 끝인사를 하고 상대방이 끊은 뒤에 조용히 수화기를 내려놓는다. 상대가 끊기 전에 내가 먼저 끊어버리면 상대에게 무례한 느낌을 줄 수 있으며, 혹 마지막 전할 말을 못 듣는 경우가 있다.

3. 전화를 거는 요령

1) 전화 걸기 전 Point

- 고객의 시간(Time), 장소(Place), 상황(Occasion)을 고려한다.
- 전화를 거는 것은 남의 집을 방문하는 것과 같은 주의가 필요하다.
- 전화를 걸 때에는 식사시간이나 너무 이른 시간, 심야시간은 피한다.

2) 통화할 용건을 점검한다

- 통화할 용건과 순서를 메모한다. 통화 중 필요할 만한 자료는 미리 빠짐없이 준비해 둔다. (전화통화 전 점검은 특히 장거리, 해외전화일 경우 필수적이다.)
- 상대방의 전화번호, 소속, 성명, 직함 등을 다시 확인한다.
- 5W1H(What·When·Where·Who·Why·How)를 염두에 둔다.
- 음성을 가다듬고, 자세를 바르게 한다.
- 전화가 잘못 걸렸을 때 말도 없이 끊지 않도록 한다. "죄송합니다"라고 사과한 뒤, 반드시 "혹시 몇 번이 아닙니까?"라고 전화번호를 확인한다. 그래야 또다시 잘못 거는 것을 막을 수 있다.

3) 먼저 자신을 밝힌다

"안녕하십니까? 저는 ○○회사 ○○부의 김친절이라고 합니다."
"안녕하십니까? 영업과 ○○○입니다. ○○건 때문에 전화드렸습니다."
"죄송합니다만, ○○○씨가 있으면 바꾸어주시겠습니까?"

- 상대를 확인한 후 지명인을 부탁한다.
- 상대와 연결되면 인사를 하고 상대편이 지금 전화받을 수 있는 상황인지 반드시 확인한다.

통화가 길어질 것이 예상될 경우는, "통화가 좀 길어질 것 같은데 지금 시간이 괜찮으시겠습니까?"라고 먼저 말한다.

4) 용건을 말한다

- 상대방 입장에서 관심 있는 부분을 용건화하여 간단명료하게 말한다.
- 결론을 미리 말한 뒤에 설명을 시작한다.
- 용건에 대해 확인한다. 숫자, 시간, 장소, 이름, 연락처 등 주요 결정사항은 반드시 재확인한다.
- 일방적인 통화가 되지 않도록 한다.

- 메모를 남길 경우
  "번거로우시겠지만 메모 좀 전해 주시겠습니까?"라고 메시지를 다 말한 후에 감사의 표현을 하고 메시지를 받아 적는 상대편 이름을 확인한다.
- 상대가 자리에 없을 때에는 반드시 돌아올 시간을 확인해 둔다.

5) 끝인사

- 통화에 대한 감사인사 또는 상황에 따른 적절한 끝인사를 한다.
- 끊을 때에는 원칙적으로 건 쪽에서 먼저 끊는다. 다만 상대방이 윗사람일 경우는 나중에 조용히 끊는다.

4. 전화를 연결하는 요령

1) 찾는 사람이 있을 때

"김 과장님 좀 부탁드립니다."

"네, 김 과장님 곧 연결해 드리겠습니다. 연결 중 끊어지면 000-0000번으로 전화해 주십시오."

- 연결 중 끊어질 것에 대비하여 상대가 원하는 사람의 직통번호를 알려주고 송화구를 손으로 막은 다음, 전화받을 사람에게 친절히 연결한다.
- 전화받을 사람을 확인하고 전화를 연결할 때에는 홀드버튼을 사용한다.
- 전화통화 중에 다른 사람과 상의할 일이 생기면 양해를 구하고 상대방에게 대화가 들리지 않도록 송화기를 막는다.
- 서비스센터에 전화를 걸어 다른 담당자에게 전화 연결 시 무성의하게 이리저리 돌려 시간이 많이 걸리고 한없이 기다리게 되는 경우 고객은 매우 불쾌해진다. 게다가 똑같은 이야기를 여러 번 해야 하는 경우도 있다. 통화 중인 상태에서 고객에게 다른 직원을 연결할 필요가 있다면 담당자에게 그 고객의 용건을 간략히 전달하여 통화내용이 지속되도록 하라. 고객이 다시 처음부터

설명해야 하는 불편을 사전에 줄여준다.

- 일단 연결되면 기다리도록 양해를 구하고 전화에 감사표시를 하며, 조용히 수화기를 내려놓는다.

2) 담당자가 통화 중일 때

"지금 ○○○씨가 통화 중인데 괜찮으시다면 잠시만 기다려주시겠습니까?"

- 업무 중의 통화는 길지 않으므로 잠시 기다릴 것인가를 물어본다.
  즉 전화받을 사람이 즉시 전화를 받을 수 없을 때, 이를테면 통화 중이거나 중요한 대화 중일 때에는 상황을 상대방에게 알려주어 다시 전화하거나 기다리도록 한다.
  "죄송합니다만, ○○○씨가 통화가 길어질 것 같습니다. 메모 남겨주시면 곧 전화드리도록 하겠습니다."
- 바로 전화가 불가능할 경우 양해의 표현과 함께 메모를 받아 전화를 드리도록 한다.

3) 담당자가 부재 중일 때

"지금 ○○○씨가 부재 중으로 2시쯤 돌아올 예정인데, 메모 남겨주시면 전해드리겠습니다."

"잠시 자리를 비우셨습니다만, 메모를 남겨드릴까요?"

"지금 사무실에 안 계십니다. 제가 도와드릴까요? 메시지 남기시겠습니까?"

"지금 자리에 없습니다. 메시지 전해 드릴까요?"

"제가 도와드릴 수 있습니다."

- "나중에 다시 하세요"와 같은 표현은 삼간다.
- 부재중임을 알리고, (조퇴라든가 병원에 있다거나 하는 개인적인 정보전달은 피한다.) 용건을 정중히 묻는다.

- 통화가능 시간을 알리고 메시지를 받아 이쪽에서 전화를 거는 것이 도리에 맞다.
- 메시지를 받을 때 반드시 이름, 회사명, 전화번호(지역번호), 간단한 메시지, 답신할 수 있는 시간, 전화 건 시간, 날짜, 받은 사람 이름 등을 받아 적어 놓는다.
- 전화를 끊고 메시지를 수신자에게 전달한다.

4) 전화받을 사람이 보이지 않거나 멀리 있을 때, 담당이 아닐 때

- 전화받을 사람이 즉시 받을 수 없을 때에는 그 상황을 알려준다.
- 설령 잘못 걸려온 전화일지라도 친절히 응대하고, 상대가 필요한 곳을 알고 있다면 친절히 알려주는 것이 좋다.
- 이때 무조건 전화를 연결하는 것은 피해야 한다. 본인이 담당이 아니라면 전화를 연결하기 전에 다른 직원에게 연결해도 될지 고객으로부터 항상 허락을 득한다.
- 고객이 전화를 오래 기다리게 될 경우 중간에 그 고객에게 전화를 잊지 않고 있다는 것을 알려주도록 하며, 시간이 더 걸릴 경우 고객의 의사를 물어 후에 다시 통화하도록 한다. 또한 일단 전화를 다시 받았을 때에는 전화를 건 사람에게 기다려준 것에 대해 감사인사를 한다.

5) 메모를 받을 때

<저는 ㅇㅇ산업의 홍길동이라 합니다.>

"네~, ㅇㅇ산업의 홍, 길자 동자 님이세요."

- 이름을 복창할 경우 한 자 한 자 정확히 발음하며, 성에는 字를 붙이지 않는다.

<전화번호가 000에 0012번입니다.>

"네~, 영 영 영에 영영하나 둘 맞습니까?"

- 1, 2가 섞여 있거나 번호의 끝에 있을 경우는 "일", "이"라고 말하는 것보다 '하나', '둘'이라고 말하는 것이 정확하다.

<김 과장님께 꼭 좀 전해 주십시오.>

"네, 저는 김친절이라고 합니다."

"김 과장님께 꼭 전해 드리겠습니다."

- 특별히 전언을 당부받았을 경우, 자신을 밝히면 상대에게 신뢰를 줄 수 있다.

5. 전화응대 예절

전화를 받을 때 바로 내 자신이 회사를 대표한다는 마음으로 성의껏 응대해야 한다. 전화응대는 주로 청각적 요소로 나의 친절을 표현해야 하므로 음성, 말씨, 정중한 표현, 정확한 언어, 적당한 속도 등의 표현에 주의한다.

- 대면서비스와 마찬가지로 전화를 건 고객과 직접 마주앉아 대화하듯이 고객의 말을 적극적으로 경청하는 것이 중요한 전화기술이다.
- 상대방의 표정, 태도, 주변의 환경을 알기 어려우므로 항상 상대방의 전화응대 상황을 고려하여 적절하고 신속하고 확실한 답변을 취한다.
- 메모를 받는 경우, 해당자에게 정확한 내용을 반드시 전달하고 중요한 내용인 경우 재차 확인한다. 번호, 금액, 수량, 일시, 장소, 품명 등을 말할 경우 강조하여 또박또박 말하면서 상대에게 정확히 전달되었는지 확인한다.
- 항상 바른 말로 정확하게 표현한다.
- 내 시간뿐 아니라 상대방의 시간도 중요하다. 고객에게 전화할 경우 미리 생각을 정리하여 용건만 간단히 한다.

  고객에게 정보를 제공하는 데 시간이 걸리는 경우 중간보고를 하며 무작정 기다리게 하기보다 알아본 후 연락할 것을 제안한다. 간결하게 통화하며, 보고나 결과 통보의 경우 예정 시간 등을 미리 알린다.
- 통화 도중 끼어들거나 주변 사람의 대화를 엿듣고 같이 웃거나 하면 무례하고 의사소통이 단절된다.

- 가끔 간격을 두고 말한다. 말을 하거나 질문할 때 잠시 간격을 두어 대화의 흐름을 여유 있게 하고 긴장감을 해소한다.
- 업무 중에는 사적인 전화를 되도록 삼간다.
- 자신의 할 말만 끝나면 먼저 끊는 경우가 있다. 이 경우 상대는 매우 불쾌한 느낌을 가지게 된다. 전화통화를 어떻게 마무리 짓는가는 전화상으로 전달되는 이미지에 큰 영향을 끼친다. 우선 상대에게 고맙다는 말과 긍정적인 말로 통화를 마무리한다. 좋은 이미지를 주려면 상대방이 수화기를 놓을 때까지 방심해서는 안된다.

  "전화주셔서 감사합니다."

  "안녕히 계십시오."

  "좋은 시간 되십시오."

  "즐거운 하루 보내십시오"라는 마무리 인사말과 상대가 끊는 것을 확인한 후에 수화기를 내려놓는다.
- 고객응대 때 다음과 같은 무성의한 전화응대는 상대방이 전화상으로 충분히 느낄 수 있으므로 피한다.
  - 옆 사람과 얘기하면서 하는 통화
  - 음식물을 먹으면서 하는 통화
  - 수화기를 턱과 어깨 사이에 걸치고 하는 통화
  - 다른 작업을 하면서 하는 통화

6. 전화상의 효과적인 의사소통기술

1) 전화에도 표정이 있다

Voice with Smile! 세계적인 통신회사 AT&T의 광고문구이다. 이것은 미소를 띠고 얘기하면 그것이 전화선을 타고 상대방에게 전달된다는 생각에서 비롯되었을 것이다.

누구나 목소리만 들어도 상대의 표정을 충분히 읽을 수 있다. 그래서인지 어느 호텔의 전화응대업무를 하는 직원은 책상에 거울을 놓고 전화벨이 울리면 먼저 미소부터 짓는다고 한다. 전화응대의 기본은 밝은 얼굴에서 시작된다. 말하는 동안 미소를 짓고 항상 밝은 목소리로 응대한다. 전화통화 때 미소를 지으면 목소리의 톤과 고객이 받아들이는 느낌이 다르다.

얼굴 표정뿐 아니라 어떻게 앉아 있느냐에 따라 음성의 명확함, 강도, 생동감이 달라진다. 바른 자세로 밝은 얼굴로 말하면 전화는 항상 긍정적인 톤으로 끝나게 된다.

2) 목소리를 화장하라

청각적 이미지를 결정짓는 목소리는 전화상으로는 특히 위력을 발휘한다. 목소리뿐만 아니라 웅얼거리는 말투는 상대방에게 호감을 줄 수 없다. 또한 목소리의 억양에도 신경을 써서 자신의 말이 신경질적이거나 짜증스럽게 들리지 않도록 주의한다. 전화응대는 얼굴은 보이지 않지만 목소리만으로 따뜻함이 배어 있어야 한다.

전화상의 자신의 목소리를 녹음하여 주의 깊게 들어볼 필요가 있다. 그리고 그 목소리를 향상시킬 수 있는 방법을 생각해 본 후 다시 녹음하여 들어보라.

사람들이 말을 할 때 미소를 지으면 그것이 목소리를 통해 전달된다고 한다. 시간과 장소에 맞게 목소리를 화장해 보라.

- 기초화장 : 호흡훈련, 발성, 발음, 속도
- 색조화장 : 억양, 속도 변화, 어조
- 향수 : 호감 가는 화법, 적절한 어휘의 선택

상냥하고 자연스럽게 말한다

판에 박힌 말이나 발표하듯 하지 말고 자연스럽게 대화체로 말한다.

명확하게 말한다

명료한 발음, 소리의 음량, 말하는 속도는 적당히 이해할 수 있게 말한다.

청량감 있고 자신감 있는 톡톡 튀는 밝은 목소리로 생동감 있게 이야기한다.

목소리 변화를 활용한다

상황에 맞게 톤과 볼륨을 적절히 조정한다.

날카로운 소리, 콧소리를 없애고 음성을 잘 관리한다.

고저 강약이 없는 기계적이고 사무적인 단조로운 목소리는 부자연스럽다. 중요한 내용에 밑줄을 긋는 것처럼, 내용의 중요도에 따라, 고객의 반응에 따라 목소리 크기를 조절해 나가도록 한다. 즉 목소리로 포인트를 주면서 이야기한다. 억양변화를 이용하여 단조로운 어조의 말투를 피하고 말하는 것은 고객의 관심을 지속적으로 끌 수 있는 방법이다. 이로써 처음 전달된 메시지가 정확하게 전달되어 반복해서 말하지 않아도 되기 때문이다. 업무상 항상 사용하는 말이라고 어조도 없이 중얼거리며 말한다면 고객은 알아듣지 못하고 몇 번씩 되묻게 될 것이다.

음성의 특징

바람직한 음성의 특징	개선해야 할 음성의 특징
• 미소가 느껴지는 음성 • 부드럽고 친절한 음성 • 밝고 명랑한 음성 • 중음 톤 음성 • 정확한 발음 • 힘 있는 음성	• 콧소리의 울리는 음성 • 퉁명스럽고 짜증 섞인 목소리 • 발음이 부정확한 목소리(반토막말, 웅얼거림) • 너무 작거나 큰 목소리 • 거칠고 쉰 듯한 음성 • 단조롭고 무기력한 음성 • 금속성의 날카로운 음성 • 유아적인 목소리

● 고객과의 전화응대 방법

상황	지양해야 할 응대	바람직한 응대
여보세요.	네, 말씀하세요.	네, 인사부입니다. 무엇을 도와드릴까요? 네, 안녕하십니까? 무엇을 도와드릴까요?
수고하십니다.	무응답, 네.	감사합니다. 무엇을 도와드릴까요?
거기 ㅇㅇ죠? ㅇㅇ 맞죠?	네, 맞습니다.	네, 그렇습니다. 네, ㅇㅇ입니다. 무엇을 도와드릴까요?
감사합니다.	네.	네, 감사합니다. 네, 전화주셔서 감사합니다. 네, 이용해 주셔서 감사합니다.
기다리게 할 때	잠깐만요. 잠시만요.	죄송합니다. 잠시 기다려주시겠습니까? 죄송합니다. 잠시 기다려주시면 도와드리겠습니다.
기다리게 했던 전화를 다시 받을 때	네, 그런데요? 네, 말씀하세요.	기다리시게 해서 죄송합니다.
이름을 물을 때	성함은요? 누구신데요?	실례지만, 성함이 어떻게 되십니까? 실례지만, 성함을 말씀해 주시겠습니까? 실례합니다만, 어디신지 여쭈어봐도 되겠습니까? 실례합니다만, 누구시라고 전해 드릴까요?
말을 전할 때	누구라고 할까요?	전하실 말씀이 있으십니까? 메모 전해 드리겠습니다. 말씀 전해 드리겠습니다.
안 들릴 때	네? 여보세요? 뭐라고요?	죄송합니다. 다시 한번 말씀해 주시겠습니까?
전화를 끊을 때	(무응답)	감사합니다. 전화 주셔서 감사합니다. 이용해 주셔서 감사합니다.
(문의 시) 뭐 좀 물어보려고 하는데요	말씀하세요. 뭔데요? 왜 그러시는데요?	네, 무엇을 도와드릴까요?

전화응대 Check List

- 전화기 근처에 메모용지와 펜이 준비되어 있는가?
- 전화 걸기 전에 필요한 용건은 메모해 두었는가?
- 날짜를 이야기할 때 요일까지 정확하게 전달하고 있는가?
- 벨이 울리면 3회 이내에 받고 있는가?
- 늦게 받았을 때 적당한 인사를 하는가?
- 전화받을 때 인사말, 회사 부서이름을 말하는가?
- 전화 걸고 받을 때 자세와 표정에 신경을 쓰고 있는가?
- 말의 속도를 조절하는가?
- 목소리의 톤이 너무 낮거나 높지 않은가?
- 분명히 말하는가?
- 미소를 지으며 말하는가?
- 적극적으로 상대방의 말을 듣는가?
- 중요한 용건은 복창하는 습관이 있는가?
- 메모를 하면서 응대하고 있는가?
- 경어는 적절히 사용하고 있는가?
- 종종 고객의 이름을 사용하는가?
- 상대방을 오래 기다리게 하지는 않는가?
- 내용에 대한 정리를 요약, 확인하는가?
- 통화가 길어질 때 Call Back Service를 유도하는가?
- 끝맺음 인사말을 하고 있는가?
- 장거리 전화나 휴대폰인 경우 시간을 염두에 두고 있는가?
- 고객이 먼저 전화를 끊도록 하는가?
- 수화기는 조용히 내려놓는가?

Call Back Service

통화가 길어질 경우 상대방에게 통화가 가능한지, 잠시 후에 다시 걸지 등을 묻는 것으로 "통화가 길어질 것 같은데, 괜찮으시겠습니까? 아니면 제가 10분 정도 있다가 다시 전화드릴까요?" 라고 응대한다.

제5절 전자우편(E-mail) 응대

서신은 또 다른 이미지 표현의 매체이다. 다른 상호작용기술과 마찬가지로 고객에게 서비스를 제공하고 대화를 나누는 전자우편 응대에 있어서 지켜야 할 예절을 무시할 경우 고객을 대면해 보지도 않은 채 잃을 수 있다.

효과적인 전자우편 응대요령은 다음과 같다.

- 전자우편은 비형식적인 의사전달 수단이므로 약어를 사용하는 것이 효과적일 경우도 있으나 상대가 일반적으로 이해하기 쉽도록 한다.
- 전자우편 한 줄도 회사의 이미지를 대표하므로 메시지를 보내기 전에 반드시 문장구조, 철자, 단어 사용법 등을 점검하고, 내용을 확인한다.
- 간결하고 명확한 용어와 문장을 사용하며, 핵심적인 내용을 적는다. 고객을 혼란케 하거나 당황하게 하는 전문용어 등은 피한다.
- 기업의 이메일을 개인의 용도로 사용하지 않는다.
- 이메일로 개인정보 등을 보내지 않도록 한다.
- 가급적 함께 받는 사람을 사용하지 않는다. 고객에게 개별적으로 서비스하듯이 전자메일도 가급적 개개인에게 보내는 것이 바람직하다.
- 청탁받지 않은 광고물이나 홍보물을 보내지 않는다. 오히려 기업에 대한 고객의 부정적인 반응을 유발한다.
- 이모티콘 사용이 사업문서에는 적절치 않으므로 유의한다.
- 메시지 주소는 마지막에 기입한다. 주소를 입력하기 전에는 전송되지 않으므로 메일을 실수로 보내지 않기 위한 안전대책이 된다.
- 전자우편을 받으면 가능한 한 즉시 답장한다. 만일 즉시 응하지 못할 경우 적어도 24시간 이내에는 답장하도록 한다.

6

고객서비스와 이미지메이킹

고객서비스와 이미지메이킹

06

제1절 고객응대 에티켓

1. 고객을 안내할 때

직장 내에서 고객과의 만남은 개인적인 만남이 아니라 회사를 대표하는 자격으로 만나게 되므로 더욱 중요하다. 친절하고 세련된 고객응대는 회사를 찾는 방문객들에게 좋은 인상을 심어줄 수 있다.

1) 어떤 장소로 안내할 경우

"제가 모시겠습니다. 이쪽입니다"라고 말을 하며 안내한다. 이때 고객과 동행하며 안내할 때는 고객의 바로 앞에 서지 않고 고객이 중앙으로 걸을 수 있도록 오른쪽 또는 왼쪽에서 비스듬히 한두 걸음 정도 앞서서 안내한다. 가끔 뒤돌아보면서 고객과의 보조를 맞춘다. 계단을 오르내릴 때는 앞에서 안내한다.

2) 문을 통과할 때

당겨서 여는 문을 통과할 때에는 문을 먼저 당겨 열고 서서 고객이 먼저 통과하도록 안내한다.

반대로 밀고 들어가는 문을 통과할 때에는 안내자가 먼저 통과한 후 문을 잡고 고객을 통과시키도록 한다.

3) 회전문을 이용할 때

회전문은 먼저 들어서서 문을 미는 것이 예의이다. 간혹 자동으로 회전하는 문일 경우에는 고객이나 상사가 앞서도록 한다.

4) 엘리베이터를 이용할 경우

엘리베이터를 조작하는 사람이 있을 때는 고객이 먼저 타고 내리도록 한다.

조작하는 사람이 없을 때는 안내자가 먼저 엘리베이터에 타고 버튼을 조작한 후 고객이 타도록 하며, 내릴 때에는 고객이 먼저 내리도록 한다.

타기 전에는 "ㅇㅇㅇ(목적지 장소)은 0층입니다"라고 미리 예고한다.

2. 고객과 함께 배석할 때

상석은 일반적으로 출입구로부터 먼 자리이지만 그때의 상황에 따라, 혹은 음료를 내기 쉽도록 고려해 배정하는 것도 좋다. 고객에게 항상 상석을 안내하며, 먼저 앉도록 한다.

3. 고객을 소개할 때

사람과 사람의 만남은 소개에 의해 시작된다. 직장생활을 하다 보면 여러 부류의 사람들을 소개하는 경우가 많은데 방금 소개받은 사람의 이름을 잊어버려 당황하는 경우도 있다.

소개할 때는 어느 쪽을 먼저 소개해야 하는지를 생각하고 자연스럽게 말을 건넨다. 소개하는 사람이나 소개받는 사람이나 반드시 일어서서 웃는 얼굴로 "안녕하십니까, 잘 부탁드립니다"라고 인사해야 한다.

소개가 끝나면 대체로 악수로 인사를 나누게 되나 소개를 받았다고 곧바로 손을 내밀지 않도록 유의한다. 예를 들어 고객이 악수를 청하기 전에 손을 내미는 것은 실례가 될 수도 있다. 간혹 고객이 악수 대신 간단히 인사하는 경우도 있기 때문이다.

- 남성을 여성에게 먼저 소개한다.
- 아랫사람을 윗사람에게 먼저 소개한다.
- 연소자를 연장자에게 먼저 소개한다.
- 한 사람을 많은 사람에게 소개하는 경우 한 사람을 우선 전원에게 소개한다.
- 자기 회사 사람부터 소개한 후 상대방을 소개한다. (이름과 직명을 소개한다.)

4. 고객과 악수할 때

악수는 서양의 인사방법 중 하나로 예로부터 평화를 상징하는 보디랭귀지로 쓰였다. 손을 펴서 무기를 갖고 있지 않음을 표시하고 손을 맞잡음으로써 마음의 문을 열고 손을 흔들면서 서로가 마음이 통함을 나타낸다.

그런데 우리의 전통적인 인사와 악수가 혼용되어 또 다른 인사 방식으로까지 변모되는 경우가 있다. 예를 들면 악수하면서 동시에 허리를 굽히고 두 손으로 상대의 손을 감싸 쥐는 등 절을 함께하는 어설픈 악수이다. 악수할 때 중요한 포인트는 상대의 얼굴을 보면서 하는 눈맞추기(Eye Contact)이다. 따라서 허리를 굽혀 시선을 아래로 떨어뜨리는 것은 바람직하지 못하다.

윗사람과 악수할 때 수평적인 시선이 부담스러울 경우라도 한 손으로 상대의 손을 잡고 다른 한 손은 흔들리지 않게 몸 옆으로 붙여 놓고 허리를 약간만 구부려 시선을 피하지 않는 것이 좋다.

악수는 윗사람이 먼저 청하는 것이므로 아랫사람이 먼저 손을 내밀지 않도록 유의해야 한다. 손을 내밀 때는 '당신을 만나서 정말 반갑습니다.' 하는 눈빛으로 상대를 바라본다. 손만 주고 시선은 다른 곳에 가는 것은 결례가 된다.

- 손윗사람이 아랫사람에게
- 선배가 후배에게
- 상급자가 하급자에게
- 여성이 남성에게(업무상으로는 남성이 먼저 악수를 청해도 무방)

우선 상대와 적당한 거리에서 오른손으로 상대의 손을 깊게 잡아 성의 없는 느낌이 들지 않도록 한다. 손을 쥐는 것은 우정의 표시이므로 엄지손가락과 검지손가락 사이가 서로 닿도록 손을 감싸 쥐는 정도로 해서 너무 세게 쥐거나 약하게 쥐지 않도록 주의해야 한다.

손을 잡은 채로 세 번 정도 흔들면 무난하다. 이때 마구 흔들거나 손을 잡은 채로 계속 말을 해서는 안되며, 인사말이 끝나면 곧 손을 놓도록 한다. 아는 사람을 만났을 때는 악수에 대비해서 오른손에 들었던 물건을 왼손으로 바꿔 드는 센스도 필요하다.

상대가 윗사람이거나 고객일 때는 상체를 10도 정도 숙이고 왼손을 팔꿈치 위치에 가볍게 댄다.

많은 사람과 악수하는 경우에는 손에 힘을 빼는 것이 좋으며, 여성과 악수할 때 너무 꽉 잡으면 반지 등으로 인해서 상대방에게 불편을 줄 수 있으므로 주의해야 한다. 악수하기 곤란한 상황일 때는 양해를 구한다.

상대가 악수를 청할 때 앉아 있는 것은 외관상 좋지 않으므로 일어서서 하는 것이 좋다. 또한 집무용 책상이라면 책상 옆으로 벗어나서 악수하는 것이 매너이다.

사교모임 등에서는 여성이 먼저 악수를 청하는 것이 에티켓이므로 주저하지 말고 즉시 악수를 청하는 것이 자연스럽게 보인다.

5. 고객과 명함을 교환할 때

일반적으로 명함은 자신의 소개서이며, 직책과 성명을 알리는 역할을 한다. 그러므로 명함을 정중하게 취급하는 것은 상대방에 대한 경의를 나타내는 마음을 표현하는 것이다.

명함은 자신을 표현하는 하나의 매체로서 제대로 사용할 줄 알아야 한다. 명함은 명함집에 나의 명함과 상대로부터 받은 명함을 구분하여 보관하고 상의 안주머니에서 꺼내어 건넨다. 간혹 돈지갑에 자신의 명함을 넣고 지갑의 돈과 함께 노출되는 경우나 지갑을 바지 뒤쪽에 넣어 두어 구겨진 채로 건네는 경우가 있다. 명함을 자신의 얼굴로 생각한다면 자신의 얼굴을 구기거나 깔고 앉는다는 우스운 해석도 가능한 것이다.

1) 명함을 건넬 때

- 미리 충분한 매수를 지니고 다니며 필요시 사용하도록 한다.
- 자기 소개이기 때문에 하위자나 연하의 사람이 상위자에게 먼저 내놓는다.
- 소개의 경우 먼저 소개된 사람부터 건넨다.
- 고객에게 먼저, 아랫사람이 윗사람에게, 찾아온 사람이 주인에게 먼저 명함을 건네도록 한다.
- 명함을 건넬 때는 자신의 이름이 상대방 쪽에서 바로 보이도록 하여 양손으로 상대의 가슴과 허리선 사이에서 내밀면 자연스럽다. 그리고 반드시 일어서서 '○○○에 있는 ○○○입니다.'라고 소개를 해야 한다.
- 명함을 건넬 때는 반드시 일어서서 회사명, 소속명, 이름을 확실한 목소리로 상대방에게 전한다.
- 테이블 위 등에 놓지 말고 반드시 손으로 전한다.

2) 명함을 받을 때

- 명함을 받으면 가볍게 목례하며 오른손으로 받고 왼손은 팔꿈치를 가볍게 받쳐 그 자리에서 보고 회사와 부서, 이름, 직함을 바로 확인한다. 읽기 어려운 글자는 바로 물어보도록 한다.
- 상대의 명함을 구부리거나, 명함에 메모하는 것은 결례이다. 명함은 자신의

얼굴이기도 하지만 상대의 얼굴이기도 하기 때문이다.

- 외부에서 받은 명함을 받은 장소에 두고 오는 일이 없도록 하며, 받은 명함은 명함철에 보관한다. 복잡한 현대를 살아가는 데 있어 언젠가 두툼한 명함철이 큰 자산이 될 수 있을 것이다.
- 명함이 없는데 상대방이 명함을 주며 자신의 명함도 받기를 원할 때에는 일단 명함을 준비하지 못한 데 대해 양해를 구하고 상대방이 요구할 경우에는 백지에라도 적어 전한다.

3) 명함을 서로 주고받을 때

동시에 주고받는 경우에는 오른손으로 건네고 왼손으로 받은 다음 두 손으로 읽는다.

서양에서는 회의가 끝날 때 명함을 교환하는 것이 일반적이나 요즈음은 비즈니스하는 사람들의 경우 첫 만남에서 그들의 명함을 제시하는 경우가 많다. 이때 직위가 높은 사람에게 먼저 주고 다음 직위의 사람에게 준다.

6. 고객에게 차를 대접할 때

한 잔의 차는 긴장된 분위기를 풀어주고 마음을 편안하게 해주는 효과가 있다. 진심이 담긴 한 잔의 차는 고객과 원활한 대화를 하는 데 윤활유가 될 수 있다.

다음은 고객에게 차를 서비스하기 전에 체크할 사항이다.

- 손은 깨끗한가?
- 찻잔에는 흠이 없는가?
- 찻잔과 받침은 손님 숫자만큼(주문받은 대로) 준비되어 있는가?
- 찻잔을 따뜻하게 데워놓았는가?
- 찻잔의 손잡이 및 티스푼을 찻잔 받침의 오른쪽에 오도록 미리 준비해 두었는가?

- 차의 양, 농도, 온도는 적당한가?
- 쟁반이 더럽혀지거나 물기가 있지는 않은가?
- 서비스 전 용모와 복장은 단정한가?

응접실에서 차를 서비스할 때

- 먼저 노크를 가볍게 두 번 한 후 응접실로 들어간다.
- 들어간 다음 조용히 문을 닫고 "실례합니다"라고 인사한다. 그러나 상사와 고객이 말씀을 나누는 중에는 인사말은 생략하는 것이 좋다.
- 차는 고객에게 먼저 서비스한다.
- 찻잔을 옮길 때는 소리가 나지 않도록 조용하게 하며, 양손으로 정중히 고객 앞에 전달하도록 한다. 서류나 물건 등의 위에는 놓지 않도록 유의해야 한다.
- 차를 서비스한 다음에는 목례로 인사한 후 고객에게 등을 보이지 않도록 하며 조용히 나오도록 한다.

7. 고객을 배웅할 때

- 차후 내정된 약속이나 절차에 대해 확인한다.
- 서류나 소지품 등 유실물을 점검한다.
- 방문에 대한 감사의 인사말을 잊지 않는다.
- 가능한 한 사무실 출구, 엘리베이터 앞까지 전송한다.

8. 고객을 찾아갈 때

- 먼저 전화로 사전에 방문 목적을 알리고 약속을 한다.
- 약속시간보다 5~10분 전에 도착한다. 만약 긴급한 일이 생겨서 갈 수 없게

되면 즉시 상대방에게 연락한다.

- 필요한 준비물을 확인하고 옷차림은 정장을 하며 용모는 단정히 한다.
- 상담 중에는 시종 예의 바른 자세로 신뢰감과 호감을 느낄 수 있도록 한다.
- 방문을 마치고 나올 때는 "(바쁘신 중에 시간을 내주셔서) 감사합니다" 등의 인사말을 잊지 않는다.

제2절 유형별 고객응대

인간관계에서는 상대방의 사정을 알면 달리 대응해야 하는 경우가 있다. 고객과의 관계에 있어서도 보편적인 고객의 심리를 파악하는 한편, 고객 한 사람 한 사람의 특수한 사정까지 헤아려서 응대하는 유능한 서비스 전문가가 되어야 한다.

서비스맨에게는 수많은 만남의 기회가 있다. 고객과의 만남을 자신에게 긍정적이고 발전적인 방향으로 몰고 갈 것인가, 아니면 포기하고 좌절하는 부정적인 방향으로 몰고 갈 것인가에 의해 인생의 모습도 크게 달라질 것이다.

1. 상황별 까다로운 고객응대법

서비스맨으로서 다루어야 하는 많은 어려운 상황은 고객의 필요, 요구, 기대에서 비롯된다. 고객의 요구에 응대함에 앞서 우선 고객의 감정상태가 어떠한지 이해해야 하며, 진정시키도록 노력해야 한다.

모든 고객에게는 고객으로서 '이렇게 대접받았으면…' 하는 공통된 심리가 있지만 그 표현방법은 각양각색이다. 이러한 고객의 욕구를 만족시키기 위해서는 상대방에 맞춘 응대방법이 필요하다. 즉 다양한 유형의 고객에게 성공적으로 서비스하는 열쇠는 각각의 고객을 한 개인으로서 다루어야 한다는 것이다. 모든 사람을 그들의 행동에 따라 일정한 유형으로 분류해서 동일한 방법으로 다루지 말아야 한다.

궁극적으로 효과적인 의사소통, 긍정적인 태도, 인내심, 기꺼이 고객을 돕고자 하는 마음을 통해 성공적인 고객서비스를 할 수 있다. 사람에 초점을 맞추기보다 상황과 문제 자체에 집중할 수 있는 능력이 중요하다. 고객의 행동을 상식적으로 이해하지 못한다 하더라도 '고객'이다. 서비스맨은 고객과의 상호관계를 긍정적인 것으로 만들도록 노력해야 한다.

고객을 응대함에 있어 발생하는 상황은 가지각색이다. 고객을 알아야 문제를 해결할 수 있다. 특히 까다로운 고객을 응대할 때는 전문가다운 침착한 모습을 보이도록 한다. 화내고 짜증내고 목소리를 높이며 감정적으로 행동하는 고객은 대부분 서비스맨이 해결할 수 없는 구조, 과정, 조직 등에 화가 난 경우이므로 상황을 잘 듣고 고객의 입장에서 말과 행동을 하며 이해해야 한다. 우선 고객의 감정상태를 배려하는 것이 중요하다.

1) 화가 난 고객

일단 사과하고 고객이 불만사항을 모두 이야기하도록 귀 기울여 경청한다. 불필요한 대화를 줄이고 말씨나 태도에 주의해서 고객을 자극하지 않도록 하며, 고객의 요구에 신속히 조치한다.

- 긍정적인 태도로 제공이 불가능한 것보다 가능한 것을 제시하라.
- 고객의 감정을 인지하라.
- 고객을 안심시켜라.
- 객관성을 유지하라.
- 원인을 규명하라.

2) 무리한 요구사항이 많거나 거만한 고객

세세한 일에 주관적인 태도를 취하는 편이므로 상황에 따라서는 예기치 못했던 일이 발생할 수도 있다. 고객의 의견을 경청한 후에 이쪽의 상황을 있는 그대로 설명한다. (융통성 있게 고객의 요구를 적극적으로 들어주는 자세가 필요하다.)

- 전문적이 돼라.
- 목소리를 높이거나 말대꾸하지 마라.
- 고객을 존중하라.
- 문제해결을 위해 긍정적으로 임하라.
- 고객의 요구에 초점을 맞추고 확고하고 공정한 태도를 유지하라.

- 서비스맨으로서 할 수 있는 것이 무엇인지 이야기하라.
- 고객응대 시 부정적이고 불가능한 것에 초점을 맞추지 말고 가능하고 할 수 있는 것을 말하라.

3) 깐깐한 고객

별로 말이 없으나 잘못은 꼭 짚고 넘어가는 편이며, 서비스맨에게 예의 있게 대하는 고객이다.

정중하고 친절하게 응대한다. 잘못을 지적할 때는 반론을 펴기보다는 "지적해 주셔서 감사합니다." 하고 받아들이는 자세를 보인다.

4) 무례한 고객

침착하고 단호하게 대처하며 전문가답게 행동하라.

고객의 높은 음성, 무례한 태도에 대해 차분히 응대한다.

더욱 깍듯하고 예의 바른 태도로 응대하는 자세가 필요하다.

다른 사람 앞에서 고객을 무안하게 만드는 행위는 고객을 더욱 화나게 만든다. 고객과 논쟁이 되지 않도록 말 한마디라도 주의한다.

5) 과시하고 싶어 하는 타입의 고객

과시하고 싶은 심리는 누구에게나 있지만 그것을 특히 표면에 나타내는 타입이므로 이를 인정하고 존중하는 태도를 취하여 충분히 뽐내도록 친절히 응대한다.

오히려 솔직한 면이 나타나 선뜻 협력해 주는 일도 적지 않다.

6) 조급한 성격의 고객

얼굴을 대하자마자 무언가 쫓기는 듯한 심정으로 급하게 이것저것 요구하는 고객이다.

서비스맨도 고객에 맞추어 민첩하게 행동하는 것이 중요하다. 서비스가 지연될 경우 적절한 상황 설명이 필수적이다.

7) 말수가 많은 고객

따뜻하게 성심성의껏 대하되 대화의 초점은 맞춘다.

자유롭게 말할 수 있도록 개방형의 질문을 하되 대화의 조절을 위해서는 '예, 아니요'로 답할 수 있도록 폐쇄형 질문을 한다.

간명하게 설명하며, 대화시간을 관리한다.

8) 말수가 적은 고객

머릿속에서는 이렇게 생각하고, 마음속으로는 여러 가지를 원하고 있어도 일단은 사양하고 좀처럼 확실한 의사표시를 하지 않는 고객이다. 진의를 살피듯이 조용하고 친절하게 물어보고 응대한다.

서비스맨의 응대에 반응이 없는 수동적인 고객은 적절한 질문으로 서비스를 리드하도록 한다.

9) 활달하고 무신경한 듯 털털해 보이는 고객

서비스맨도 밝고 솔직하게 응대하는 것이 중요하나 의외로 주의성 없이 예의없이 행동하는 경우 더 큰 불만을 초래하는 경우도 있으므로 주의한다.

10) 의심 많은 고객

고객 스스로가 충분히 납득할 수 있을 때까지 질문을 하므로 대충 정확하지 않은 설명은 금물이다. 자신감을 갖고 확실한 태도와 언어로 응대해야 한다.

위와 같은 고객의 유형은 사실 특별한 것이라기보다 평소 친구나 동료, 상사와의 관계에서 항상 체험하고 있는 것들이다. 인간은 누구나 타인으로부터 존중받고 싶어 한다는 기본적인 욕구를 이해하고 상대방의 입장에 서서 배려한다면 어떠한 유형의 고객과도 마음을 서로 합쳐 나갈 수 있다.

Exercise

다음의 고객들은 어떻게 응대할까

- 큰 소리로 말하는 고객
- 모르는 질문을 할 때
- 고객의 말이 길어질 때
- 거짓말하는 고객
- 트집 잡는 고객
- 우유부단한 고객
- 주문을 취소하는 고객
- 경쟁사 제품을 선호하고 칭찬하는 고객
- 냉담한 고객
- 막무가내로 요구하는 고객
- 마음을 읽기 힘든 고객
- 다 안다고 생각하는 고객
- 자아가 지나치게 강한 고객
- 실수를 용납하지 않는 고객

2. 다양한 유형의 고객응대

고객은 각자의 성격이 상이함은 물론이고 서비스 경험 또한 다양하다. 그러므로 항상 고객 개개인에 대해 각별한 주의와 높은 관심을 가져야 하며, 이러한 근무태도가 보다 좋은 서비스를 제공하게 함은 물론이고, 나아가 서비스맨 자신에게도 유익할 것이다.

여성

- 일반적으로 실내온도, 음식, 서비스에 대해 예민하다.
  응대하는 서비스맨의 사소한 말이나 행동 하나하나에 감성적이고 엄격한 편이다.
- 유아나 어린이를 동반한 고객은 도움을 더 많이 필요로 하게 되므로 미리 헤아려 서비스한다.

어린이

- 어린이 고객의 요구에는 즉시 응대하는 것이 바람직하다.
  아이들은 쉬지 않고 놀이를 즐기고 싶어 하므로 경우에 따라 다치지 않게, 혹은 다른 고객들에게 방해가 되지 않도록 부모의 협조를 요청할 필요가 있다.
- 자아를 인식할 수 있는 어린이에게는 반말을 하지 않도록 주의하고 어린이 눈높이에 맞추어 대하되 고객을 대하는 말씨와 태도를 보이는 것이 바람직하다.

노년층 고객

- 어떠한 경우라도 절대로 예의와 공손함을 잃지 않는다.
- 고객의 반응에 인내하며 시간을 배려하고 끊임없이 응답한다.

- 특히 경어 사용과 호칭에 유의해야 한다. 친근감 있게 응대해도 된다고 판단한다면 '할아버님, 할머님'으로 호칭한다.

처음 호텔을 이용하거나 항공여행을 하는 고객

- 이러한 고객에 대해서는 이용 경험이 없음을 안다는 내색을 하지 말고 고객이 편안하게 느끼도록 대해야 한다.
- 고객의 질문에는 주변의 고객들이 눈치 채지 않도록 조용한 목소리로 확실한 답변을 하며, 상황에 따라 충분한 도움을 제공한다.

유명인사

- 대부분의 경우 특별한 관심을 기대하거나 요구하지 않으며 가능한 자신의 신분을 드러내지 않는 것을 좋아한다.
- 개인적인 질문을 한다거나 사진촬영을 요구하는 등의 행동은 절대 피해야 한다.

VIP

- VIP란 특별한 관심을 갖고 환대해야 할 고객을 말하며, 일반적으로 '국가 및 회사 차원에서 국가나 회사의 특별한 이익을 도모, 보전하기 위해 특별히 대우하여야 할 고객'을 말한다.
- 항공기의 경우 VIP 고객은 대부분 사전에 예약담당 직원으로부터 필요한 정보를 받게 되며, SHR(Special Handling Request)에 제시되어 있다.
- 서비스 종사자로서 주의해야 할 점은 VIP 응대에 과다하게 치중하여 다른 고객에게 불쾌감을 주지 않도록 'VIP에 대한 각별한 예우와 다른 고객에 대한 원만한 서비스'라는 두 가지 측면을 모두 고려하여 충족시켜야 한다.

언어불통 고객

- 특수한 언어를 사용하여 의사소통이 어려운 고객이 있을 경우에는 언어 소통이 가능한 다른 종사자가 서비스하도록 조치해 주는 것이 좋다.
- 고객의 말에 집중하여 그들의 의도를 이해하려고 노력한다.
- 서비스맨이 말할 경우 보통의 어조와 크기로 분명하고 천천히 말하되 고객이 못 알아듣는다고 해서 영어나 한국어로 말할 때 농담이나 약어 등을 해서는 안된다.

3. 장애고객의 응대

장애고객은 특별한 사람이 아니라 '우리와 똑같은 사람이다'라는 의식이 먼저 필요하다. 특히 장애인이라는 말을 장애고객 앞에서 사용하지 않도록 유의해야 하며 장애고객 본인과 직접 대화하려는 자세도 중요하다.

전면에서 서비스를 제공하는 사람으로서 자주 당황하게 되는 경우는 장애자인 고객에게 언제 어떻게 도움을 주어야 할지 혹은 도움을 주어도 되는지 어떤지를 모르는 경우가 있다. 불필요한 도움을 주어서 고객을 당황하게 하지 않도록 하되 도움이 필요한 상황에는 민감해야 한다.

고객이 도움을 진정으로 원하는지 여부를 알기 위해서는 얼굴 표정과 눈을 살피고 어떤 도움을 필요로 하는지 결정하도록 한다. 장애고객이 먼저 요구하기 전에 어떻게 도와드려야 하는지 물어보는 것이 바람직하다.

예를 들어 맹인의 팔을 잡고 복잡한 대기실에서 끌어내는 듯한 동작보다는 그저 팔을 내밀고 의사를 물어 언제, 어떻게 따라올지를 스스로 결정하도록 기다리는 서비스가 좋다.

장애고객에 대해 지나친 친절과 도움은 오히려 고객 자존심을 건드릴 수 있으므로 유의해야 한다.

유의해야 할 사항

- 사전에 준비하고 지식을 가져라.
- 누구나 똑같이 대접하라.
- 고객에게 의사를 묻지도 않은 채 무조건 돕지 마라.
- 장애에 초점을 맞추지 말고 사람이 갖고 있는 어려움에 초점을 맞추어 보통 사람들에게 문을 열어주거나 짐을 들어주는 것같이 도움을 제공하라.
- 항상 공손하게 대하라.

1) 휠체어 고객

- 정보나 자료를 제공하거나 대화를 할 때에는 눈높이에 맞추어 "무엇을 도와드릴까요?" 하는 친근한 말로 배려한다.
- 고객의 허락 없이 휠체어를 움직이거나 밀지 않도록 한다.

2) 시각장애 고객

- 가능한 고객의 이름을 기억하고 이름을 호칭한다.
- 어떠한 물건을 제공할 때에는 장애고객보다 옆에 있는 다른 일반고객에게 먼저 제공하여 장애고객으로 하여금 마음의 준비를 할 수 있도록 배려한다. (한 잔의 음료수를 드릴 때에도 양을 적게 하여 실수하지 않도록 미리 헤아려 서비스해야 한다.)
- 시각장애 고객을 처음 맞이할 때는 밝은 표정 대신 고객의 양해를 얻어 고객의 손을 잡아 따뜻한 체온을 전달하고 부드럽고 정감 있는 말씨로 친근감을 유도해 본다. (고객을 놀라게 할 수 있으므로 허락 없이 고객의 팔을 잡거나 하지 않는다.)
- 시각적으로 어려움이 있는 경우이므로 절대로 억양을 높일 필요가 없다.
- 고객에게 직접 이야기한다.
- 맹인견이 있을 경우 주인의 허락 없이 접촉하지 말아야 한다.
- 가능한 상세한 정보와 방향을 알리도록 한다.

3) 청각장애 고객

- 밝은 표정과 부드러운 Eye Contact로 친근함을 전달한다.
- 가능한 소음을 줄이고 밝은 곳에서 대화한다.
- 그림이나 도표 등 시각적인 자료를 사용하여 이해를 돕는다.
- 강조의 표정이나 제스처를 쓰되 비언어적 신호에 유의한다.
- 얼굴을 보면서 이야기하고, 발음을 정확하게, 천천히 입 모양이 보이도록 말한다.
- 짧은 단어와 문장을 사용한다.
- 지속적인 개방형 질문으로 이해도를 확인하고 고객이 자신의 대답을 표현할 수 있도록 한다.

4. 글로벌 서비스응대

1) 다국적문화의 고객응대를 위해 국제매너는 필수이다

문화적 다양성에 따라 다양한 배경을 지닌 고객의 수는 급속도로 증가하고 있다. 이문화 혹은 문화 간의 커뮤니케이션은 문화나 습관, 관심이 다른 타 문화권 사람들과의 교류를 통해 생활방식, 문화습관을 이해하고 인간의 다양한 사고나 경험을 교류하는 것을 의미한다. 국제사회의 글로벌화로 인해 직장에서 다른 문화권의 사람들을 만날 가능성은 점점 커지고 있다. 이문화권의 사람들 사이에는 분명히 차이점이 존재하지만 한 개인으로 이해한다면 공통점이나 비슷한 점을 발견할 수 있으며 이러한 점들이 성공적인 대인관계 유지에 중요한 요소가 된다.

만약 한 사람을 이해하는데 그 사람이 아니라 단순히 그 사람이 속한 집단공동체를 통해서만 이해한다면 그들에게 동일한 방법밖에 사용할 수 없는 서비스의 한계를 갖게 되며, 고객응대의 실패를 자초하게 될 것이다.

이문화 간의 차이점들을 인식하고 정확히 이해하는 것이 성공적인 서비스응대의 열쇠가 될 수 있으므로 다른 문화권 사람들과 상호작용에 능숙해지기 위해서는 많은 문화, 습관, 가치 그리고 다양한 사람들에 대해 익숙해질 필요가 있다. 다른 사람들과의 원활한 상호작용을 위해서는 이문화를 이해하고 배려하는 마음이 필요하다.

글로벌시대의 서비스맨이라면 다른 문화권의 고객에게 서비스를 제공함에 따라 고객들과 대화할 수 있는 능력에 커다란 장벽을 느끼게 되고, 다양한 문화에 따라 고객에게도 다양한 서비스를 제공해야 할 필요성을 절실히 깨닫게 될 것이다.

2) 다른 국가와 문화의 보디랭귀지를 이해하는 것은 국제적 상식이다

이 시대의 모든 사람들은 국제화시대를 살고 있다고 한다. 그러나 외국어만 잘한다고 해서 반드시 능사는 아니듯이 한 나라의 언어를 이해할 때에는 반드시 그 나라의 문화나 의식 또한 같이 연구하여 그 나라의 정서에 맞추어 사용하는 것이 국제화시대를 살아가는 현대인들의 필수적 요건이라 할 수 있다. 글로벌시대의 서비스맨으로서 각국의 다양한 가치관과 행동양식은 물론 글로벌 에티켓을 익혀 나가는 것이 중요하다.

물론 세계가 글로벌화되면서 각 국가별로 몇 가지 특징을 규정해 놓고 그들의 문화를 이해하는 것에 문제가 있을 수 있겠으나 오랜 세월 지녀온 각국의 문화적 배경, 가치관과 습관을 이해하는 것은 서비스맨에게 있어 그 나라 사람을 응대하는 데 필요한 요건이라고 하겠다. 다른 국가와 문화의 보디랭귀지에는 우리와 다른 점이 많다.

이러한 전통들을 알지 못한다면 외국인 고객과의 응대에 있어 자칫 무례하거나 친절하지 못한 인상을 줄 수도 있기 때문이다.

보디랭귀지의 동작은 각 나라마다 다르기 때문에 어느 한 부분에만 신경을 쓰다 보면 오히려 이해할 수 없게 된다. 눈, 손, 마음의 삼박자로 알 수 있는 것을 기본으로 하여, 고객이 보여주는 언어적·비언어적 메시지들에 신경을 써야 한다.

외국어 능력뿐만 아니라 세계에서 통용되는 친밀감 있는 우아한 보디랭귀지를 표현할 수 있는 국제적인 서비스맨이 되도록 해야 한다.

3) 국가별 고객의 특성을 파악하여 서비스한다

현대사회는 고도의 기술 중심적이고 이동성이 큰 사회로 서로 다른 배경과 경험, 종교, 가치와 신념을 가진 사람들과 만날 기회가 많아졌다. 서비스맨의 고객은 다양한 국적 및 인종으로 구성되어 있다. 따라서 이들은 각각 상이한 관습, 기호, 사회규범, 종교 등을 갖고 있으므로 서비스맨은 이런 모든 차이점을 숙지하고 수용할 수 있어야 한다. 이를 위해서는 사실상 많은 경험이 요구되지만 문화의 상이함에 대한 특별한 관심을 갖고 사전에 숙지할 필요가 있다.

제3절 고객 지향적인 고객서비스 응대요령

1. 고객의 입장에서 생각하고 판단하라

서비스 정신은 상대와 입장을 바꿔서 생각하는 '역지사지(易地思之)'가 기본이다. 이는 맹자가 즐겨 쓴 말로 사물을 사유(思惟), 관찰함에 있어 정의롭고 신중하게 함은 물론이고, 주관에 치우침이 없도록 처지를 바꾸어 생각해 보아야 한다는 것이다. 다시 말해서 고객의 입장에서 생각하고, 고객의 심정에서 고충을 느끼고, 배려해서 일을 처리하는 것, 즉 역지사지(易地思之)와 역지감지(易地感之)의 정신이 곧 서비스 정신이다.

기업 측면에서 아무리 훌륭한 시설과 서비스를 제공한다 해도 고객의 입장에서 만족하지 못하면 의미가 없다.

상대방의 입장에서 불편과 불만족을 파악하고 감정이입을 통해 상대방과 정서적으로 하나가 되는 입장을 취함으로써 고객을 진정으로 이해할 수 있는 자세를 갖출 수 있다.

"네, 무슨 말씀이신지 잘 알겠습니다."

"정말 죄송합니다."

"어떤 기분이실지 충분히 이해가 됩니다."

항상 고객의 목소리에 귀 기울이고 입장을 바꿔 생각해 보는 것이야말로 고객응대의 기본이다. 고객의 입장에서 냉정하게 고객이 원하는 서비스가 무엇인지 그리고 고객이 원하지 않는 서비스는 무엇인지 생각해 보라.

Exercise

고객의 입장에서 다음과 같은 서비스는 결코 받고 싶지 않은 서비스일 것이다.

- 매일 갔는데도 고객의 이름을 모르는 경우
- 가까이 다가가도 알아채지 못하는 경우
- 고객이 기다리는 동안 사적인 일로 통화를 길게 하는 경우
- 약속되어 있음에도 불구하고 기다리게 하는 경우
- 추후에 연락하겠다고 한 뒤 연락하지 않는 경우
- 옷차림이 단정치 못한 경우
- 의미 없는 기계적인 미소만 짓는 경우
- 시선을 마주치지 않고 일을 처리하는 경우
- 어떻게 문제를 해결해야 할지 고객의 의견을 묻지 않는 경우
- 이미 말해 준 정보를 되물어 오는 경우
- 내키지 않는 일에 대해서 '할 수 없다'라고 일축하는 경우
- 아무런 해명이나 설명 없이 규정을 적용시키는 경우
- 자신의 실수를 인정하려 들지 않는 경우
- 자신의 잘못을 오히려 고객에게 설득하려는 경우
- 자신의 실수를 컴퓨터 등 기기의 탓으로 돌리는 경우
- 정확한 답을 모를 때 대충 넘기려는 경우
- 귀찮은 듯 건성으로 대답하는 경우
- 문제가 발생했음에도 고객이 알아차릴 때까지 말을 하지 않는 경우
- 결과에 대해 거짓말을 하는 경우
- 사소한 규정들을 내세우는 경우
- 생색을 내는 경우
- 고객의 문제를 '별일 아닌 일', '대수롭지 않은 일'로 간주하여 설득하는 경우
- 고객의 이야기를 주의 깊게 듣지 않는 경우
- 고객의 진실성을 의심하는 경우

그 외에 어떤 사례가 있을지 생각해 보라.

2. 고객 개개인에게 정성을 다하라

획일화된 서비스를 극복하는 길은 서비스를 개별화하는 것이다. 개별화 서비스란 수요자 중심의 서비스로 고객을 한 개인의 존재로 보고 개개인의 개성과 취향을 존중하는 개인에게 초점을 둔 차별화된 서비스를 의미한다. 즉 고객의 개성을 존중하고 고객의 사전 욕구를 분석하여 이에 맞는 다양한 서비스를 제공해 나가야 한다. 이를 위해 고객의 욕구 및 감성까지 염두에 두어 서비스하는 것이 중요하다.

줄을 서서 기다리는 고객들을 응대할 때 서비스맨은 무심코 "다음 분!" 하고 응대한다. 고객 개인에 초점을 맞추어 그들의 기다림, 시간, 노력 등에 인간적으로 응대하라. 서비스맨이 모든 고객에게 같은 말을 되풀이하고 있음을 오랜 시간 줄을 서서 기다리는 다음 사람에게 알리지 마라.

다양한 유형의 고객들에게 성공적으로 서비스하는 방법은 각각의 고객을 한 개인으로 다루어야 한다는 것이다. 그들의 행동으로 일정하게 분류하여 유형화하는 것은 피해야 한다. 그리고 고객으로서 처음 뵌 분들에게도 차별하지 않고 공평하게 접대한다. 고객 개개인에게 차별 없이 배려한다는 것은 마음과 몸의 에너지를 모두 최상의 상태로 충전시켜 굉장한 에너지가 필요하다.

3. 고객의 마음을 읽어라

서비스맨은 고객을 집에 오시는 손님처럼 만나기 전부터 준비한다.

고객의 마음을 사로잡는 것은 무엇일까 생각해 보고 고객이 기뻐하고 만족하는 모습에서 자신의 기쁨을 찾는다면 고객의 보이지 않는 마음까지 읽어낼 수 있다. 그 중요한 핵심은 항상 고객에게 흥미와 관심을 갖는 것이다. 고객의 마음을 미리 알아차려 구체적인 형태로 대응하는 적극적인 자세야말로 서비스맨에게 꼭 필요한 조건이다.

단순히 묻는 말에 대답만 하는 서비스가 아니고 미리 알아서 요구하기 전에 먼저 제공한다. 더 많이 해주고, 더 빨리 해주고, 더 잘해 주도록 한다. 그리고 나서 고객에게 이익을 줄 수 있는 일이 무엇인지 더 찾도록 한다. 그리고 이것으로 만족하겠는가를 스스로 자문해 보는 것이다.

> 항공기 내에서 승무원이 승객에게 한 잔의 물을 서비스하는 경우에도 세 가지 형태의 서비스가 이루어진다.
>
> 첫 번째, 비행 중 객실의 건조함으로 인해 갈증을 느낀 승객이 승무원에게 물 한 잔을 주문할 경우, “네, 곧 가져다드리겠습니다.” 하고 돌아서서는 아무 소식이 없다. 승객의 마음에 불만이 쌓여갈 것이다.
>
> 두 번째, 승객의 주문을 받은 승무원이 곧바로 물 한 잔을 가져다드린다. “시원하게 드십시오.” 승객은 당연한 서비스를 받았다고 생각할 것이다.
>
> 세 번째, 승객이 승무원에게 주문을 하기도 전에 승무원이 승객의 마음을 읽고 물 한 잔을 들고 다가간다. “비행기 안이 건조해서 갈증이 많이 나시죠? 시원한 물 한 잔 드시겠습니까?”

최상의 서비스는 고객이 요구하기 전에 고객의 마음을 읽고 적극적으로 응대하는 것이다. 이를 위해서는 고객에 대한 무한한 애정으로 고객의 일을 내 자신의 일처럼 여기고 신경을 써야 한다.

서비스맨의 사명이 서비스를 통해 고객에게 작은 정성으로 큰 감동을 맛보게 하는 것이라면 그 첫 걸음은 고객 한 사람 한 사람에게 관심을 갖는 것이라 할 수 있다. 고객으로부터 항상 눈과 귀를 떼지 않아야 고객의 요구를 알아낼 수 있다. 변하는 고객의 요구와 기대를 읽고 그에 따라 서비스맨의 서비스도 날마다 업그레이드되어야 한다.

어느 커피점 주인은 카운터에서 멀리 떨어진 구석자리에 앉은 손님이 커피를 마실 때 잔이 기울어지는 각도를 보고 때맞춰 커피 리필을 한다고 한다. 고객의 필요에 맞추어 서비스를 제공하려면 고객과 한마음이 되도록 노력해야 한다.

4. 타이밍이 서비스의 질을 좌우한다, 고객에게 즉각 반응하라

고객서비스에 있어 중요한 핵심이자 가장 쉬운 방법은 고객의 요구에 즉각적으로 '반응'하는 것이다. 언제든 "무엇을 도와드릴까요?" 하는 자세로 임한다.

직장에서도 "ㅇㅇㅇ씨~" 하고 부르면 말이 끝나기도 전에 "네!" 하고 대답하며 상사의 눈앞에 서 있는 직원이 있는가 하면 몇 번씩 불러도 못 듣는 직원도 있다. 어느 쪽에 호감이 더 가겠는가? 어느 직원을 더 신뢰할 수 있겠는가?

고객이 들어서면 우선 일어서서 고객에게 몸의 방향을 돌려야 한다. 그리고 친근한 표정으로, 고객의 시선을 바라보며, 상황에 맞게 허리 굽힌 자세로 "어서 오십시오. 안녕하십니까?" 하고 인사하는 것이 진정으로 고객을 환대하는 마음을 보이는 것이다.

서비스에 대한 고객의 첫인상은 서비스맨의 고객에게 접근하는 첫 단계에서 결정된다. 고객에게 접근하는 첫 단계의 성패는 그 50%가 첫 번째 자세로 좌우된다. 고객이 들어서면 반사적으로 우선 일어서야 한다. 즉 반갑게 고객을 맞이하라는 것이다.

고객에게 응대하는 속도는 고객의 중요성에 대한 표현이다.

고객에 대한 서비스가 시간이 지체할 경우 고객에게 이유를 설명하고 적절하고 유용한 대체서비스를 제공하라.

고객이 장소를 물어본다면 손으로 가리키지 말고 직접 발로 안내하라.

5. 고객의 입장에서 예의 바르고 친절하게 응대하라

웃는 얼굴과 기쁜 마음으로 고객을 맞이하며 누구든지 먼저 인사부터 하고 열정적으로 도움을 제공할 의사를 보인다.

고객의 시선을 마주보며 밝은 표정으로 고객을 반갑게 맞이한다.

- 안녕하십니까? 어서 오십시오.

- 반갑습니다.
- 무엇을 도와드릴까요? 어느 분을 찾으십니까?
- 담당자에게 안내해 드리겠습니다.
- 잠시 기다려주시면 바로 처리해 드리겠습니다.

고객에게 장소를 안내하거나 고객의 질문에 성의껏 답변해 드리거나, 고객이 무엇을 원하는지 고객의 고충을 듣거나, 고객이 떠날 때까지 어느 것 하나 소홀함이 없도록 고객의 입장에서 예의 바르고 친절하게 응대해야 한다. 어떠한 일이 있더라도 고객의 면전에서 화를 내지 않는다.

형식적 인사가 아닌 마음에 남는 여운을 담은 감사의 인사를 한다.

- 이용해 주셔서 감사합니다.
- 안녕히 가십시오.
- 다음에 또 뵙기를 바랍니다.

6. 고객을 기억하여 호칭하라

고객을 기억하는 것은 고객관리의 첫걸음이다. 상대방을 안다는 것이 무엇보다 중요하다. 사람을 기억하기 위해서는 고객에 대한 관심과 노력이 필요하며 사람을 잘 기억하는 능력은 서비스맨에게 필수불가결하다고 할 수 있다.

고객의 이름을 기억하여 사용하는 것은 고객과의 관계를 친밀하게 하는 좋은 방법이며 서비스맨의 의지가 있어야 한다. 그러한 의지만 있다면 그리 어려운 일이 아니다. 또한 중요한 것은 '고객을 호칭하는 것' 그 자체가 중요한 것이 아니라 한 분 한 분 고객에게 관심을 갖고 알아주는 것이 목적이다. 고객에게 어쩌다 '한 번 정도만 하면 되겠지' 하고 호칭하는 것은 고객에게 형식적인 느낌을 줄 수도 있다.

반면에 지나치게 남발하여 사용하면 오히려 부담스러울 수 있다. '이때쯤이다'라고 생각될 때 자연스럽게 호칭하기 위해서는 그 타이밍, 상황 등을 파악하는 감성이 필요하다. 고객의 호칭은 인사말을 하고 나서 대화 중간에 언급하는 것이 무난하다.

자신을 기억해 주는 서비스가 좋은 서비스이며, 고객으로부터 불평을 들었을 때 서비스 회복의 기회가 되기도 한다.

항공기 내에서 생긴 일이다. 어느 승객이 승무원에게 서비스에 대해 언성을 높이며 심한 불평을 했다. 이때 그 승무원은 아무 변명도 없이 "김 사장님, 죄송합니다"라고 응대했다. 그러자 그 승객은 다소 누그러진 톤으로 "당신이 날 어떻게 알아?" 하고 물었다. "제 집에 오신 손님인데요. 불편한 점이 있으셨다면 정말 죄송합니다." 그 승객은 알았다며 자신의 좌석으로 돌아갔다. (승무원은 그 승객의 일행끼리 호칭하는 것을 듣고 기억해 둔 것이었다.) 만약 그 승무원이 "손님, 무엇 때문에 그러시죠?"라고 응대했다면 상황은 어떻게 되었을까?

대부분의 사람들은 특별하게 인식되고 특별한 개인으로 보이는 것처럼 느끼고 싶어 한다. 고객이 어떤 식으로 불리길 원하는지 아는 것은 그 고객을 응대하는 데 있어서 매우 중요한 영향을 미칠 수 있다. 그러나 만약 고객과의 대화를 시작하자마자 호칭으로 인해 실수를 한다면 회복하기 쉽지 않다.

고객의 이름을 알고 대화를 통해서 몇 번 그리고 헤어질 때 인사하면서 이름을 사용하라. 손님이란 호칭 대신 직함을 부르라. 이는 서비스맨이 고객을 중요하게 인식하고 그들의 시간을 존중하는 것처럼 들릴 것이다.

7. 플러스 대화로 응대하라

서비스는 말과 행동으로 이루어진다. 그 가운데서도 적절하게 말로써 응대하는 것은 친절서비스에서 매우 중요한 부분이 된다.

고객이 '서비스맨이 무성의하다'고 느끼는 것은 바로 행동만 하고 말을 하지 않을 때이다. 말하지 않고 무표정한 행동으로 서비스를 한다면 친절과는 거리가 멀어지게 된다.

고객서비스 응대 시 한 가지 행동을 할 때 반드시 한 가지 말을 하라.

또한 고객은 두 단어, 즉 복수로 말할 때 친절함을 느끼게 된다.

다음 중 고객이나 상사가 부를 때 어떻게 하는 것이 바른 행동일까?

1. 그냥 다가간다.
2. 다가가서 "부르셨습니까?"라고 한다.
3. 부르면 즉시 "네." 하고 대답하고, 다가가서는 "부르셨습니까, 손님?" 혹은 "부르셨습니까, 부장님?"이라고 밝은 목소리로 응대한다.

당연히 3번이 친절한 응대가 될 것이다.

단순한 것 같지만 복수로 응대하는 것이 친절함을 느끼게 하는 데 큰 영향을 미치므로 실천하고 습관화시키도록 해야 한다.

고객이 도착하거나 서비스맨에게 다가올 때 일어서서 고객에게 인사하고 마음으로 다가가라. 간절히 돕고 싶어 하는 것을 보여준다.

복수응대의 예

- "네, 그렇게 하겠습니다."
- "네, 지시대로 처리하겠습니다."
- "네, 다녀오겠습니다."
- "부장님, 부르셨습니까?"
- "손님, 무엇을 도와드릴까요?"
- "고객님, 잠시만 기다려주시겠습니까?"
- "(줄 서서 오래 기다렸던 고객을 응대할 때) 손님, 오래 기다리셨습니다."

8. 허락을 얻어라, 먼저 말하고 행동하라

버스나 전철에서 앉아 있는 사람이 서 있는 사람의 가방을 미리 잡아 들고 "들어드릴게요." 하는 경우가 있다. 좋은 의도였다 하더라도 오히려 불쾌감을 줄 수 있다.

앞서 승인되지 않은 행동을 하기 전에 반드시 고객에게 허락을 얻어라. 그렇지 않을 경우 오히려 불만과 불쾌감을 초래할 것이다. 고객이 요청하지 않은 상태에서 갑자기 고객을 돕는 행위는 오히려 고객을 당황하게 할 수 있다.

9. 고객에게 재촉하지 말고 도움을 제공하라

고객을 밀어내듯 서비스하지 말고 어떤 도움이든 기꺼이 제공하라. 항상 서비스 말미에는 "제가 더 도와드릴 수 있는 것이 있습니까?"라고 물어라.

특히 도움이 필요한 노인이나 장애고객일 경우 도움이 필요하다면 도움을 제공하되 고객이 원하지 않을 경우 기꺼이 물러서라. 원하지 않는 도움은 고객을 당황하게 하거나 불쾌하게 할 수 있다. 소란을 피우거나 우기지 말고 조용히 물러서라. 고객을 가장 편하게 하는 것이 가장 좋은 서비스이다.

10. 고객과 파트너십을 맺어라

고객은 서비스맨이 직업을 갖고 일할 수 있고 회사가 존속될 수 있는 근원이 된다. 그 이유 하나만으로도 고객과의 관계를 향상할 수 있는 일은 무엇이든 해야 한다.

고객과 심리적으로 동료가 될 수 있다면 고객은 절대로 공격적일 수 없다. 고객 응대 시 고객의 의견을 묻고 대화를 통해 친밀한 관계를 형성하고 참여하여 관여도를 높인다. 고객의 의견, 제안 등을 수용하여 만족감을 높이는 것도 좋은 방법이다.

- 열린 마음으로 대하라.
- 항상 미소를 띠고 긍정적인 이미지를 형성한다.
- 열심히 듣고 적절히 반응한다.
- 고객과 회사가 상생할 수 있는 상황을 만든다.
- 고객과의 단 한 번의 서비스나 판매제공 기회를 갖는 대신 지속적인 관계로 발전시킨다.
- 고객이 '내 가게'라고 생각하게 만들어라.

11. 고객은 인간적이고 열정적인 서비스를 원한다

고객은 누구나 기계적인 서비스가 아닌 인간적인 서비스를 원한다. 규칙에만 얽매이거나 틀에 박힌 태도를 버리고 인간의 감성이 배어 나오는 서비스를 하라. 단 10원이라도 모자라면 커피 한 잔이 절대로 나올 수 없는 자동판매기를 과연 서비스라 부를 수 있는가?

> "저 승무원! 아까 기내식에 나오던 그 작은 고추장 하나 줄 수 없을까? 외국에서는 음식이 입맛에 맞지 않을 텐데…"
>
> 어느 연세 드신 승객 한 분이 한 승무원에게 조심스레 말을 건넸을 때, 승무원에 따라 서비스는 역시 다를 수 있다.
>
> "손님, 여기 있습니다." 하며 고추장 한 개를 가져오는 승무원이 있는가 하면, "뭐니 뭐니 해도 우리 입맛에는 고추장이 최고지요? 여행 중에 음식이 맞지 않으시면 드세요." 하며 고추장 몇 개를 봉투에 넣어드리는 승무원도 있다.

감성에너지는 부정적 에너지를 긍정적으로 변환시키는 원동력이다.

열정적 행동은 기대 이상의 성과를 올리며 자기 평가 및 만족도도 높아진다. 경영에 있어서도 감성이 접목돼야 하는 이유는 현대사회가 급속히 디지털화되어 가기 때문이다. 디지털 시대는 인간의 감각적 요소들을 자극해 질 높은 삶을 추구하는 게 목적이다. 인간의 오감을 만족시킬 수 있는 정서적 마케팅은 바로 감성경영에서 시작된다.

서비스맨은 상품이 아닌 서비스를 팔아야 한다. 평범한 서비스, 열정이 없는 서비스는 더 이상 고객의 발길을 붙들지 못한다. 자신의 서비스 성향을 높여 자신의 관심과 열정을 밖으로 표현하라. 고객을 먼저 생각하고 현재의 고객뿐 아니라 미래의 고객에게도 최선을 다하라.

고객을 보내버리는 서비스

칼 알브레히트(Karl Albrecht)는 조직 외부에 양질의 서비스를 제공하려면 먼저 조직 내부에 양질의 서비스를 제공할 수 있는 체제를 구축해야 한다고 하며, 서비스업에서 공통적으로 발견되는 종업원의 응대태도 불량을 서비스의 칠거지악으로 명명하였다.

무관심(Apathy)

- 고객이 "저어, 여기요." 하며 조심스레 물어도 묵묵부답
- 소속감 없고 불만 많은 사원들이 나와는 상관없다는 식의 태도
- 월말 공과금 납부창구 여사원은 바빠서 어쩔 줄 모르는데, 다른 담당부서 동료직원은 내 일이 아니라며 못 본 척하고 고객이 창구에 다가와도 쳐다보지도 않는 행위

무시(Brush-off)

- "퇴근시간이라 안되는데요."
- 서점이나 쇼핑센터에서 물건을 고를 경우 교대시간만 기다리는 점원들의 행태로 '하나 더 판다고 월급 더 주냐'는 식의 고객회피 성향
- 고객의 요구나 문제를 못 본 척 피하는 일

냉담(Coldness)

- "예약 끝났다고 말했잖아요."
- 고객을 귀찮고 성가신 존재로 대하는 태도, 적대감, 퉁명스러움

생색내기(Condescension)

- "잘 모르셔서 그러시는데요.", "제 말대로만 하시면 됩니다."
- 건방진 태도로 생색을 내며 고객을 어린애처럼 다루는 태도

로봇화(Robotism)

- "감사합니다. 네, 다음 손님!"
- 자기 일을 계속하면서 고개 숙인 채 기계적으로 하는 인사
- 음식점 출입문의 "어서 오세요", "안녕히 가세요"와 같은 녹음테이프형 서비스맨

규정 제일(Rule Book)

- "규칙상 어쩔 수 없습니다."
- 고객만족 마인드보다는 회사의 규칙을 우선시하는 태도
- 초우량 기업일수록 회사의 규정보다는 고객의 요구를 우선시하는 유연 마케팅(Flexible Marketing)을 강조한다.

발뺌(Runaround)

- "제 소관이 아니라 모릅니다.", "저쪽으로 알아보세요."
- 자신의 업무영역, 책임한계만을 주장하며 서로 업무를 떠넘기는 태도
- 대표전화 "00번으로 문의하시길 바랍니다." 자동응답을 받은 후 그 번호로 몇 번을 걸어도 통화 중일 때

Exercise

- 다음은 고객이 서비스맨에게 원하는 욕구들이다.
  다음에 나오는 고객의 욕구를 만족시키는 방안을 고객응대요령에 근거하여 적어 보라.

고객의 욕구	욕구를 만족시키는 방안들
환영받고 싶다	
이해받고 싶다	
편안하게 느끼고 싶다	
감사받고 싶다	
중요하게 느껴지고 싶다	
존경받고 싶다	
특별히 대접받고 싶다	

7

서비스맨의 자기경영과 이미지메이킹

서비스맨의 자기경영과 이미지메이킹

07

제1절 프로의 서비스 마인드와 역할인식

1. 프로의 서비스 마인드

1) 자신을 존중하며 사랑하라

이미지메이킹의 기본이 되는 바람직한 자기 관리란 무엇인가?

자기 경영을 위한 서비스 마인드와 리더십, 능력개발, 시간관리, 인간관계관리 등 이미지 연출의 완성을 위한 모든 노력은 자아 존중으로부터 시작된다.

지금 어떠한 일을 하고 있는가? 어떻게 하고 있는가? 또 왜 하고 있는가?

스스로 목표를 정하고 행동하는 것이 중요하다. 자신과 약속하고 스스로 목표를 정하면 먼저 행동의 변화가 오고 궁극적으로는 자신감을 찾을 수 있다. 목표가 없는 인생은 소비되는 인생이다. 목표를 세우고 끊임없이 실천하라.

Exercise

- 그동안 자신이 어려운 상황을 극복하여 성취했던 한 가지 사례를 제시하고 그 성취요인을 분석해 보라.

  - 목표는 무엇인가? 궁극적으로 나는 무슨 일을 하고 싶은가?

  - 다음의 시기별로 Life Plan을 적어보라.
    - 올해
    - 5년 후
    - 10년 후
    - 일생 동안 하고 싶은 일

  - 위의 계획을 이루기 위해 필수사항은 무엇이라고 생각하는가?
    또 어려운 점은 무엇이라고 생각하는가?

2) 진정한 서비스 정신과 사명의식을 가져라

고객에게 만족을 주는 진정한 서비스가 무엇인가에 관해서는 일본 굴지의 재벌 회사 마쓰시타의 창업자 마쓰시다 고노스케의 정의가 있다.

"비즈니스에는 서비스가 따르기 마련이고 그것은 하나의 의무라고도 할 수 있다. 그러나 그것을 단순히 의무라고 생각해서 하려고 한다면 그것처럼 피곤한 일이 없을 것이다. 또한 나만 피곤한 것이 아니라 고객에게도 그 느낌이 전달되고 만다. 서비스란 상대에게 기쁨을 주고 또한 내게도 기쁨이 생기는 것이어야 한다. 자신이 기뻐하고 고객에게 기쁨을 주는 그러한 모습 가운데 참된 서비스가 존재할 수 있기 때문이다."

서비스는 제공하는 것이 아니라, 고객이 받아서 서비스라고 느낄 때, 진정한 서비스가 된다. 서비스맨은 서비스를 받는 고객에 의해 평가받기 때문에, 다른 기업과 경쟁하는 것보다 고객과의 경쟁에서 이겨야 인정받는 것이다. 결국 나의 경쟁상대는 고객이다.

3) 고품질 서비스 바이러스를 감염시키자

서비스 품질의 기준은 밝은 표정이나 인사를 잘하는 수준에서 한 걸음 더 나아가 서비스에 대한 사명의식, 가치관, 직업관, 리더십, 비전을 갖고 서비스맨 스스로 마인드를 바꾸어 나가는 것이 중요하다. 이를 위해서는 조직 구성원 모두가 서비스 바이러스를 퍼트려서 모든 조직이 서비스 조직으로 거듭나기 위한 서비스문화를 정착시켜 나가야 한다.

오늘날 고객의 기대수준은 점점 높아지고 있다. 모든 시스템을 고객서비스 중심으로 바꾸어 나가는 일은 이제 선택이 아니라 생존 전략이다. 이러한 시대에 진정한 서비스맨이 되기 위해서는 자신만의 서비스 철학과 고객의 마음까지 읽어내는 고도의 테크닉이 요구된다.

서비스의 목표가 고객에게 편안함과 즐거움을 주고 궁극적으로 행복을 주는 것이라면, 그 어떤 것보다 먼저 실현되어야 할 것은 서비스를 전달하는 서비스맨의 마인드 변화이다. 마인드의 변화 없이 매뉴얼대로 혹은 누가 시키거나 늘 하던

대로 제공하는 서비스는 과감히 벗어 던져야 한다. 고객은 누구나 특별하다고 느끼고, 고객을 머리가 아닌 가슴으로 이해하는 것, 이것이 고객서비스의 핵심기법이다.

2. 서비스맨에게 어떠한 능력이 필요할까

1) 서비스 역량과 서비스 성향

서비스 종사원은 서비스 역량(Service Competencies)과 서비스 성향(Service Inclination) 두 가지의 보완적인 능력이 필요하다고 한다.

서비스 역량은 서비스 직무에 따라 요구되는 역량은 다르나 직무를 수행하는데 필요한 기술 및 지식을 말한다. 여기에 서비스 품질의 다차원적인 특성, 즉 믿을 수 있고, 빨리 반응해야 하며, 공감할 수 있어야 한다는 점을 고려하면 서비스 역량 이상의 것이 서비스직에 요구된다. 그러므로 서비스 성향이란 조건이 추가되는 것이다.

서비스 성향이란 서비스 업무 수행에 대한 관심을 말하는 것으로 서비스에 대한 태도에 영향을 미치기 때문에 직원을 선발할 때부터 중시된다. 일반적으로 서비스직에 지원한 사람들은 어느 정도의 서비스 성향을 갖고 있으며, 또한 일단 서비스 조직에 들어오면 서비스 성향을 갖게 된다. 그러나 다른 사람에 비해 보다 많은 서비스 성향을 가진 사람, 즉 타고난 기질이 서비스맨에게는 중요하다. 이는 교육과 훈련을 통해서 만들어질 수도 있겠으나 타고난 성품이 바탕이 되어야 하므로 서비스 기질이 몸에 밴 서비스맨을 선발하는 것이 서비스기업체의 관건이 되기도 한다. 서비스 업체에서 별도로 인성검사 등을 실시하는 이유도 바로 여기에 있다.

배려성(Helpfulness), 사려성(Thoughtfulness) 및 사교성(Sociability)과 같은 서비스 지향적 성격과 서비스 효과성이 상관관계가 있다는 연구가 있는데, 이 연구에서는 서비스 성향성을 '적응을 잘하고 좋아하며, 사회질서를 잘 따르고, 대인접촉기술이 있는 것을 포괄하는 하나의 행동양식'으로 정의하고 있다.

그러나 타고난 성품만으로 불특정 다수의 다양한 고객들의 욕구를 만족시키기에는 부족하므로 고객의 입장에서 고객을 끌어들이는 서비스감각 또한 요구된다. 서비스맨의 필수요건 중 하나가 센스 있는 행동이다. 고객의 눈빛만 보아도 고객의 기분을 알아차려 민첩하게 행동할 수 있는 감각이 필요하다. 그렇지 못할 경우 오히려 예상하지 못한 고객 불평을 야기할 수도 있기 때문이다.

2) 신뢰감을 주는 서비스맨

고객은 서비스맨을 통해 원하는 상품과 서비스를 받고 서비스맨은 일의 가치를 느낄 것이다. 고객이 안심을 하는가 못하는가는 고객의 신뢰감을 어떻게 만들어내느냐에 달려 있다. 또 고객이 서비스맨을 신뢰하는가 못하는가는 서비스맨의 지식과 경륜을 어떻게 보여주느냐에 달려 있다.

순간 고객의 마음을 얻기 위한 무조건적인 서비스가 아닌 고객과 동등한 입장의 당당한 서비스를 하는 서비스맨이 신뢰성이 있다. 고객이 서비스환경 속에서 서비스맨을 믿고 의지할 수 있도록 하라. 고객과 서비스맨이 상생하는 서비스를 하라.

고객의 신뢰는 다음 4가지 사항을 갖출 때 비로소 얻을 수 있다.

제품에 관한 지식

고객들은 서비스맨이 회사제품의 사양과 특징, 그리고 부가서비스에 대해 잘 알고 있기를 기대한다. 오디오시스템을 어떻게 연결해야 할지 몰라서 고객 앞에서 사용설명서를 뒤적거리는 판매원은 능력 있는 사람으로 보일 수가 없다.

회사에 관한 지식

고객들은 서비스맨이 맡고 있는 담당업무 이외에 다른 업무에 대해서도 잘 알고 있기를 기대한다. 만일 고객의 욕구가 서비스맨의 권한 밖의 일이라면 고객들은 최소한 서비스맨이 조직의 구성을 잘 알고 있어서 그들의 요구를 해결해 줄 사람에게 안내해 주기를 기대한다.

경청의 기술

고객들은 자신의 특정한 욕구를 서비스맨에게 설명할 때 서비스맨이 귀 기울여 듣고 이해하여 그것에 대응해 주기를 기대한다. 또한 서비스맨이 고객들을 더 잘 돕기 위해 필요한 질문을 그들에게 던져주기를 기대한다. 그리고 서비스맨이 이야기를 주의 깊게 듣고 일을 제대로 수행해서 다시 말하지 않아도 되기를 기대한다.

문제해결 기술

고객들은 욕구를 표현할 때 서비스맨이 제대로 이해한 다음 회사가 제공하는 서비스를 활용해서 신속하게 처리해 주기를 기대한다. 그리고 일이 잘못 되거나 문제가 발생할 경우 서비스맨이 나서서 문제를 신속히 해결해 주기를 기대한다.

3. 서비스맨이 가져야 할 인적 능력

1) 커뮤니케이션 능력

인간생활에서 말은 커뮤니케이션의 중요한 수단으로서 중요한 인간의 즐거움과 밀접하게 관계된다. 고객과의 커뮤니케이션에는 언어적 행동(문맥, 어휘, 발음, 화법)과 비언어적 행동(태도, 표정, 동작)이 조화를 이루어야 한다.

2) 인간관계 대처능력

다양하고 복잡한 심리상태를 갖는 불특정 고객을 대상으로 원만한 관계를 유지함에 있어서 자신의 행동과 관계없이 곤경에 처할 수도 있다. 이러한 상황에서 서비스맨은 자신의 감정을 조절하여 예기치 못한 상황에 적응할 능력이 필요하며, 평소 이에 대한 노력과 훈련이 필요하다.

3) 판단력

다양한 상황을 접하는 서비스맨에게는 분석력·이해력·표현력 등이 필요하며, 이러한 능력의 기초가 되는 것이 판단력이다. 특히 다양한 욕구를 지닌 고객을 응대할 때 빠른 상황판단력으로 고객의 욕구를 파악하여 대처하는 능력이 필요하다.

4) 창의력

서비스맨은 다양한 고객과 접촉하기 때문에 여러 가지 문제해결 능력을 갖고 있어야 하며, 창의력을 바탕으로 보다 나은 고객서비스 실현을 위한 방향을 모색하고 여러 가지 상황에 대처할 능력을 배양해야 한다.

5) 기억력

서비스맨의 기억력은 근무 중에 갖추어야 할 필수요건 중의 하나라고 할 수 있다. 고객의 성명, 주문사항, 부탁받은 일 등을 기억하는 것은 매우 중요하며, 이를 위해 메모지 등을 활용하여 기록하는 것도 유용한 방법이다.

6) 전문성과 직업의식

서비스맨은 전문인임을 스스로 자각하고, 서비스 정신의 실현, 국가경제에 공헌한다는 자부심, 철저한 전문가 정신과 직업의식을 가져야 한다.

Exercise 나의 서비스기술 평가

위에 제시된 서비스맨의 능력을 모두 검토한 후 가장 부족한 서비스기술 두 가지를 솔직하게 적고 향상방안을 계획해 보라.

나의 부족한 기술	1.	2.
나의 행동계획		

4. 서비스맨의 역할인식

1) 서비스의 철학을 세워라

서비스맨으로서 교육받은 내용만이 아닌 어떤 상황에서도 문제점을 해결해 나갈 수 있는 능력을 갖추려면 나만의 서비스 철학을 갖고 있어야 한다.

서비스 철학이 없는 서비스맨에게 고객은 '업무'이지만 나름의 서비스 철학을 지닌 서비스맨에게 있어 고객은 자신의 일에 진정한 기쁨을 주고 자신의 업무에 비전을 제시하는 '가치 있는 존재'가 될 것이다. 또한 자신 스스로가 일정한 규율과 규칙에 얽매이지 않는 창조적인 서비스를 할 수 있을 것이다.

고객응대에 있어 매뉴얼에 나와 있지 않는 상황은 무수히 발생한다. 이 모든 상황을 누군가에게 묻거나 교육받을 수는 없는 것이다. 나머지는 모두 서비스맨 자신의 몫이다.

2) 무대 위에서 내려올 때까지는 언제나 서비스맨

어느 항공기 승무원이 장거리 비행근무를 하면서 땀을 뻘뻘 흘리며 피로에 지쳐 일그러지기까지 한 얼굴로 서비스하는 모습을 상상해 보라. 대부분의 승객은 아마도 '아, 저 승무원이 많이 힘들어 보이네..' 라고 생각하겠으나 그 승무원이 프로 서비스맨으로서 인정받기는 힘들 것이다.

어느 항공사 객실승무원의 친절함에 감동받은 승객 한 사람이 우연히 그 승무원과 같은 호텔에 묵게 되었다. 어느 날 사복 입은 승무원을 엘리베이터에서 마주치곤 여간 반가워한 게 아니었는데 그 승무원은 비행기 내에서와는 달리 싸늘한 얼굴을 하고 모른 척해 버려서 여간 실망한 게 아니었다는 것이다. 비행기 안에서 받은 그 승객의 감동도 싸늘하게 변해버렸을 것이다.

프로는 유니폼을 벗고 있더라도 근무시간이 아니더라도 고객이 있는 곳은 언제나 무대 위라는 것을 잊지 말아야 한다.

3) 나는 '나 주식회사'의 CEO이다

고객은 항상 변화한다. 과거와 동일한 수준의 상품이나 서비스로는 고객을 만족시킬 수 없다. 고객의 기대를 넘어서는 감동서비스로 기쁨을 주어야 한다. 이를 실천하기 위해서는 직원의 입장에서 주어진 의무 이상의 열정과 사명감이 필요하다. 서비스 제공자는 서비스 수요자인 고객이 만족해야 행복하다.

나만의 서비스를 브랜드화시켜 나를 종업원이 아닌 서비스의 주인으로 생각하고 임하도록 한다. 책임감과 주인의식은 진정한 엘리트 서비스맨의 필수요건이다.

어떤 일이 당신의 문을 두드릴 때까지 기다리지 마라. 세세한 부분까지 관심을 기울이고 자신의 작업환경과 과정을 개선하기 위해 해야 할 일을 찾기 위해 노력하는 세심한 눈을 가져야만 한다.

우선 업무의 효율성을 위해 업무를 조직화하는 스킬을 발휘해 보자.

회사의 상사, 지배인 혹은 관리자처럼 생각하도록 노력해 보자. 아마도 적절한 고객응대에 커다란 밑그림이 그려지기 시작할 것이다.

그 다음에 고객을 위한 적극적인 경험들을 참조하기 위해 무엇을 할 수 있는지를 돌아보고 어떤 상황에 부딪혔을 때 변화가 필요하면 그것을 바꿔보자. 누가 가르쳐 주기를 기다릴 것 없이 적극적으로 개선해 보자.

서비스에 대한 자긍심은 바람직한 판단과 의사결정에 큰 힘이 되어 생산성을 더욱 높여주고 자신이 몸담고 있는 조직이나 회사에서 엘리트 서비스맨이 될 것이다.

4) 열의, 성의, 창의력을 지닌 프로는 아름답다

『성공하는 10대들의 7가지 습관』의 저자인 숀 코비(Sean Covey) 박사는 "8번째 습관의 목소리는 재능, 열정, 사회적 필요, 양심"이라고 했다. 열의는 모든 것을 성취하는 원동력이다. 열의가 없으면 아무리 뛰어난 능력을 갖고 있더라도 그 능력은 잠든 채로 아무 소용이 없다. 누구나 자신의 상상을 훨씬 능가하는 잠재능력을 갖고 있다. 그것을 끌어낼 수 있는지 없는지는 전적으로 본인이 어떠한 일에 열의를 갖고 임하는가 여부에 달려 있다. 나이가 들어도 빛나기 위해서는 고객에게 신뢰감을 줄 수 있는 에너지와 열의를 소중히 여겨야 한다.

성의는 반드시 통하기 마련이다. 자기중심적인 태도에서 벗어나 진심을 다해 고객을 대하면 고객은 서비스맨의 프로정신에 감동할 것이다.

생활의 즐거움은 창의력에 있다고 할 수 있다. 누구든지 매일 같은 일의 반복이 계속된다면 금방 지루해질 것이다. 그러나 '오늘은 어제보다 더 멋진 서류를 작성하자', '좀 더 맛있는 커피를 만들자', '어제는 사용하지 않았던 쿠션 언어를 써보자', '나밖에 할 수 없는 서비스를 해보자' 등등 창의력을 연구해 발전과 변화가 있는 즐거운 하루하루를 보낼 수 있다. 작은 일이라도 자신 있게 권할 수 있는 나만의 서비스를 개발하고 창조하라. 끊임없이 새로운 서비스를 준비하라.

이를 위해서 나만의 서비스 매뉴얼을 만들어라. 고객서비스 기술목록을 작성하고 고객과 서비스에 대한 지식과 기술을 계속 높여나감으로써 자기계발을 꾀할 수 있다.

5) 고객서비스의 일인자가 되어라

고객이 어떤 서비스를 원하는지 고객의 요구와 기대를 상황에 맞게 빨리 파악하는 것이 중요하다. 다양한 계층의 고객을 만족시키기 위해서는 끊임없이 고객에게 애정을 갖고 연구해야 한다. 그리하여 '최상품' 서비스를 만들어내며 근무하고 있는 조직에서 가장 뛰어난 사람이 되도록 하라.

간혹 자신이 하는 일에 대해 깊은 회의에 빠져 있는 사람들을 보게 된다. '난 늘 커피 심부름만 해.' 혹은 '나는 사무실에서 늘 복사만 해.' 하며 푸념에 빠진 사람이 있다면 일단 '커피를 가장 잘 만드는 사람', '복사를 가장 잘하는 사람'부터 되어라.

어디서나 쉽게 접할 수 있는 것이 아니라 누구나 쉽게 할 수 있는 것이 아니라 개성 있고 최고의 품격 있는 서비스를 연출해 내기 위해서는 우선 최고의 서비스맨이 되어야 한다.

6) 항상 적극적인 자세로 도전하라

수동적으로 남의 지배를 받는 존재가 되지 말고 적극적으로 남과 더불어 살

수 있는 사람이 되어라. 서비스맨은 도전의식이 있어야 한다. 현재에 안주하지 않고 새로운 고품질서비스에 대한 도전, 고객의 기대를 초월하는 도전의식이 필요하다. 고객의 기대수준을 넘는 서비스맨으로서 새로운 서비스기술 개발과 비전을 창출해 나가는 일이 서비스문화를 창출하는 것이다. 직장에서 새로운 도전과 기회에 대응하기 위해서는 지식과 기술을 연마하고 태도를 개선해야 한다.

7) 자신감으로 무장하라

고객을 사로잡으려면 자신의 일에 자신감이 있어야 한다. 그렇지 않을 경우 서비스맨은 고객으로부터도 신뢰감을 잃게 된다. 자신감 있는 서비스, 필요할 때 고객이 서비스맨의 요구에 응할 수 있는 카리스마가 필요하다.

이를 위해서는 탁월한 업무지식과 정보, 밝은 표정과 정중하고 무게감 있는 말씨 등이 필수적이다.

8) 끊임없이 새로운 서비스를 준비하라

어느 곳엔가 전화를 걸어 이것저것 문의할 때 가끔은 너무 빠르거나 성의 없는 일정한 톤의 목소리에 기계와 이야기를 하는지 의아해 본 적이 있지 않은가? 이처럼 어떤 사람들은 자신의 일을 하는데 있어 반복적인 행동을 되풀이하면서 기계적인 태도를 취하는 경향이 있다.

고객의 욕구는 나날이 높아지고 다양해지고 있으며 늘 변화하고 있다. 오늘의 만족한 서비스가 내일도 만족할 수 있는 서비스가 된다고 보장할 수는 없다. 진정으로 프로가 되기를 원한다면 고객에게 서비스하는 데 있어서 더 효과적이고 좋은 방법을 스스로 생각해 보고 찾아내도록 해야 한다. 자신만의 노하우(Know-how)에 만족하고 매너리즘에 빠지지 않기 위해서 틀에 박힌 태도와 습관적인 서비스는 지양하고 참신한 아이디어를 계발해야 한다.

이를 위해 자기 반성의 시간을 갖고 자기만의 독특한 방식에 만족하고만 있는지, 다른 사람들의 의견에 대해서 겸허하게 귀 기울이는 그러한 마음을 갖고 있는지 셀프 체크한다.

또한 많은 서비스 관련 서적, 자료, 사례들을 접하며, 자신의 서비스기술을 꾸준히 개선하고 고객서비스의 수준을 높이도록 하라.

다른 사람에게 더 나은 서비스를 하기 위해서 다양한 유형의 사람들과 어떻게 상호작용하고 의사소통할 것인가를 공부하라. 개개인의 독특한 행동에 대해 일반적으로 더 많이 알수록 개개인을 더욱 잘 다룰 수 있다.

부단히 반성하고 개선하는 노력을 게을리하지 마라.

고객을 응대하는 서비스 기량을 몸소 생활화하는 데 지름길은 없다. 서비스를 배우려면 일류 서비스를 체험해 보는 것도 좋다. 자신의 주변 환경에서도, 여러 가지 전문서적을 통해서도 지식은 습득할 수 있다. 다만 단순히 지식을 머릿속의 지식으로밖에 간직하지 못한다면 소용이 없다. 자기의 것으로 소화해서 일류 서비스로 자신의 Know-how로 만들어보라.

외적인 매너의 계발은 물론 내면의 서비스 마인드, 업무지식 숙지, 고객 니즈의 추세 파악, 글로벌 시대에 걸맞은 서비스맨이 갖추어야 할 외국어 능력, 국제매너, 기타 서비스 정보수집 등 다양한 범위에 걸친 자기계발이 절실히 요구된다.

예전의 업무지식으로 근근이 버티고 있는 시대에 뒤떨어진 서비스맨, '이 정도면 되겠지' 하고 시대에 겨우 순응하는 서비스맨, 가까운 미래의 고객의 변화하는 니즈(Needs)에 대해 통찰력을 발휘하는 서비스맨, 어떤 서비스맨이 바람직한지 판단할 수 있을 것이다.

전략적인 자기관리는 분명 성공적인 서비스맨의 미래를 보장해 줄 것이다.

9) 서비스맨은 스타 플레이어(Star Player)이자 팀 플레이어(Team Player)

무대 위의 서비스맨은 분명 스타이다. 그러나 스타로 빛나기 위해서는 내부고객인 팀원들이 존재한다는 것을 분명히 알아야 한다.

팀워크란 동료끼리의 협동심은 물론 조직의 계층별, 직종별로 서로 협력하는 연대감을 말한다. 그러므로 팀워크를 살리기 위해서는 개인의 사소한 기분이나 감정 표출에 주의를 기울여야만 한다. 왜냐하면 고객에게 양질의 서비스를 제공하기 위해서는 우선 밝고 건전한 팀의 분위기가 선행되어야 하기 때문이다.

비록 하찮은 것일지라도 담당자에게 알려주도록 한다. 내가 옳게 판단했고 보고가 필요없다고 생각한 것들이 나중에 고객불만으로 이어지는 경우도 있기 때문이다.

동료 간이나 부서 간에 이루어지는 연대감의 플레이나 정보의 교환은 외부고객이 만족하는 좋은 서비스로 반드시 연결된다. 무대 뒤의 은밀하고 탄탄한 조직력을 가진 팀 플레이어들이 없이는 결코 스타가 무대 위로 올라갈 수 없다는 것을 알아야 한다.

현장에서 고객을 응대하는 사람들은 고객의 만족을 창출하는 데 중요한 요인이 된다. 그러나 혼자서는 할 수 없다. 직장이나 회사 내에서 동료들을 인식해야 한다. 이 사람들도 나의 내부고객이며 서로의 일을 완수하기 위해 나의 서비스를 필요로 한다. 동시에 나도 그들의 내부고객 중의 한 사람이다. 내 일을 위해 나도 그들의 서비스가 필요하다는 사실을 명심해야 한다.

내적 서비스란 조직 내에서 위로, 아래로, 양옆으로, 존경과 협력의 서비스를 제공할 때 생길 수 있는 것이다.

서로가 다른 사람의 내부고객이라는 사실을 이해하는 것이 바로 내부서비스의 기초가 되고 내부적으로 서비스가 훌륭하지 않은 곳에서 훌륭한 외부 고객서비스는 기대할 수도 없다. 실제로 내부고객 간의 상호 응대방식이 외부고객에게 좋은 서비스를 제공할 수 있는 기틀을 마련해 주는 것이다. 각 팀원들은 모두 각각의 역할을 하지만 팀워크는 그 시너지 효과로 커다란 서비스의 생산성을 만들어낼 것이다.

스타 플레이어가 되기 이전에 먼저 팀 플레이어가 되어야만 진정한 프로이다.

10) 서비스맨의 마인드 컨트롤은 필수이다

세상에는 수없이 많은 직업이 있지만 사람을 대하는 것을 주업무로 하는 것만큼 피로도가 높은 직업도 드물 것이다. 상대방이 내 마음에 맞춰주는 것이 아니라 내가 상대방의 마음에 들도록 애써야 하는 서비스맨으로서는 수많은 사람을 대하는 것 자체가 두려움일 수 있다. 더구나 천차만별, 각양각색인 고객을 상대하면서 한결같이 바람직한 고객응대를 위해서는 무엇보다도 먼저 자기 자신의 감정을 조절할 줄 알아야 한다. 마인드 컨트롤은 복잡한 이 시대를 살아가는 현대인의 자세이자 서비스맨의 프로다운 지혜이다.

11) 인생의 지도에 목표와 비전을 세워라

예전에는 서비스맨이란 직업에 대한 인식은 한정되어 있었다. 그러나 현시대에 모든 직업인이 서비스맨이며, 국회의원, 공무원, 의사, 간호사, 탤런트, 변호사, 사장, 서비스 강사, 이미지 컨설턴트 등등 서비스맨이란 직업의 영역은 점차 넓어지고 있다.

자신을 알고 자신의 인생에 목적을 갖고 그것을 달성했을 때 비로소 인생의 주역이 될 수 있는 것이다.

서비스맨이 지닌 품위 있고 세련된 매너로, 서비스맨의 따뜻하고 부드러운 이미지로, 직업적으로 대하게 되는 고객들만이 아닌 주위의 사람들과 따뜻한 조화를 유지하면서 자신의 인생지도에 목표와 비전을 세우고 성공적인 삶을 누리게 될 것이다.

Exercise 서비스맨의 품위

외부고객에 대한 품위

외부고객을 대하는 서비스 주체자로서 친절하고 상냥한 서비스 종사자의 이미지 구축을 위해 각자 노력해야 한다. 또한 개개인의 이미지가 회사 전체를 대표하는 이미지를 형성하고 나타낸다는 사실을 인식해야 한다.

내부 조직에서의 품위

내부고객과의 상호 이해와 협력을 바탕으로 업무의 활성화와 업무수행에 신뢰감을 줄 수 있는 조직의 구성원으로서의 역할 또한 인식해야 한다.

회사 고유의 문화 속에 예의 바르고 세련된 자세와 태도로 품위를 유지하도록 해야 한다.

개인적인 품위

품위 있고 세련된 자신의 위상 정립을 위해 각자 노력해야 한다. 단정한 용모복장은 직장인의 기본적인 에티켓으로 언제 어디서든지 항상 유념해야 한다.

밝은 미소와 상냥한 인사의 생활화는 서비스 종사자로서 더욱 돋보일 수 있는 좋은 매너임을 항상 유념해야 한다.

철저한 직업의식을 가지고 행동하는 고객 위주의 서비스 종사자로서 근무에 임해야 한다. 이미지에 맞는 외적인 자기 관리는 개개인의 자부심과 직결될 수 있으므로 각별히 유의해야 한다.

제2절 서비스맨의 자기계발과 관리

1. 변화를 위한 자기발견과 자기관리

어떻게 지속적인 환경의 변화를 성공적으로 이끌어가는 사람이 될 수 있을까?

첫 번째, 자신의 이상적 자아, 어떤 사람이 되고 싶은지 아는 것이 중요하다.

고객서비스에 앞서 고객의 심리를 알아야 하며 그전에 자기 자신을 알아야 한다. 외형적인 자기관리도 중요하겠으나 내면적 자기관리에 철저한 사람이야말로 타인을 기쁘게 할 수 있을 것이다. 지금으로부터 10년 후의 나를 상상하면서 자유롭게 글을 써보든지, 친한 친구에게 이야기해 보라. 자신의 이상적인 미래를 그려보는 것은 주도적인 삶의 자세로서 실제적인 변화를 이끌어낼 수 있는 아주 강력한 방법이다.

두 번째, 자신의 현실적 자아, 즉 나는 어떤 사람이며 장점과 단점이 무엇인지 알도록 한다. 현실적 자아를 파악하기 위해 자신이 요즘 어떻게 행동하는지에 대한 몇 가지 질문에 답을 하고 과거의 자신과 비교해 보라. 매일 아침 설레는 마음을 안고 하루를 맞이하는가? 예전만큼 많이 웃는가? 예전만큼 즐거운 일들이 많은가? 만약 자신의 일과 인간관계와 삶 전반에서 미래에 대한 힘과 희망을 느끼지 못한다면 그것은 자신의 현실적 자아를 놓쳤으며 그것을 파악할 필요가 있음을 뜻한다.

세 번째, 어떻게 나의 장점을 살리고 단점을 줄여나갈지 학습계획을 세운다. 이때 세우는 목표는 자신의 장점을 기반으로, 구체적인 경험을 통해 실행가능한 계획을 세우는 것이 중요하다.

네 번째, 새로 익힌 행동방식, 감정의 방식을 실행에 옮기고 연습을 통해 익힌다. 자신의 사고의 틀에서 벗어나는 것은 쉽지 않은 만큼 의식적으로 더 나은 방법을 훈련할 줄 알아야 한다. 새로 익힌 행위가 자동적으로 튀어나올 수 있도록 기회가 될 때마다 반복하여 완전히 몸에 배도록 한다.

다섯 번째, 성공적인 변화를 가능하게 해주는 든든하고 믿음직한 인간관계를 만들어 나간다. 서로 공감하는 집단 안에 있으면, 즉 새로운 리더십 유형을 키우기 위해 노력하는 사람들과 함께 있다면 변화를 위한 최적의 환경이라고 할 수 있다. 솔직하고 신뢰할 만하며 자신을 뒷받침해 줄 인간관계를 만들도록 한다. 긍정적인 대인관계는 직장에서의 생산성을 향상시키는 데 중요한 요건이 된다.

자기관리 법칙

- 철저하게 계획을 세우고 그것을 반드시 실천하겠다는 마음 자세를 준비하는 것
- 확실한 신념과 뛰어난 추진력으로 목표를 향해 돌진하는 것
- 타인과 진실된 인간관계를 유지하는 것

성공한 사람들 대부분은 철저한 자기관리를 바탕으로 자신의 재능을 끊임없이 개발했다는 공통점이 있다. 특히 이들은 자신이 목표한 바를 이룰 때까지는 어떤 위기상황에 부딪히더라도 끝까지 포기하지 않고 실천하는 인내력을 갖고 있다.

2. 시간관리

1) 효율적인 시간관리의 효과

자신만의 계획된 시간관리 방법을 갖고 있는가?

고객서비스 업종에 종사하는 사람은 까다롭고 힘들며 많은 일에 책임을 지는 스트레스를 받게 된다. 가끔 직장과 개인의 여가생활의 균형을 맞추지 못할 정도로 시간에 쫓기기도 하고 업무의 성격상 시차로 고생하기도 한다.

그러나 서비스업이란 항상 웃어야 하고 숙달된 행동이 요구되며, 고객서비스를 위해 최선을 다해야 한다. 이 과정에서 효율적인 시간관리야말로 업무성과를 더욱 높여줄 수 있다.

시간관리는 단지 직장에만 해당되지 않으며 시간관리 기술은 개인의 생활을 생산적으로 이끌 수 있다. 누구에게나 똑같이 주어지는 시간을 어떻게 이용하느냐에 따라 직장에서의 업무뿐 아니라 개인적인 만족까지 도모할 수 있다.

효율적인 시간관리는 다음과 같은 효과가 있다.

- 효과적인 업무로 직무능력을 향상시키고 고객서비스에 있어 서비스의 질을 높일 수 있다.
- 불필요한 시간을 줄여서 시간을 활용할 수 있게 된다.
- 일에 대한 자신감으로 자기만족을 높이고 스케줄에 얽매이지 않고 내가 중심이 되는 적극적인 생활을 할 수 있다.

2) 시간관리 요령

일을 미루지 마라

일을 미루는 사람은 해야 될 일을 늘 안고 지내게 되며 시간이 지날수록 그 일이 주는 무게의 느낌이 가중되기 마련이다. 한꺼번에 처리하기 힘든 일이라면 시간이 주어진 한도에서 처리할 수 있을 만한 양으로 나누고 우선 소규모의 양을 처리하라.

일의 우선순위를 정하라

하루에 해야 할 일의 목록표를 작성하여 그 일의 우선순위를 정해 규칙적으로 체크하며 처리한다. 가장 소중하고 급한 것부터 처리하라. 그래야만 일의 진행상황을 파악하여 업무의 실패가 없고 혹시 그날까지 처리하지 못한 일은 다음날 최우선 순위로 처리하면 된다.

우선순위를 정하는 기준은 다음과 같다.

1. 반드시 해야 하거나 중요한 항목
2. 해야 하는 항목
3. 하면 좋은 항목

실질적인 목표를 설정하라

성취할 수 있을 만한 목표를 세워놓고 지속적이고 계획적으로 실행하여 목표를 성취하라.

3. 스트레스 관리

1) 스트레스는 무엇인가?

'나 지금 스트레스 받았어'라고 한다면 아마도 '피곤하고, 긴장되고, 과로하고, 지쳐 있고, 실망스럽고' 등의 느낌을 말하는 것이다. 사실 거기에는 무언가 잘못되거나 부정적인 어떠한 일이 있는 것을 의미할 것이다. 사람들은 종종 스트레스로 인해 심장마비 혹은 직업으로 인한 불의의 사고와 같은 건강상의 문제를 겪게 된다. 그렇다면 왜 몇몇 사람들은 그들이 스트레스를 받고 있다는 것을 인식하지 못하고 그런 불행한 곤경에서 자신을 보호하기 위해 스트레스를 조절해야 한다는 사실조차 깨닫지 못하는 것일까?

대부분의 사람들은 스트레스를 정신상태로 생각하나 사실 매우 넓은 의미의 신체적 상태를 말한다. 사람이 스트레스에 영향을 주는 상황에 놓이면 이는 곧 뇌에 전달되며 두뇌는 스트레스 반응, 혹은 스트레스 반작용이라고 하는 것으로써 여러 가지 다양한 신체적인 변화를 주게 된다.

서비스맨도 때로는 자신의 직업에 많은 회의와 갈등을 겪게 된다.

직업 스트레스는 직업이 필요로 하는 조건, 능력, 환경이 노동자의 필요와 일치하지 않을 때 일어나는 신체적·감정적인 반응이라고 정의한다.

기술의 유무, 임금의 고저와 관계없이 서비스맨과 같은 경계연결직은 스트레스를 많이 받는 직무이다. 이러한 직무는 정신적·신체적 기술과 더불어 엄청난 수준의 정서적 노동을 요구하며, 개인 및 조직 간 갈등을 조정하는 능력을 필요로 한다. 또한 직무수행에 있어서 품질과 생산성 간의 상쇄효과가 나타나기도 한다.

스트레스에 관한 일련의 통계자료에 따르면 고객서비스직이 스트레스가 가장 많은 직업 중 상위로 평가되었다. 고객을 접대하는 일이 스트레스가 많은 업종이 되는 이유는 어떤 특정한 일을 위해 서비스맨이 만나는 다양한 사람과 상황에 적절한 다양한 기술을 발휘하고 사고해야 하기 때문일 것이다.

우리는 끊임없이 스트레스에 대한 반응을 하고 있다. 비상시에는 그 반응의 속도와 강도가 우리에게 삶을 지탱하기 위한 기동력을 줄 수도 있는 것이다.

그러나 그 반응이 너무 강하거나 오래 지속되거나 혹은 상황의 요구에 벗어나거나 한다면 우리는 그것으로 살아가기 어렵게 되고 결국은 실패자가 되어 우리의 삶까지 위협받게 된다.

그러므로 모든 사람들은 스트레스를 효과적으로 이용할 수 있는 방법을 알아야 한다.

Exercise

- 평소 개인적으로 갖고 있는 스트레스의 원인을 적어보라(신체적·사회적 요인, 가족, 친구, 일, 환경적 요인 등).
  그리고 각 스트레스의 해소방법은 무엇이 있을지 상세히 적어보라.

스트레스 요인	해결방안	목표 달성 방안
(예 : 체중 증가)	(체중의 감소)	(저녁식사를 줄인다.)

2) 스트레스로 인한 일반적 증상

스트레스 신호를 재빨리 알아차려야 한다

자신 고유의 스트레스를 알고 있는 것이 유용하듯이 스트레스를 받을 때 자신 내부의 어떤 신호가 인지시켜 주는지를 아는 것 또한 중요하다.

이들 신호는 정신적인 것일 수도 있고 육체적·감정적 또는 행위적인 것일 수도 있다.

스트레스 신호들은 마치 빨간불이나 경고음처럼 작용하여 그 작용이 더욱더 심각한 문제를 야기하는 것을 막아준다. 문제는 자신이 그 경고를 인지하지 못하거나 심지어 그 경고를 못 봐서 그에 대해 항상 충분히 민첩하게 행동할 수 없다는 데 있다. 예를 들면 위궤양을 치료하는 가장 좋은 시간은 위궤양에 걸리기 전, 즉 소화불량에 걸리기 전이라는 것을 의미한다.

- 신체적 증상

피로·두통·불면증·근육통이나 경직(특히 목, 어깨, 허리), 심계항진(맥박이 빠름), 흉부통증, 복부통증, 구토, 전율, 안면홍조, 땀, 자주 감기에 걸리는 증상이 나타난다.

- 정신적 증상

집중력이나 기억력 감소, 우유부단, 마음이 텅 빈 느낌, 혼동이 오고 유머감각이 없어진다.

- 감정적 증상

불안, 신경과민, 우울증, 분노, 좌절감, 근심, 걱정, 불안, 성급함, 인내 부족 등의 증상이 나타난다.

- 행위적 증상

안절부절못함, 손톱 깨물기·발떨기 등의 신경질적인 습관, 먹는 것, 마시는 것, 흡연, 울거나 공격적 행동, 욕설, 비난이나 물건을 던지거나 때리는 행동이 증가한다.

이러한 스트레스의 부정적인 영향은 일반적으로 스트레스 반응을 풀어줄 수 있는 적절한 방법을 취하지 못함으로써 특히 신체에 스트레스를 남겨놓았을 때 나타난다.

이들 중 몇몇 증세는 즉각적으로 나타날 수 있으나 다른 것들은 스트레스를 장기적으로 받은 후 점차적으로 나타나는 경향이 있다.

많은 연구진들은 대부분의 질병과 스트레스 사이에 상관관계가 있다고 믿고 있다. 부정적인 스트레스는 누적되기 쉬운데 스트레스가 누적된 채 신체로부터 빠져나가지 않으면 다른 행동에 부정적인 영향을 주게 되므로 주의해야 한다.

스트레스도 긍정적인 효과를 줄 수 있다

그러나 스트레스가 전적으로 부정적인 것만은 아니다. 아마도 스트레스가 없다면 삶에 흥미를 느끼지 못하게 될 것이다. 스트레스는 늘 어느 정도 우리와 함께하면서 우리가 원하거나 감당할 수 있는 것보다 좀 더 강한 압박감을 느낄 때 문제가 발생하는 것이다.

만약 "나 지금 열이 좀 있는데…"라고 말한다면 평소에는 절대 열이 없다는 말이 아니고 그날 평소보다 좀 높은 열을 갖고 있다는 의미일 것이다.

스트레스의 긍정적인 면은 열정과 감각을 자극함으로써 인생에 보탬이 된다는데 흥미가 있다. 많은 사람들이 그들의 삶에 도전이 필요하고 그것이 없다면 불행해질 수도 있다는 것이다. 결국 중요한 것은 누구에게나 스트레스를 주는 요인과 스트레스 반응의 강도와 시간 사이의 균형을 유지할 수 있는 능력이 필요하다는 것이다.

3) 스트레스의 요인

고객의 다양하고도 불확실한 변화 또한 스트레스가 된다

스트레스의 또 다른 요인은 다양한 배경, 개성, 사고방식, 욕구를 가진 다양한 고객 등과 같은 불확실한 변화를 다룬다는 사실이다.

서비스맨은 각기 새로운 고객의 성향을 읽을 수 있어야 하고 그것들에 어떻게 반응해야 하는가에 대한 즉각적인 평가를 해야 하는 순발력과 융통성, 인내심과 끊임없는 자기계발로 인한 긴장감을 늦출 수 없는 탓에 스트레스를 느끼게 된다.

고객의 불만과 문제로 스트레스를 받게 된다

모든 사람들이 때때로 스트레스를 느끼고 많은 사람들이 이것을 자신의 직업, 일 탓으로 돌리는 경향이 있다. 그러나 일련의 조사에서는 특히 서비스 종사자들이 직업의 특수성으로 인해 많은 스트레스를 느끼는 것으로 나타났으며, 그 스트레스는 특히 다양한 이슈에 대한 다양한 고객응대에서 비롯된 것으로 밝혀졌다.

또한 고객은 그가 만난 최초의 서비스맨에게서 모든 것을 해결하고자 하므로 이에 따른 어려움도 발생한다.

서비스맨인 자신의 건강과 불안을 조절하기 위한 첫 단계는 스트레스받은 고객의 진심을 알아내는 것이다.

즉 스트레스를 받고 있는 고객에게 어떻게 서비스할 것인가? 고객의 신체적 변화는 어떠한가? 고객의 목소리는? 기분은? 행동의 변화는 어떤지를 파악하는 것이 중요하다.

반복되는 서비스 업무도 스트레스의 원인이 된다

똑같은 패턴, 특정한 일의 단조로움, 눈을 감고도 반복할 수 있을 정도의 기계적인 서비스 방식의 단순함, 지겨움 등 서비스 업무의 반복성이 스트레스 유발요인이 될 수도 있다. 서비스맨에게 있어 단지 반복되는 일에 단조로움을 깨는 것은 그저 불특정 다수의 새로운 고객이라는 사실 정도뿐이다. 즉 서비스맨의 프로젝트는 계속 이어지는 고객관련 프로젝트이기 때문에 일의 시작도 없고 끝도 없는 성향 탓에 스트레스를 느끼게 되는 것이다.

스트레스의 원인

■ **환경적 요인**

직장에서의 대인관계

신체적 요인(주위 환경의 온도, 소음, 냄새, 조명 등에 대한 영향)

직업상의 위험들(근무안전, 작업공간의 문제점)

회사(회사의 구조 변화)

■ **직업적 요인**

업무 구조(밤샘근무, 근무지 변동, 초과근무 등)

업무 성격(단조롭고 반복적인 일)

한정된 권위

직업적 발전성의 한계(평가절차, 승진의 기회, 안정성 및 경쟁)

역할 요인(역할 갈등, 역할의 모호성과 책임감 등에서 기인하는 것)

■ **개인적 요인**

개인적인 인간관계(가족, 친구)

신체상태와 영양

개인시간 부족

과다업무

재정적 문제

4) 스트레스에서 벗어나기

스트레스는 서비스를 제공하는 서비스맨의 업무 수행을 방해하는 주요 원인이다. 스트레스는 전염성이 있기 때문이다.

스트레스를 받는 서비스맨은 함께 일하는 다른 내부고객에게도 영향을 미치게 된다.

스트레스를 조절하라

인식하든지 말든지 누구나 스트레스를 받고 있다. 따라서 이런 복잡한 세상과 싸우기 위해 자신의 스트레스 처리 프로그램을 개발할 필요가 있다. 어떤 방어 메커니즘을 이미 가진 사람, 예를 들면 과중한 업무와 싸우기 위해 격무 후 퇴근길에 체육관이나 사우나에 가는 사람들, 또는 피로회복 음료를 마시는 사람도 있다.

진정 프로다운 서비스맨은 자신의 스트레스를 극복하고 더 나은 모습으로 가다듬을 수 있는 현명한 길을 늘 모색해야 한다.

스트레스를 받아들여라

결국 스트레스는 서비스맨에게 피할 수 없는 도전이다. 진정한 프로라면 업무에 대한 스트레스를 더욱 건실하고 탄탄한 베테랑이 되기 위한 자극으로 받아들여 자기계발을 위해 더욱 매진해야 할 것이다.

스트레스는 직장의 능률을 떨어뜨리는 요인이 되고 정신과 신체적인 건강 면에서 위험요인이 되기도 하나 스트레스를 만드는 요소를 파악하고 줄이거나 제거하는 전략을 찾아 조절하고 대처한다면 업무능력을 더욱 향상시키고 질 높은 고객서비스를 제공할 수 있을 것이다.

목적을 이루기 위해 노력하는 도중에 임무로 인해 갖게 되는 부정적 스트레스가 있을 수 있으나 결국 목표에 이르렀을 때 성취감을 느끼며 유쾌해질 수 있다.

또한 현명한 스트레스 대처요령은 건강유지를 위해서도 중요하다.

원인을 밝혀라

스트레스는 그것을 인지함으로써 90%가 해결된다.

무엇이 주된 스트레스인지 회피하지만 말고 파악해야 한다. 그래야만 필요한 다음 행동을 취할 수 있다.

스스로 만족하라

어차피 힘든 직장생활을 더 어렵게 만드는 것들이 우리 주위에 비일비재하다. 스스로 만족하지 못하는 마음과, 끊임없이 마음을 혼란스럽고 괴롭게 만드는 환경이 그러하다.

그러나 즐겁게 일해야 한다. 특히 서비스는 즐거움이 있어야 한다. 그래야 받는 고객에게도 즐거움을 줄 수 있다. 고객이 구매하는 것은 궁극적으로 상품이나 서비스가 아니라 이를 통해 얻는 가치에 있다. 그 가치를 극대화하고 고객감동을 이루기 위해서는 눈에 보이지 않는 무형의 부가가치를 제공할 수 있어야 한다.

간혹 서비스 공간 뒤에서 스트레스의 원인이 되는 고객을 비평하는 서비스맨을 보게 된다. 자신은 그렇게 함으로써 스트레스가 해소된다고 생각할지 모르나 오히려 불쾌감이 가중되고 서비스맨으로서 직업에 대한 회의에 빠지게 될 뿐이다.

사람들을 존경심으로 대하라. 고객을 중요한 사람으로 인정함으로써 때때로 스트레스를 주는 고객에게 자신의 감정을 누그러뜨릴 수 있으며 스트레스도 줄일 수 있다.

자기감정을 관리하라

상대방이 내 마음을 맞춰주는 것이 아니라 내가 상대방의 마음을 읽고 맞추도록 애써야 하는 서비스맨은 사람을 대하는 일이 항상 즐거울 수만은 없다. 게다가 모든 고객이 같은 계층, 같은 수준, 같은 성격이라면 문제는 간단하나 불특정 다수의 다양한 고객을 상대하는 일이, 그것도 수십, 수백 명을 매일 대해야 한다면 서비스는커녕 대인공포증이 생길지도 모를 일이다. 어느 공항에 근무하는 항공사 직원은 아침마다 '오늘은 친절하자'가 아니고 '오늘은 화를 내지 말자'를 다짐했다고 한다. 그만큼 불특정 다수의 고객을 응대하는 것은 의지만큼 쉬운 일이 아니다.

천차만별의 고객을 응대하면서 끝까지 감정적 평온을 유지하려면 자기를 스스로 통제하는 감정관리의 요령을 터득해야 한다.

고객이나 다른 누군가로 인해 실망하거나 감정이 생길 경우 냉정하고 예의 바르게 자신을 자제하고 잠깐 그 상황에서 벗어나 마음을 가라앉히는 것이 바람직하다. 그렇지 못할 경우 다른 사람에게 도움을 요청하는 쪽이 낫다.

자신만을 위한 시간을 계획하라

혼자만의 시간을 갖는 것은 건전한 정신건강을 위해 중요하다.

운동을 통해 건강을 유지하거나 영화, 전시회 같은 문화생활 등 각자가 좋아하는 취미생활을 함으로써 스트레스로부터 벗어날 수 있으며, 이는 일과 생활에 큰 활력소가 된다.

특히 규칙적인 운동은 스트레스 해소에 많은 도움이 될 것이다.

하루 중 짧은 휴식을 갖거나 점심시간 동안이라도 긴장을 풀고 편안히 휴식을 취해 보라. 고객과 업무로부터 벗어나 야외에서 동료와 시간을 보내며 정보를 교류·공유하여 직장에서의 관계를 강화시킬 수도 있으며, 재충전이 될 것이다. 이는 개인적인 생활과 직업적인 환경 사이의 균형을 유지할 수 있도록 노력하는 것이 중요하다.

일상생활에 변화를 시도하라

자신 주변의 일상을 변화시키는 것도 감정을 새롭게 전환시키는 방법이 될 수 있다. 또한 이는 스트레스를 줄이고 업무수행을 개선시키며, 타인과의 상호작용에 있어 좋은 성과를 기대할 수 있다.

평소와는 다른 시간에 일어나거나 취침해 보라. 색다른 음식을 먹어보거나 교통편을 바꿔볼 수도 있다. 평소와는 다른 장소에서 쇼핑을 할 수도 있다.

충분히 쉬고 긴장을 완화시켜라

평소보다 많은 잠을 자라.

기분 좋은 휴식을 취하기 위해 재미있고 유쾌한 것을 보거나 읽고 들어라.

정신적으로 휴식을 갖기 위해 요가, 반신욕을 하거나 편안한 의자에 앉아 눈을 감고 음악을 들으며 명상에 잠겨보라. 또는 차를 마셔라.

신체는 일정한 휴식을 요구한다. 이 방법은 가능한 한 규칙적으로 꼭 실시하는 것이 좋다.

호흡을 조절해 본다

스트레스 반응이 올 경우 첫 번째로 오는 것이 호흡의 변화이다. 다행히도 호흡은 혼자서 조용히 조절하기 쉽다. 천천히 숨을 내뱉고 또 천천히 들이마신다. 훨씬 기분이 나아질 것이다.

건강식 다이어트를 한다

신체의 과도한 카페인, 니코틴, 설탕 등은 스트레스 레벨을 높여준다. 일상생활의 식단을 균형있게 관리해 보라.

업무의 준비 및 관리는 미리미리 완벽하게 해둔다

스트레스를 피하기 위해 할 수 있는 것 중 하나는 일과 사생활에서 자신을 완전하게 준비하는 것이다. 기대되지 않은 것을 해결하는 것은 기대되는 것을 다루는 것보다 훨씬 어렵다.

자신의 일을 앞서 계획할 수 있는 노하우가 없다고 느낀다면 훈련을 더 받고 준비하는 과정에서도 만족감을 느낄 수 있다.

Image Making for Serviceman

부 록 :
면접 이미지메이킹

면접 이미지메이킹

제1절 면접 이미지메이킹 어떻게 하나

1. 나의 이미지는 나의 브랜드다

최근 기업의 신입사원 채용은 면접 비중을 강화하고, 다양한 면접기법을 도입하고 있다. 면접은 개인의 기본적 인성과 자질, 적성, 대인관계 그리고 사회적 친밀도 등을 판단하는 중요한 수단이 되기 때문이다.

엄격히 말해서 면접은 자신의 내재적·외재적인 모든 모습을 보이고 자신의 생각을 정확히 표현하고 주장하는 스피치 행위이다. 즉 프레젠테이션인 것이다.

바야흐로 세상은 의사표현을 잘하고 자신의 끼를 십분 발휘하는 사람이 인정받는 시대이다. 스피치가 경쟁력인 시대에서 자신만의 독특한 캐릭터로 자신을 보다 효과적으로 표현함으로써 자신의 브랜드를 높이는 전략이 필요하다.

5분 안에 나에 대해 좋은 이미지를 심어주기 위해 어떤 준비를 해야 하며, 어떻게 자신을 표현해야 하는가? 상대에게 편안함과 신뢰감을 주고, 같이 일하고 싶은 생각이 들게끔 하는 긍정적인 이미지를 심어주어야 한다.

인터뷰에 응하는 사람들은 심문을 당하는 느낌을 받기 마련이다. 인터뷰를 하는 방은 대체로 갑갑하고 경직된 분위기이다. 말소리는 울리고, 모든 행동이 두드러지기 때문이다.

이런 환경에서 인터뷰 응시자의 보디랭귀지는 말보다 더 많은 것을 전달한다. 심리학 조사에 따르면, 얼굴 표정과 몸짓, 움직임이 그 사람에 대한 많은 정보를 담고 있다고 한다. 면접이 당락을 좌우하는 상황에서 이미지메이킹은 취업의 열쇠라고 할 수 있다. 면접 시 필요한 이미지메이킹은 원활한 직장생활과 사회생활을 할 수 있는 사람이라는 인상을 주는 것이 중요하다. 면접관의 머릿속에 남는 것은 지원자의 인상뿐이다.

혹여 면접 이미지메이킹을 단지 외적인 용모를 예쁘게 잘 가꾸는 것으로 잘못 생각할 수도 있다. 그러나 "첫인상이 당락의 50%를 결정한다"고 말하는 S그룹의 인사담당자는 첫인상을 외모, 표정, 제스처 80%, 목소리 톤, 말하는 방법 13%, 인격적인 면 7%로 평가한다고 했다. 따라서 얼굴이나 몸매보다도 단정한 옷차림이나 헤어스타일, 조리 있는 답변 등으로 온화하면서도 성실한 인상을 주는 것이 중요하다. 용모보다 중요하게 여기는 것은 기본적으로 서비스직을 감당할 만한 인성과 매너이다. 준비된 이미지야말로 준비된 성공이라는 것을 기억하라.

2. 면접에서 보여주어야 할 이미지

우리는 늘 면접을 보면 회사 쪽에 모든 결정권이 있다고 생각한다. 면접관들에게 어떻게 하면 잘 보일까를 생각하다 보니 늘 긴장하게 된다. 이런 모습들은 알게 모르게 나 자신을 소극적으로 만들며, 일상적인 질문에도 당황하기 쉽고 그로 인해 의사전달이 제대로 이루어지지 않는 경우가 발생하게 된다.

"과연 이 회사에서 날 뽑아줄까?" 하는 걱정스러운 이미지와 "내가 이 회사에 입사하면 이러한 일들을 펼쳐 보이겠다"는 마음으로 여유 있고 자신감 있게 자신을 드러낸 당당하고 솔직한 이미지와는 누가 봐도 차이가 날 수밖에 없다.

'나는 이 직종과 자리에 꼭 맞는 유일한 사람'이라 생각하고 스스로 자신감을 가질 때 침착해질 수 있으며 성공적인 자기 이미지메이킹은 물론 면접관들도 그러한 적극적인 자세를 긍정적으로 보게 된다.

자신에 대한 태도를 바꿔보라. 회사 중심이 아닌 나를 중심으로 '나는 이러이러한 능력을 가진, 회사에 도움이 될 사람이다'라고 말이다.

남들이 자신을 존중하고 진지하게 대해 주기를 바란다면 면접을 할 때 상대의 믿음을 얻을 수 있는 사람처럼 행동하고, 면접을 하기 전에 그런 행동을 하는 자신을 머릿속에 떠올리면서 꾸준히 연습하면 좋은 결과를 얻을 수 있다.

3. 무엇을 어떻게 준비할 것인가?

입사지원서 작성에 신경을 써라

직무능력을 중심으로 면접관의 관심을 끌 만한 사항을 기록하여 면접관의 질문을 먼저 유도하는 것이 성공 면접의 첫걸음이다. 입사지원서에 질문의 실마리를 제대로 제공하지 못한다면 면접관은 여러 각도로 지원자를 테스트하게 되며, 이 과정에서 예상치 못한 질문을 받게 될 수 있다.

핵심적인 PR 내용을 준비하라

지금까지 무엇을 해왔는가, 타인과 차별화된 전문적이고 경쟁우위의 능력은 무엇인가. '회사 내에서 저 사람이 없다면 이 분야에서 일이 안된다'는 소리를 듣는, 나만이 할 수 있는 영역은 무엇인가 등 자신의 강점을 A4용지 3장 분량으로 쓴다. 그리고 1장 분량으로 축소한 것이 바로 자신이 PR해야 할 핵심적인 부분이다. 자신을 정확히 알기 위해서는 다른 사람의 피드백을 받는 것도 좋은 방법이다.

면접회사에 대한 정보 입수

인터넷이나 그 외 정보채널을 통해 회사에 관련된 정보, 주요 현안, 최근 기사 등을 검색해 읽어둔다. 사례별로 자신의 의견을 정리해 두는 것도 필요하다.

면접 당일 반드시 신문을 읽어 그날의 화제(話題)를 미리 알고 있어야 한다. 그래야 침착하게 질문에 대응할 수 있다.

외국어 준비

자신 있는 외국어로 자신의 소개 등을 편안하게 준비한다. “My name is…”로 시작하는 천편일률적인 내용을 탈피하고 나의 장기를 중심으로 핵심적이고 인상적인 내용으로 준비한다.

전공 준비

전공 선택의 이유, 원하는 직종과 전공과의 연관성 등 자신의 전공과 관련된 질문사항에 대비한다.

스피치 훈련 및 모의면접 연습

발표 불안을 극복하는 최상의 방법은 역설적이지만 대중 앞에서 스피치를 자주 경험하여 발표 불안의 면역성을 키우는 것이다. 면접 볼 회사의 채용경향과 지난 면접 관련 정보를 분석하여, 실전처럼 대답해 보는 연습을 한다. 머릿속으로 막연히 생각하는 것과 구체적인 말로 구술해 보는 것은 확연히 다르다.

자신이 적극적으로 기회를 만들어 경험하는 것이 가장 효과적인 방법이기 때문에 생활 속에서 작은 것부터 자신이 할 수 있는 것을 실천한다. 평소에 친구와 가볍게 대화할 때도 기승전결에 의해 내용을 전달해 보는 습관을 길러본다든가 혼자 있을 때 스피치 훈련을 해보는 것도 좋은 방법이다.

4. 내 의지를 당당하게 전달하는 보이스 메이킹을 해보자

취업을 희망하는 학생들이 취업을 준비하고 가슴 졸이는 시간에 비교하면 면접은 찰나의 순간에 끝나버린다. 이 짧은 시간 동안 어떻게 하면 자신의 이미지를 효과적으로 창출할 수 있을까. 특히 대부분의 입사 면접이 질의와 응답 또는 토론으로 이뤄지기 때문에 면접에서 좋은 점수를 얻는 데 음성이 끼치는 효과는 매우 크다.

사람을 평가하는 데 음성 역시 자신의 이미지메이킹에 큰 몫을 차지한다는 점을 명심하고 평소에도 훈련을 게을리하지 말아야 한다.

미국의 심리학자 앨버트 메라비언(Albert Mehrabian)은 같은 말이라도 목소리에 따라 의사전달효과가 38%나 달라진다고 하였으며, 하버드 대학에서 연구한 바에 따르면 청중의 80% 이상이 말하는 사람의 목소리만으로 그의 신체적·성격적 특성을 규정짓는다고 하였다. 목소리는 연사의 이미지를 결정짓는 중요한 요소가 되며, 나아가 의미전달효과에도 큰 영향을 미치게 된다.

서류상에서 이미 파악된 나를 면접관들이 굳이 보려고 하는 이유는 무엇일까? 나의 외적인 것도 중요하지만 나와의 대화를 통해 보다 많은 것을 알아내기 위해서이다. 보이스 메이킹에서 가장 중요한 것은 메시지와 메신저이다. 내가 아무리 많은 내용을 알고 있어도 그것을 전달하는 메신저가 뒷받침되지 않는다면 올바른 커뮤니케이션을 이루는 데 어려움이 있을 것이다.

좋은 상품이라도 전달이 잘못됐기 때문에 소비자의 손에 닿지 않고 사라지는 상품들이 얼마나 많은가?

보이스를 '울림'이라고 표현한다면 이는 성대의 울림이 아닌 나의 내면의 모든 것이 함께 어우러져 나오는 것이 진정한 '울림'임을 명심하라.

면접 당일 소지품 체크 포인트

소지품은 전날 미리 점검하며, 언제나 외출 시 갖고 있는 물건에 편리하고 안심되는 물건들을 플러스해서 준비한다.

- 사진(여분), 수험표
- 필기도구(연필, 지우개, 흑색 볼펜)
- 손수건, 티슈
- 지갑(잔돈)
- 화장도구, 향수
- 콘택트렌즈 케어물품
- 스타킹
- 바늘, 반짇고리, 안전핀
- 정전기 스프레이
- 우천대비 우산
- 헤어스프레이, 빗
- 신발 케어세트
- 생리용품
- 비스킷, 초콜릿 등 간식

제2절 성공면접을 위한 전략

1. 용모복장 준비

1) 단정한 Hair-do

대체로 단정한 이미지를 주는 헤어스타일은 커트나 단발이다. 긴 머리인 경우 뒤로 묶거나 젤 등을 사용하여 잔머리까지 말끔하게 처리하여 최대한 단정하고 깔끔한 인상을 주도록 한다. 특히 가급적 얼굴을 드러내도록 하며 앞머리가 눈을 가리지 않도록 주의한다. 그리고 짙은 염색이나 강한 웨이브는 삼간다.

유니폼을 입는 직업이라면 그 유니폼에 맞는 Hair-do로서 항상 청결·단정해야 하고 Uniform의 색상 및 얼굴형과 조화를 이루어야 한다.

남성

파마, Short Cut, 단발머리형은 피하고 필요시 앞머리가 흘러내리지 않도록 한다. 옆머리는 귀를 덮지 않아야 하고 뒷머리는 셔츠 깃의 상단에 닿지 않도록 한다.

여성

최근 들어 항공사 객실승무원의 근무 및 채용면접 시 자유롭고 개성 있는 형태의 Hair-do를 허용하는 추세이나 기본적으로 단정한 형태의 Hair-do는 다음과 같다.

Short Cut형 / **단발머리형**

- 길이는 어깨선보다 짧게 유지되어야 한다.
- 앞머리가 눈을 가려서는 안된다.
- 옆머리는 흘러내리지 않아야 한다.
- Hair Spray, Gel, Mousse를 지나치게 사용해서는 안된다.
- 지나치게 유행을 따르지 않아야 한다.

긴 머리형

- 반드시 묶거나 땋아서 Down Style로 고정시키되 그 길이는 상의 뒤쪽 칼라 아래에서 지나치게 초과하지 않도록 한다.
- 목 뒷부분에 잔머리가 남지 않도록 고정시켜 흘러내리지 않도록 한다.

2) 밝고 건강한 Make-up

밝고 건강하며 상대방에게 부드러운 인상을 줄 수 있는 자연스러운 Make-up이 되도록 한다. 필요시 의상에 어울리는 색상의 Make-up이 필요하다. 마치 분장을 한 듯한 너무 진한 화장이나 어두운 느낌의 색조화장은 피한다.

3) 복장은 깔끔한 인상이 핵심 포인트

자신의 이미지를 표현할 수 있는 중요한 변수 중 하나가 옷차림이다. 옷 잘 입는 사람이 자기 관리도 철저하다는 인식이 확산되면서 옷차림에 대한 중요도가 높아지고 있다. 그렇다면 청결하면서도 깔끔한 인상을 줄 수 있는 옷차림은 어떻게 만들어낼 수 있을까?

면접관은 모델이나 탤런트를 뽑는 것이 아니라 회사의 일꾼을 뽑는 것이며, 그 회사의 일꾼은 언제 어디서나 회사를 대표할 수 있으므로 깔끔하고 정돈된 이미지를 가진 사람에게 호감을 갖는 것은 당연한 일이다.

유행을 지나치게 따른다든가 화려한 디자인은 역시 적합하지 않으며, 복잡한 장식보다는 심플한 라인으로 된 정장이 세련된 느낌을 준다.

면접 시 기본 옷차림은 대체로 무릎길이의 스커트차림 정장이다. 색상은 차분한 회색 또는 화사한 베이지, 검정색 등이 좋다. 이러한 색상이 전체적으로 안정감을 주고 얼굴을 돋보이게 할 수 있기 때문이다. 또한 옷 전체에 들어가는 색상이 세 가지 색 이내가 되도록 하며, 붉은색, 진한 핑크 등은 본인에게 어울린다고 해도 면접용으로는 화려한 인상을 주게 되므로 바람직하지 않다. 옷만 눈에 띄고 지원자에 대한 인상이 흐려지면 아무 의미가 없기 때문이다. 더운 여름에 무리해서 긴

옷을 입을 필요도 없으나 노출이 심한 복장은 피한다.

최근에는 자신의 개성을 살릴 수 있는 캐주얼한 복장을 선호하는 기업들도 있으며 활동적인 정장 바지차림을 하는 경우도 있다. 이런 경우 자신의 감각을 잘 표현할 수 있도록 입는다.

4) 발끝까지 준비하라

구두는 하이힐이나 뒤축이 없는 스타일보다 굽이 적당하고 심플한 디자인이 무난하다. 직종에 따라 항공사 객실승무원, 비서직, 호텔 관련직일 경우에는 여성스러운 플레인 스타일로 하며 그 외 방송, 언론 광고직은 활동적으로 보이는 로퍼를 신는 것도 좋다. 또한 뒷모습을 고려해 구두 뒤까지 깨끗하게 닦아놓는다.

옷이나 신발 등은 구입 후 반드시 몇 번 입고 신어 몸에 익혀두도록 한다.

소매 끝이 딱딱해서 마음에 걸린다든지, 신발 끝에 살이 닿아서 아프거나 발가락이 아프다든지 등등 입고 신은 상태에 따라 불편한 감촉이 있게 되므로 사전에 예방하는 것이 좋다.

옷이나 신발이 마음에 걸려서 시험에 집중하지 못한다면 곤란하므로 입고 있는 옷은 신경이 쓰이지 않을 정도로 몸에 익혀놓는 것이 좋다.

치마를 입었을 경우 색깔이 지나치게 눈에 띄거나 특이한 망사형 스타킹 등은 피하도록 한다.

2. 면접 핵심전략

첫째, 심리적 안정감을 갖고 대중 앞에서 당당하고 자신 있게 말할 수 있어야 한다. 일에 대한 열정이나 창의력을 최대한 드러내라.

둘째, 청중을 사로잡는 멋진 음성테크닉, 연단매너, 제스처 등을 자연스럽게 구사할 수 있는 등 효과적인 전달능력이 있어야 한다.

셋째, 전하고자 하는 핵심적인 내용이 논리적으로 구성되고, 청중을 감동, 감화, 설득할 수 있어야 한다.

1) 심리와 신체를 이용하여 긴장을 줄이자

면접에 대한 심리적 부담과 실수하지 않고 잘해야 한다는 생각으로 누구나 면접에 임하기 전에는 불안, 초조, 긴장이 고조된다. 그러나 지나친 긴장은 오히려 실수를 야기해 마이너스 요인이 되므로 긴장하지 않도록 자신을 컨트롤하는 것도 성공적인 면접 준비이다. 이러한 심리적 갈등을 어떻게 극복하느냐에 따라 면접의 성패가 좌우되므로 심리적 안정감은 무엇보다 중요하다.

시간의 여유는 마음의 여유이므로 교통상황을 감안하여 미리 서둘러 여유 있게 면접시간 전에 도착한다.

심리적 안정감을 위해 숨을 깊게 들이쉬고 몸을 느슨하게 한 뒤 공기를 천천히 내보내도록 한다.

몸의 근육 전체를 탄탄하게 조인 다음 천천히 이완시킨다. 발, 다리부터 신체 각 부분을 하나씩 조이고 푼다.

2) 면접은 이미 대기실에서부터 시작이다

대기실에서는 인사담당자의 안내에 따르고 차분히 기다린다. 혹 직원이 없다고 주위 사람과 소리내어 잡담을 하거나 긴장을 풀기 위해 여기저기 휴대폰으로 통화를 하는 것은 좋지 않다.

대기실에서부터 나의 첫인상이 결정되었다고 해도 과언이 아니다.

면접평가는 면접 순서를 기다릴 때의 태도부터 시작해서 면접을 마치고 나가는 태도, 말씨와 행동, 남에 대한 배려 등을 종합적으로 평가하게 된다.

첫 이미지를 어떻게 만들까? 첫인상이 성패를 좌우한다.

3) 5분 안에 내가 가진 최고의 가치를 보여라

'몸은 입보다 더 많은 말을 한다'는 이야기가 있다. 그만큼 스피치에 있어서 표정이나 제스처가 중요하다. 몸은 의사표현의 직접적인 수단이 되기도 하고 때로는 간접적인 의사보충효과를 나타내기도 한다. 냉정하고 침착하고 감정을 조절할 줄 아는 사람은 분명하고 침착한 몸짓을 사용한다.

걸음걸이

안내자의 안내를 받아 면접장에 들어가면 머뭇거리거나 주저하지 마라. 면접장소의 문을 통과할 때도 갑자기 걷는 속도를 줄이거나 하지 말고 같은 속도로 면접관을 향해 똑바로 자신감 있게 당당하게 걷는다.

면접 장소에서 보디랭귀지만큼이나 중요하게 작용하는 것이 바로 걸음걸이다. 사람마다 걸음걸이는 모두 다르지만 어깨를 꾸부정하게 굽히고 처진 느낌의 걸음을 걷는 사람은 어디에서든 좋은 평가를 받기가 힘들 것이다. 그러므로 자신 있고 매력적인 걸음걸이를 위해서는 평소의 연습이 필요하다. 먼저 머리는 걸음을 옮길 때 유연하게 움직일 수 있도록 하되 높이 쳐든 상태를 유지하는 것이 좋다. 그리고 어깨는 거의 움직이지 않도록 하며 팔은 부드럽고 자연스럽게 두 팔을 동시에 움직이는 것이 바람직하다. 그리고 손은 손바닥이 안으로 향하도록 하고 배는 들이민 상태를 유지하며 엉덩이를 흔들지 않도록 주의한다. 또 보폭은 짧게 하되 한 걸음의 폭이 다리 길이보다 길지 않도록 하는 것이 안정돼 보인다. 그리고 무릎은 힘을 빼고 양발이 평행이 되도록 평소 걷는 대로 자연스럽게 걷는다.

인사

면접관 앞에서 인사할 때는 간단한 인사말과 함께 인사를 한 후 머리를 들 때는 불필요하게 손이 올라가지 않을 정도로 머리를 단정히 정리해야 한다.

단정한 옷차림과 자신감 있는 태도, 밝고 명랑한 표정과 당당하면서도 예의 있는 인사는 면접 이미지메이킹에 필수적이다.

표정과 시선

표정은 첫인상을 결정하는 데 매우 중요한 요소이다. 실제로 면접에 들어가서 나올 때까지 시종 웃음을 잃지 않는 것이 중요하다. 생기 넘치는 표정으로 웃는 얼굴을 유지하도록 한다.

또한 표정만큼 중요한 것이 시선이다. 허공이나 바닥에 시선을 고정시키거나 한쪽만 쳐다보는 일 없이 면접관 한 사람, 한 사람에게 골고루 시선을 보내고 교환하도록 한다. 면접관을 볼 때는 얼굴의 한 곳을 응시하기보다 얼굴 전체를 보는 것이 시선이 자연스러우며 옆쪽에 있는 면접관에게 응대를 할 경우 얼굴이나 눈동자만 돌리지 말고 몸 전체가 약간 면접관을 향하도록 움직이는 것이 자연스럽다. 별도로 질문을 받은 경우 질문한 면접관을 응시하며 답변하되 가끔 전체적으로 다른 면접관들과도 시선을 교환한다.

자세

선 자세로 면접을 할 경우 시간이 길어지더라도 흐트러지지 않는 바르게 선 자세를 유지하도록 한다.

의자에 앉을 때 의자 뒤에 기대서 앉은 자세는 인터뷰 응시자의 과도한 자신감을 보여주며, 약간 거만한 분위기를 풍긴다. 인사 담당자들은 거만한 자세보다 열성적인 자세를 훨씬 좋게 평가한다는 것을 기억하라. 하지만 너무 앞쪽으로 향해 앉는 것도 인터뷰 담당자들에게 갑자기 달려들 것 같은 공격적인 인상을 주므로 주의한다. 여성의 경우 발을 교차하지 않고 한쪽 사선방향으로 다리를 나란히 두면 가지런하고 예뻐 보인다.

4) 주의해야 할 보디랭귀지

사실 말의 내용만큼이나 말을 할 때 상대방의 주목을 끄는 것이 바로 손짓, 눈빛 등의 보디랭귀지라 할 수 있다. 흔히 말하면서 손을 흔드는 사람을 볼 수 있는데 이 같은 보디랭귀지는 상대방의 시선과 정신만을 산란하게 할 뿐 자신의 이미지를 호감 있게 형성하는 데에는 전혀 도움이 되지 않는다. 필요하다면 손으로 제스처를 취하는 것이 적극적인 태도로 보이는 데 도움이 되기도 하나 이야기하지 않는 동안 여성은 손을 포개어 무릎 위에 살짝 두는 것이 좋다. 남성의 경우 살짝 주먹을 쥐어 허벅지 위에 두도록 한다.

몸짓을 크게 하되 과장하지 않으며 몸짓을 할 때는 손가락을 벌리지 말고 손은 턱선 위로 올라가지 않게 한다.

하지만 몸의 움직임을 어떻게 하느냐에 따라 보다 진지하고 자신감 있게 보일 수 있다. 따라서 보디랭귀지를 효과적으로 사용하면 의미를 명확히 할 수 있을 뿐만 아니라 대화를 활기 있게 하고 타인으로부터 더욱 깊은 관심을 받을 수 있다. 그러나 말하고자 하는 내용과 상반되는 몸의 움직임은 오히려 하지 않느니만 못하다고 할 수 있다. 동작이 자신이 말하고 있는 내용과 일치하도록 하며 제스처가 분위기와 청중의 크기에 맞도록 사용한다. 말을 할 때는 몸을 세우고 상대의 말을 들을 때는 몸을 앞으로 숙이고 고개를 살짝 기울여라.

포커의 달인으로 유명한 마이크 카로(Mike Caro)는 "말하는 사람이 얼굴, 특히 입술을 건드리거나 가리는 것은 심기가 불편하다는 것을 말하며, 거짓말을 하거나 과장하고 있다는 것을 보여준다"고 했다.

인터뷰 동안 간혹 손바닥을 보이거나 손을 가슴에 올려놓는 자세는 진정성을 보일 수 있는 행동이 될 수 있으나, 팔짱을 낀 자세는 방어적인 자세나 배타적인 태도로 보일 수 있으므로 면접 도중 무의식적으로 취하는 다음과 같은 몸짓은 부정적인 이미지를 주거나 거짓말을 하는 것으로 오해받을 수 있다.

- 입 가리기
- 입에 손가락 넣기
- 얼굴 만지기
- 코 만지기
- 눈 문지르기
- 귀 만지기
- 목 긁기
- 옷의 목둘레 잡아당기기
- 손가락을 펴서 만지작거리기
- 머리를 긁적거리기

- 발을 까딱거리기
- 한숨쉬기

5) 자연스럽고 예의 바르게 말한다

다수 앞에서 자연스럽게 스피치를 하기 위해서 평소처럼 말하는 훈련을 하면 보는 사람도 자연스럽다. 덧붙여 면접관의 주의를 사로잡기 위해 서두를 힘 있게 시작하며 관심 있는 내용으로 한다.

또한 경어를 바르게 사용한다. "아까 내가 말했듯이…"와 같은 실수를 범하지 않도록 경어 사용에 유의한다.

그 외 다음 사항에 유의하여 말한다.

- 기쁘고 편안하게 말한다. 여유 있고 편안해 보이면 듣는 사람들도 부담이 없다.
- 얼굴에 생기를 띠고 활기 있게 말한다.
- 긍정적으로 얘기하며 한마디 한마디를 진지하게 말한다.
- 자신 있게 말하여 신뢰성을 확보하라.
- 자신이 말하는 것을 분명히 알고 있다는 인상을 준다.
- 발음을 정확하게 하며 적절히 끊어서 말한다.
- 변화 있는 화법을 구사하라.
- "에~, 저~" 등의 불필요한 말이나 "~같아요" 등 불분명한 어휘를 사용해서는 안된다.

6) 상대방의 말을 성실하게 들어라

질문에 대한 답변 시 면접관이 의도하는 바를 파악하는 것이 중요하므로 질문을 처음부터 끝까지 경청하면서 질문의 핵심과 의도를 잘 파악해야 한다.

구직자들은 짧은 시간에 자신을 소개하기 위해 많은 말을 한다. 하지만 인사담당자의 말을 진지하게 청취하는 것은 자신이 말을 많이 하는 것만큼이나 중요하다.

질문이 끝나면 순간이나마 여유를 갖고 생각을 정리한 후 명료하게 대답한다. 질문이 끝나기도 전에 답변을 시작하려 하면 매우 성급해 보인다.

무엇보다 응답은 논리정연하고 간결하되 설득력 있게 말하여 회사에 필요한 사람이라는 느낌을 면접관에게 줄 수 있어야 한다.

7) 단답형보다는 구체적으로 얘기하라

인사담당자가 "자신의 장점이 무엇입니까?"라고 물어왔을 때 "책임감이 강한 편입니다"라는 단답형보다 학교생활 등에서 책임을 맡고 수행했던 일의 과정과 결과를 간략히 설명하면, 설득력 있는 답변이 될 것이다.

질문의 의도를 파악하여 늘어진 설명보다 답변은 간단히 하되 결과와 요점을 먼저 대답한 뒤 사실과 실례를 통해 강화하는 형태로 대화를 이끌어가야 한다.

8) 준비한 질문을 기다리지 마라

미리 준비한 질문만을 기다리다가 초점을 흐리지 마라. 질문을 기다리고 있으면 기다리는 질문은 분명히 나오지 않을 것이며, 그 인터뷰는 면접관이 컨트롤하게 될 것이다. 일단 어느 질문이든지 일단 받아들이고 그 질문을 자신이 준비한 내용과 연결짓도록 다리를 놓는다.

9) 자신에 대한 과장이나 거짓은 금물이다

질문에 대한 답변을 하는데 있어서 과장이나 거짓은 금물이다.

재치 있는 유머를 사용할 수도 있으나 지나쳐서는 안된다.

모르는 것은 솔직히 모른다고 대답하는 자세도 중요하다. 그러나 뜻밖의 질문에 대답하는 경우에 '무조건 잘 모르겠다'고 하는 것보다는 기회가 있으면 조사해서 준비하겠다는 대답으로 일에 대한 열정을 가진 인물로 보이도록 한다. 부담스러운 질문을 받더라도 머뭇거리지 말고 자신감 있는 태도를 유지한다.

질문에 대한 답이 빈약하더라도 당당히 얘기하며 자신이 하고 싶은 일을 분명하게 말하지 못하는 우를 범해서는 안된다. 단 남의 이야기나 외운 듯한 답변은 오히려 마이너스이다.

자신의 부족한 점을 지적하는 질문이라고 해도 위축될 필요는 없다. 기본적인 능력사항은 이미 서류전형에서 평가가 이루어졌으므로 면접관의 의도는 다른 데 있다고 봐야 한다. 오히려 구체적인 보완책을 설득력 있게 제시해 앞으로의 가능성에 대한 기대를 충족시킬 수 있다면 강점으로 바꿀 수 있다.

10) 면접 중에도 남을 배려하는 모습을 보여라

아무리 준비한 내용이 많다 해도 정해진 답변시간을 초과해 사용하는 것은 오히려 마이너스이다.

어느 항공사 채용담당자의 한 인터뷰기사를 읽은 적이 있다. "승무원 면접시험을 한 사람당 3~5분 할애하는데, 한 지원자는 준비한 게 많았나 봐요. 무려 15분 동안 춤, 노래, 무용 등 준비한 것을 모두 보여줬죠. 물론 훌륭한 '무대'였지만 결과는 탈락이었죠. 자신이 돋보이기 위해 다른 사람을 배려하지 않는다면 승무원으로서 기본자질이 없는 것이니까요."

11) 끝까지 긴장을 풀지 마라

"면접관 앞에서는 미소 지으며 예의 바르게 말하지만, 면접을 끝마치고 나갈 땐 한숨을 쉬거나 자세가 흐트러지는 경우가 많아요. 그런 점들을 모두 체크하죠"라고 어느 기업의 인사담당자는 말했다.

마지막 사람은 돌아서는 뒷모습까지 신경을 쓰도록 한다. 면접이 끝나고 걸어나갈 때의 모습도 면접관에게 보이는 중요한 순간이다. 경우에 따라서는 이때 인상을 어떻게 주느냐에 따라 평가가 완전히 달라지는 경우도 있다.

퇴장할 때 면접이 끝났다는 생각에 자세가 흐트러진 모습을 보여선 안된다. 입실할 때와 마찬가지로 예의 바른 자세와 태도를 끝까지 유지하며 혹시 의자에 앉았었다면 의자가 흐트러지지 않았는지 점검하고 마지막까지 최선을 다하는 모습을 보인다.

- 면접이 끝나면 자리에서 일어나 "감사합니다"라고 정중히 인사한 후 문 쪽으로 나간다.
- 어깨를 펴고 당당하게 걸어 나가며 마지막으로 나가는 경우 문을 조용히 닫는다. 이에 대비해 미리 구두 뒤까지 깨끗하게 닦아놓으며 여자는 돌아서기 전에 옷의 뒷부분을 정리한다. 그래야 사무실을 나올 때 상대에게 깔끔한 뒷모습을 보여줄 수 있다.
- 문 앞에 가서는 몸을 돌려 천천히 미소를 지으며 목례를 하라. 당신의 웃는 얼굴을 면접관이 기억할 수 있도록 말이다.

돌아서자마자 축 늘어진 모습은 설령 면접점수를 잘 받았다 해도 한순간에 깎여버릴 수 있다. 면접관은 수험생이 일어서 나가기까지의 일거수일투족을 관찰하고 있음을 잊지 말아야 한다. 퇴실까지 면접관의 눈은 멈추지 않는다.

면접장에 들어오는 태도, 인사하는 법, 앉는 자세, 말하는 법 등을 통해 인사담당자는 아주 세세한 부분에서부터 점수를 매기게 될 것이다. 인사를 안 하고 뒤돌아 나오거나 허둥대는 모습은 신뢰를 허물어뜨릴 수도 있다. 면접 대기부터 회사를 나오는 순간까지 면접이 진행된다고 생각하라.

면접 체크리스트

- 건강해 보이는가?
- 복장은 청결하고 단정한가?
- 태도가 예의 바르고 침착성이 있는가?
- 기업이 요구하는 신선한 감각과 활기 있는 에너지를 갖고 있는가?
- 명랑하고 외향적인가?
- 타인과의 협조성은 어떠한가? 사고방식이나 견해가 합리적인가 독단적이지 않은가?
- 발음이 명료하고 성량이 알맞은가?
- 경솔하지 않게 질문에 답하는가?
- 상대방에게 호감을 주는가?
  (외모에 대해 종합적으로 평가하는 부분으로 면접 시 매우 중요한 사항이다.)

참고문헌

계도원, 고객만족마케팅, 좋은책만들기, 2004.
김은영, 이미지메이킹, 김영사, 1991.
박혜정 외, 매너는 인격이다, 백산출판사, 2005.
박혜정 외, 멋진 커리어우먼 항공사 객실승무원, 백산출판사, 2005.
손대현, 서비스는 이런 것이다, 백산출판사, 2000.
신정길 외, 감성경영 감성리더십, 넥스비즈, 2004.
원석희, 서비스품질경영, 형설출판사, 1998.
이상환 외, 서비스마케팅, 삼영사, 1999.
이유재, 서비스마케팅, 학현사, 2001.
이유재, 울고웃는 고객이야기, 연암사, 1997.
임붕영, 서비스리더쉽, 백산출판사, 2003.
임붕영, 서비스바이러스, 도서출판 무한, 2002.
정동성 외, 서비스마케팅, 동성사, 1999.
조관일, 서비스에 승부를 걸어라, 다움, 2000.
한정선, 프리젠테이션 오 프리젠테이션, 김영사, 2000.
한치규, 고객만족전략과 실천, 신세대, 1993.

다니엘 골먼, 감성의 리더십, 청아, 2003.
다케다 요이치, 김현희 역, 고객을 감동시키는 엽서 한 장, 예문, 2004.
로버트 루카스, 고객서비스 어떻게 할 것인가, 석정, 2002.
리처드 코치, 공병호 역, 80/20 법칙, 21세기북스, 2000.
매리 미첼, 권도희 역, 이미지경영, 아세아미디어, 2000.
메리 하틀리, 서현정 역, 보디랭귀지, 좋은생각, 2004.
비트너 외, 전인수 역, 서비스마케팅, 도서출판 석정, 1998.
사토 요시나오, 은영미 역, 위너스, 청아, 2002.
숀 스미스 외, 정우찬 역, 브랜드 가치를 높이는 고객경험, 다리미디어, 2003.
스티븐 코비, 김경섭 외 역, 성공하는 사람들의 7가지 습관, 김영사, 2000.
스티븐 코비, 김경섭 외 역, 원칙중심의 리더쉽, 김영사, 2001.

앨런 피즈 외, 서현정 역, 상대의 마음을 읽는 보디랭귀지, 베텔스만, 2005.
칩 벨 외, 김우열 역, 마그네틱 서비스, 가야넷, 2004.
칼 알브레히트 외, 장정빈 역, 서비스 아메리카, 물푸레, 2003.
켄 셸턴, 정성묵 역, 최고의 고객 만들기, 시아출판사, 2001.
페기 칼로 외, 안미헌 역, 내 고객을 10배로 늘려주는 서비스게임, 한국경제신문사, 2004.
피어갈 퀸, 김세중 역, 부메랑의 법칙, 바다출판사, 2003.
후나이 유키오 외, 구혜영 역, 고객의 마음을 사로잡는 32가지 기술, 오늘의책, 2004.

Buttle, Customer Relationship Management, 1993.
Camille Lavington, You've Only Got Three Seconds, 1977.
Chip Bell, and Ron Zemke, Service Magic: The Art of Amazing Your Customers, 2000.
Chip R. Bell, and Bilijack R. Bell, Magnetic Service, 2003.
Disney Institute, BE OUR GUEST: Perfecting the art of customer service, 2003.
Jan Carlzon, Moments of Truth, 1989.
Jeff Gee, and Val Gee, The Customer Service Training Tool Kit : 60 Training Activities for Customer Service Trainers, 2000.
Kristin Anderson, Great Customer Service on the Telephone (The Worksmart Series), 1992.
Oretha D. Swartz, Service Etiquette, 1977.
Patricia Patton, Leadership skills, 1997.
Patricia Patton, Service with a heart, 1997.
Robert W. Lucas, Customer Service: Building Successful Skills for the Twenty-First Century, 2000.
Valarie Zeithaml, Mary Jo Bitner, and Dwayne D. Gremler, Services Marketing, 2000.

저자소개

박 혜 정 이화여자대학교 정치외교학과 졸업
세종대학교 관광대학원 관광경영학과 졸업(경영학 석사)
세종대학교 대학원 호텔관광경영학과 졸업(호텔관광학 박사)

대한항공 객실승무원
대한항공 객실훈련원 전임강사
동주대학교 항공운항과 교수
현) 수원과학대학교 항공관광과 교수

항공서비스시리즈 3

서비스맨의 이미지메이킹

2014년 10월 30일 초 판 1쇄 발행
2026년 1월 10일 제3판 1쇄 발행

지은이 박혜정
펴낸이 진욱상
펴낸곳 백산출판사
교 정 성인숙
본문디자인 오행복
표지디자인 오정은

저자와의 합의하에 인지첩부 생략

등 록 1974년 1월 9일 제406-1974-000001호
주 소 경기도 파주시 회동길 370(백산빌딩 3층)
전 화 02-914-1621(代)
팩 스 031-955-9911
이메일 edit@ibaeksan.kr
홈페이지 www.ibaeksan.kr

ISBN 979-11-6639-558-1 93980
값 24,000원